网络化制造模式下分布式车间调度与预维护协同优化

董海　著

北京
冶金工业出版社
2025

内 容 提 要

本书以柔性作业车间调度为研究对象，把作业车间中最基本的生产调度与机器预防性维护集成优化，分析二者之间的平衡点，为车间运作管理提供一个调度与预防性维护协同生产的计划，确保生产加工质量和生产效率。

本书可供从事网络化制造及生产运作管理技术研发的专业技术人员及企业管理人员阅读，也可供高等院校管理科学与工程、工业工程、物流工程和工程管理等专业的师生参考使用。

图书在版编目(CIP)数据

网络化制造模式下分布式车间调度与预维护协同优化 / 董海著. -- 北京 : 冶金工业出版社, 2025. 9. -- ISBN 978-7-5240-0126-3

Ⅰ. F406. 2

中国国家版本馆 CIP 数据核字第 2025VB1230 号

网络化制造模式下分布式车间调度与预维护协同优化

出版发行	冶金工业出版社	**电　　话**	(010)64027926
地　　址	北京市东城区嵩祝院北巷 39 号	**邮　　编**	100009
网　　址	www. mip1953. com	**电子信箱**	service@ mip1953. com

责任编辑　郭冬艳　美术编辑　吕欣童　版式设计　郑小利

责任校对　李欣雨　责任印制　禹　蕊

唐山玺诚印务有限公司印刷

2025 年 9 月第 1 版，2025 年 9 月第 1 次印刷

710mm×1000mm　1/16；11. 5 印张；222 千字；170 页

定价 66. 00 元

投稿电话　(010)64027932　投稿信箱　tougao@cnmip. com. cn

营销中心电话　(010)64044283

冶金工业出版社天猫旗舰店　yjgycbs. tmall. com

(本书如有印装质量问题，本社营销中心负责退换)

前　言

网络化制造是在网络技术和经济全球化发生深刻变革的背景下产生和发展起来的一种先进制造模式。网络化制造是涉及多个领域（包括智能制造、网络、信息、自动化、电子等）的综合学科，其理论是在协同论、系统论、信息论、分形论等相关理论基础上发展起来的，其模式体现了分布和集中的统一、自治和协同的统一、混沌和有序的统一。

本书针对网络化制造环境下分布式作业车间调度与预防性维护协同优化问题进行研究，构建以最小化生产完工时间、机器总加工质量（即机器加工出不合格品造成的费用）、机器总加工成本、机器总能源消耗为目标的柔性作业车间生产调度问题（flexible job shop scheduling problem，FJSP）数学模型；以最小化机器预防性维护（Preventive Maintenance，PM）成本为目标，构建基于预测机器故障区间、平均故障间隔的维修策略；将预维修策略和生产调度数学模型进行协同优化，构建柔性作业车间生产调度和机器预防性维护协同优化模型。本书将综合考虑生产调度与机器预维护之间的关系，实现两者的协同优化，提高企业整体效益，同时保证生产线机器的故障率较低，减少机器在进行维护操作时对生产的不利影响，降低生产成本，提高车间加工效率。书中主要从以下几方面进行介绍。

（1）**网络化制造概论**。介绍网络化制造的基本概念、网络化制造的基本内涵、网络化制造系统的结构和功能、网络化制造资源集成、网络化制造的关键技术、网络化制造的研究现状及发展趋势、面向产品全生命周期的网络化集成制造系统等。

(2) **分布式车间调度及预防性维护相关理论介绍**。分析分布式流水车间、分布式作业车间、分布式装配线和分布式柔性作业车间之间的相互生产结构，详细介绍了分布式作业车间，并基于分布式作业车间的特点建立一个基础模型；阐述分布式作业车间调度中不确定性的来源、特点和产生机理，对数学模型中的不确定性优化方法进行阐述，分析比较模糊规划、随机规划和鲁棒优化方法之间的差异；同时，详细描述事件驱动重调度、周期性重调度和混合驱动重调度三种动态调度策略，描述滚动窗口技术的基本原理和基本要素；描述预防性维护相关知识和机器可靠性相关理论，为构建预防性维护策略提供理论基础，在此基础上分析车间机器发生故障后修复性维护对车间调度方案的影响。

(3) **基于分布式作业车间模型构建**。构建一种不确定因素下的多目标分布式作业车间模型，该模型以最大化生产系统可用性、最小化最大完工时间和最小化能源总成本为目标，模型的约束条件包括分布式作业车间结构约束、生产设备能力约束、生产能源约束和非负约束；针对目标函数和约束中存在的不确定因素，基于线性鲁棒优化理论，制订一种动态调度策略流程，结合生产实际，各种不确定因素对应不同动态调度策略，达到不确定因素总体可控的效果。

(4) **流水车间调度问题相关理论介绍**。阐述置换流水车间调度问题（permutation flow-shop scheduling problem，PFSP）的基本结构、基本约束条件和基本的优化目标，并且基于PFSP进一步解释分布式置换流水车间问题（distributed permutation flow-shop scheduling problem，DPFSP），引出考虑订单分配约束和带装配环节的分布式装配置换流水车间问题（distributed assembly permutation flow-shop scheduling problem，DAPFSP）。分别总结解决车间调度问题的精确优化方法和智能优化算法等，最后简单概括并描述贪婪算法，给出贪婪算法基本步骤。

(5) **考虑订单约束的分布式装配置换流水车间调度模型构建。**构建传统置换流水车间的调度模型，考虑到目前关于带订单约束的研究大多集中于流水车间调度问题，设计一种考虑订单约束的分布式装配置换流水车间调度结构，在基于传统置换流水车间的基础上添加订单约束和装配环节，将同一个客户订单的工件分配给同一个工厂。以最小化最大完工时间（makespan）为目标，分别分析 PFSP 和 DPFSP 数学模型并构建带订单约束的 DAPFSP 混合整数规划模型。

(6) **改进迭代贪婪算法的设计与流程。**提出改进型贪婪算法解决带装配约束的 DPFSP，以最小化 makespan 为优化目标建立数学规划模型。介绍传统贪婪算法的基本步骤，根据分布式置换流水车间的特性，提出几种领域变换的加速算法，降低目标函数的复杂度；提出一种基于 CDS 和 NEH 的启发式方法，在插入一个新的工作任务后，再次对该工厂中已有的工件执行插入领域搜索，扩展基于工厂分配和工件序列调整的领域结构；基于前述方法，与其他四种优秀算法进行仿真结果对比，验证了所提算法的优越性。

(7) **分布式置换流水车间调度分析。**以某制药企业生产为例，结合某制药工厂的实际运营情况给出该企业订单情况和各工厂机器生产能力基本信息，分别构建分布式装配置换流水车间和带订单约束的分布式装配置换流水车间仿真案例，并使用改进型贪婪算法分别对案例进行求解分析，得到两个案例的算法迭代图和甘特图，验证所提出算法求解案例的有效性。

(8) **柔性作业车间生产调度与机器预防性维护协同优化模型。**构建一种基于麦克斯韦分布描述机器故障的 PM 策略，提出柔性作业车间调度与预防性维护（predictive maintenance，PM）协同优化策略，以最小化工件完工时间、机器总加工质量（即机器加工出不合格品造成的费用）、机器总加工成本、机器总能源消耗、PM 成本为目标，建立生产调度与PM协同优化数学模型。

(9) **改进海鸥算法设计与仿真分析**。介绍海鸥算法基本原理，并在此基础上分析，设计改进型海鸥算法，将改进型海鸥算法与其他7种算法针对18个基准测试函数进行求解，验证改进型海鸥算法的寻优能力；将改进型海鸥算法对实际案例进行求解，得到一个初始调度方案，据获取的工厂机器故障历史数据，求解得到预测的机器故障区间和机器平均故障间隔时间，开发柔性作业车间调度与预防性维护协同优化策略，验证优化策略的有效性。

本书在编写过程中参考和借鉴了一些国内外的相关资料，在引用中对其做了一定的修改，在此谨向有关作者表示深深的谢意！本书内容涉及的有关研究得到国家自然科学基金项目（71672117）、中央引导地方科技发展资金计划项目（2021JH6/10500149）、辽宁省重点研发计划指导计划项目（2019JH8/10100056）资助，在此表示感谢，感谢沈阳工业制造系统工程重点实验室全体师生对本书出版的大力支持，感谢东北大学机械工程学院博士研究生董一萱，沈阳大学机械工程学院研究生范英健、覃莫林、王志斌、郭煜峰、张晨、闫思语、吴越童、魏代宇、金明、藏欣竹，沈阳大学应用技术学院鲁婷婷、佟楚平等同学为本书的编写提供的部分参考资料和学术文献。

由于网络化制造环境下分布式车间调度与预防性维护技术涉及面较广，本书中还有许多内容尚需深入细致地研究，加之作者水平有限，书中不妥之处，敬请广大读者批评指正。

作 者

2024年8月于沈阳

目　录

1 网络化制造概论

智能制造是一个不断演进发展的概念，智能制造的三个基本范式为：数字化制造、数字化网络化制造、数字化网络化智能化制造[1]。随着经济全球化进程的加快，用户需求越来越个性化和多样化，从根本上改变了市场竞争格局，企业面临更加激烈的市场竞争，企业经营开始转向全球视角，组建网络联盟企业，实现网络化制造。通过网络化制造，有利于实现企业内外的信息化集成，从而实现企业间的协同和各种资源的集成，提高企业的市场反应速度，进而高速度、高质量、低成本地提供市场所需产品和服务。

同其他先进制造模式的产生和应用背景一样，网络化制造的产生也是需求与技术双轮驱动的结果。需求是网络化制造模式产生和应用的基础，技术是网络化制造模式使能条件，网络化制造的技术驱动力首先来源于企业生产经营中心的转变。随着市场竞争的日益激烈，企业生产经营中心经历了以生产为中心、以产品为中心到以客户为中心的转变过程。

网络化制造系统是企业在网络化制造模式的指导思想、相关理论和方法指导下，在网络化集成平台和软件工具的支持下，结合企业的具体业务需求，设计实施的基于网络的制造系统，其中供应链管理系统就是其一个子系统。网络化制造平台下的供应链管理系统以数字化、柔性化、敏捷化为基本特征。柔性化与敏捷化是快速响应客户化需求的前提，表现为结构上的快速重组、性能上的快速响应、过程中的并行性与分布式决策。这意味着供应链系统必须具有动态易变性，能通过快速重组，快速响应市场需求的变化。因此，供应链系统的优化与控制的研究直接影响企业的竞争力，其优化程度可以反映供应链的核心能力，体现供应链整合社会资源、创新管理的综合能力[2]。

1.1 网络化制造的基本概念

网络化制造是企业为应对现代制造全球化的挑战，实施的以快速响应市场需求和提高企业（企业群体）竞争力为主要目标的一种先进制造模式。通过采用先进的网络技术、制造技术及其他相关技术，构建面向企业特定需求的基于网络的制造系统，并在系统支持下，突破空间地域对企业生产经营范围和方式的约束，开展覆盖产品整个生命周期或部分环节的企业业务活动（如产品设计、制造、销售、采购等)，实现企业间的协同和各种社会资源的共享与集成，高速度、高质量、低成本地为市场提供所需的产品和服务[3]。

网络化制造有着狭义与广义之分。狭义的网络化制造是指通过网络整合制造系统，在相应的使能技术的配合下，完成对应的制造功能。

广义的网络化制造涵盖了利用网络技术支持企业制造全过程的所有环节。学者范玉顺在其“网络化的内涵及关键技术”一文中给出网络化制造的含义：网络化制造是企业为应对知识经济和制造全球化的挑战而实施的以快速响应市场需求和提高企业（企业群体）竞争力为主要目标的一种先进制造模式。通过采用先进的网络技术、制造技术及其他相关技术，构建面向企业特定需求的基于网络的制造系统，并在系统的支持下，突破空间地域对企业生产经营范围和方式的约束，开展覆盖产品整个生命周期全部或部分环节的企业业务活动，如产品设计、制造、销售、采购和管理等，实现企业间的协同和各种社会资源的共享与集成，高速度、高质量、低成本地为市场提供所需的产品和服务。

网络化制造特点包括敏捷化、创新化、数字化、知识化、集成化、虚拟化、直接化、网络化、模块化和智能化。网络化制造的特点如图 1.1 所示。敏捷性是网络化制造核心思想之一。生产制造系统在现今发展阶段面临的最大挑战是：环境的快速变化带来的不确定性，技术的迅速发展带来的设备和知识的更新速度加

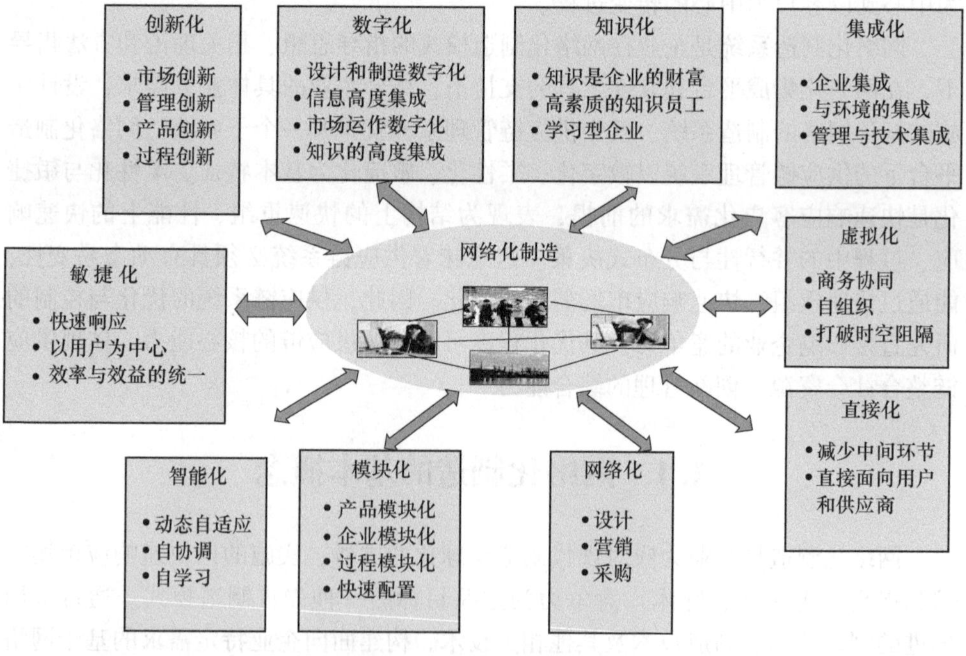

图 1.1　网络化制造的特点

快，市场由卖方市场转为买方市场，市场正逐步走向全球化，产品特征由单一化、标准化转变为顾客化、个性化，产品的生命周期明显缩短，制造企业之间竞争的激烈程度有增无减。这就必须要求网络化制造采用集成化、数字化和网络化作为网络化制造的存在基础和实现手段，这样才能保证该模式从理论向实际应用的顺利转变。其中，集成化是指由于资源和决策的分散性特征，要充分发挥资源的效率，就必须使制造系统中各种分散的资源能够实现实时集成，分散资源的高效集成是网络化制造的目标之一；数字化是指借助信息技术，网络化制造能够实现真正完全无图纸的虚拟设计、数字化和虚拟化制造，帮助企业形成信息化的组织构架，实现企业内部、企业与外界的信息流、物流和资金流的顺畅传递，从而保证了产品设计与制造周期的缩短，降低成本，提高工作效率；网络化是指现代通信技术的发展促进了网络联盟的形成，由于制造资源和市场的分散，实现快速重组必须建立在网络化的基础之上。因此，组建高效的网络联盟需要将电子网络作为支撑环境，并充分应用现代化通信技术与信息技术。

1.2 网络化制造的基本内涵

网络化制造涉及制造技术的各个方面，从硬件到软件，从技术到管理，从企业到全社会的组织和个人，从局部资源到全球资源等，其内涵非常丰富。网络化制造理论是在协同论、系统论、信息论、分形论等相关理论的基础上发展起来的。网络化制造模式体现了分布和集中的统一、自治与协同的统一、混沌和有序的统一。

（1）分布和集中的统一。网络化制造是通过网络将地理位置上分散的企业和资源集中在一起，形成一个逻辑上集中、物理上分散的虚拟组织，并通过虚拟组织的运作实现其对市场需求的快速响应，提高参与网络化制造的企业群体或产业链的市场竞争力。另外，参与网络化制造的每个企业都有其特定的市场定位和企业目标，因此是分散的，但是在针对一个特定的市场需求时，这些通过网络连接在一起的企业又具有一个共同的目标。因此，网络化制造在企业的个体目标和群体目标、企业的物理位置和企业联盟的逻辑上体现了分散与集中的统一。

（2）自治与协同的统一。参与网络化制造的每个企业都可能是一个独立的实体，每个企业都有自己独立的组织体系和决策机制，每个企业都有独立的运作方式和管理方法，每个企业在决定企业的行为和行为方式上是高度自治的。但是，这些企业通过网络化制造的方式联系在一起时，又必须是协同的，而且协同的程度越高，企业间的合作效率就越高，联盟企业的经济效应就越好。因此，网络化制造体现了每个企业个体自治和企业间协同的统一。

（3）混沌和有序的统一。由于每个企业是独立自治的，因此，每个企业的运行模式和运行状态是不同的，所有这些不同的运行状态构成的状态在空间整体上呈现一种混沌的形态。但是，当这些企业通过网络化制造构成一个虚拟联盟时，联盟的运行又呈现有序的状态，并且整个联盟将朝着提高产品质量、缩短产品交货期、降低产品成本的方向进化。因此，通过网络化制造可以实现混沌向有序的转化，体现了混沌和有序的统一。

1.3　网络化制造系统的结构和功能

面对网络经济时代制造环境的变化，需要建立一种按市场需求驱动的、具有快速响应机制的网络化制造系统模式。网络化制造是传统制造业在网络经济中必然要采取的行动，制造企业将利用 Internet 进行产品的协同设计和制造。网络化制造系统是企业在网络化制造模式的指导思想、相关理论和方法指导下，在网络化集成平台和软件工具的支持下，结合企业的具体业务需求，设计实施的基于网络的制造系统，其组成如图 1.2 所示。

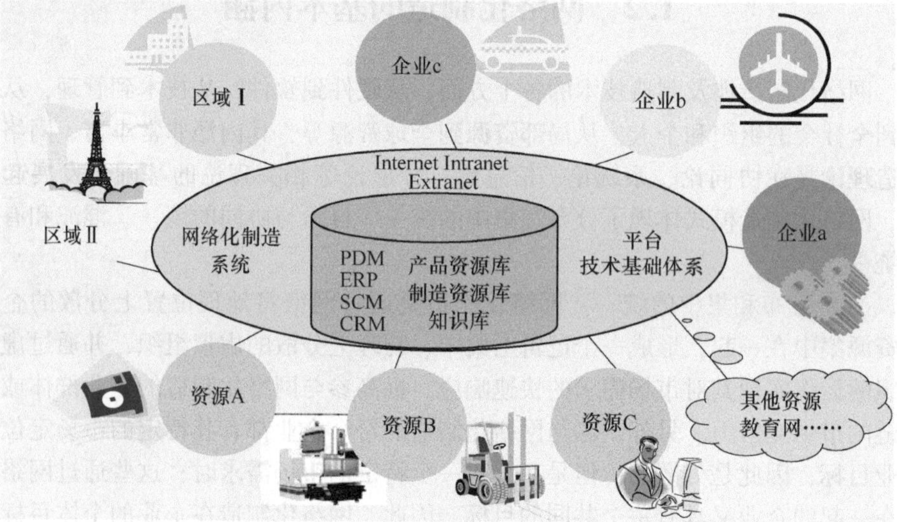

图 1.2　网络化制造系统的组成

这里的制造是大制造的概念，即包括传统的车间生产制造，也包括企业的其他业务。根据企业的不同需要和应用范围，设计实施的网络化制造可以具有不同的形态，每个系统的功能也会有差异，但是其在本质上都是基于网络的制造系统，如网络化产品定制系统、网络化产品协同系统、网络化系统制造系统、网络化营销系统、网络化资源共享系统、网络化管理系统、网络化供应链管理系统、网络化设备监控系统、网络化售后服务系统、网络化采购系统等。

网络化制造系统总体上可以分成两个部分，即企业用户以及支持它的网络化制造集成平台。网络化制造集成平台是一个基于网络等先进信息技术的企业间协同支撑环境，其为实现大范围异构分布环境下的企业间协同提供基础协议、公共服务、模型库管理、使能工具和系统管理等功能，并为企业间信息集成、过程集成和资源共享提供基于服务方式的透明、一致的信息访问与应用互操作手段，从而方便地实现不同企业间的人员、应用软件系统和制造资源的集成，形成具有特定功能的网络化制造系统。网络化制造集成平台又可以分成三层，自底向上分别是：基础层、应用与使能工具层、网络化制造应用系统层。因此，网络化制造系统的体系结构一共分四层，如图 1.3 所示。

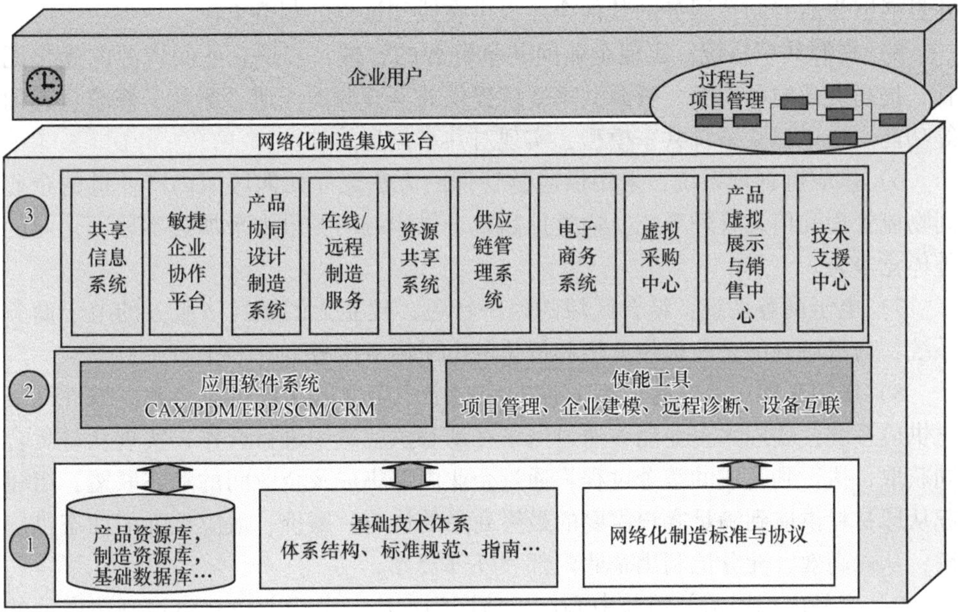

图 1.3　网络化制造系统的结构

各个层次的功能依次如下。

（1）基础层：主要为实施网络化制造提供基础的支持，包括基础数据库、相关的技术基础、网络化制造相关标准与协议等。

（2）应用与使能工具层：包括各种实施区域网络化制造所需要的应用软件系统和使能工具。

（3）网络化制造应用系统层：包含了企业实施网络化制造所需的最主要的功能，其具体功能如下。

1）共享信息系统：为制造企业提供企业信息、产品信息和供求信息的发布机制，企业能方便地将自身的信息在区域/行业网络化制造平台上发布，供其他企业用户查询。提供信息检索、供求配对导航、智能信息代理服务，提供个性化服务。

2）敏捷企业协作平台：包括产品工程图纸和技术资料的传送与在线浏览、产品的网上协同设计、设计生产任务的异地进度监控与信息管理、虚拟会议室等。目的是提高企业间协作的效率，降低协作成本。

3）产品协同设计制造系统：为企业开展异地产品协同设计制造提供支持，包括跨企业产品数据管理、跨企业产品的并行设计制造、产品的虚拟设计与制造、产品研制的项目与过程管理、跨企业的产品可视化系统等。

4）在线/远程制造服务：通过对制造设备进行封装，实现制造设备的上网，并且能够为需要制造服务的其他企业提供在线和远程的制造工作。

5）资源共享系统：实现企业间共享资源的管理，实现企业间资源的优化配置，提高资源的利用率。资源共享系统提供共享资源的注册、删除、修改、查询等功能。通过建立系统共享模型，实现对共享信息的维护。

6）供应链管理系统：采用供应链管理的方法建立面向区域内产业链的企业间物流管理和信息管理系统，通过提高整个供应链的竞争力来加强本地区企业的整体竞争力。

7）电子商务系统：结合区域的经济特色，建立为区域经济服务的电子商务系统，为区域内的企业提供方便和低价的电子商务服务。

8）虚拟采购中心：建立行业性的面向中小企业的虚拟供应链和区域性网络化供应系统，使广大企业能够通过网络在动态供应链中进行合作，实现从订货合同获取、执行到完成的整个过程，通过企业内部集成及企业间的动态联盟，组建起从原材料供应到满足客户需要的最终商品的快速、廉价、适应性强的动态供应链，从而高效、充分地利用企业内部和外部资源。

9）产品虚拟展示与销售中心：以地区为中心，分行业建立本地制造产品的展示和销售集成系统，采取集中与分散链接相结合、实物产品和虚拟产品并存的方案，建立的一个展示和推销本地产品的一个大系统。

10）技术支援中心：网络化制造系统仅依靠企业的参与是不够的，应该依托院校、科研院所、系统咨询公司、中介服务公司、生产力促进中心等建立技术支援中心，为各制造企业提供强大的技术支持体系。技术支援中心需要建立友好的协同工作环境，为企业提供商务、设计、生产等方面的技术咨询服务和广泛的社会技术资源。建立技术支援体系解决企业人才资源短缺的问题，对于中小企业具有更重要的意义。

（4）企业用户层：通过互联网络实现企业互联，在项目管理和过程管理系统的支持下开展企业网络化制造实际应用。

上面提到的网络化制造集成平台属于基础性通用集成平台，结合具体企业的实际需求，可以发展出多种特定的网络化制造专业化集成平台，如构建基于应用服务提供商（application service provider，ASP）方式的支持资源共享的网络化制造资源共享平台、支持异地协同产品开发的网络化产品协同设计平台、支持产品销售与服务的网络化产品定制服务平台、面向区域/行业企业群体的电子商务与供应链平台、支持虚拟企业运作的动态联盟管理平台等。

1.4 网络化制造资源集成

网络化制造资源集成就是以获取最大生产有效性为目的，以计算机技术和信息技术为支柱，以全球制造资源为可选对象，综合各种先进制造技术和管理技术，快速、高效地提供市场所需的产品或服务。网络化制造资源集成突破了传统经济时代资源相对集中、区域性经济的主要地位，使资源集成范围不再受地域、国界限制，形成全球性资源的大集成概念。

网络化制造资源集成将成为21世纪制造技术发展的主流，为了适应这种新的技术发展趋势和市场环境，企业必然要对其技术构成、资源形态、组织结构和运作模式等做出一系列重要的调整。调整主要表现以下几个方面。

（1）更加突出发展企业的核心技术，使企业的竞争力主要建立在通过核心技术完成的企业特色产品或服务上，成本和价格在企业竞争力的权重则退于其次。

（2）围绕自己的技术特色，针对持续变化的市场环境，建立良好的可重组、可配置的资源组织模式，使企业能够针对市场变化快速重组其资源，并尽可能地减少这种重组对企业正常运作的影响。

（3）为了实现资源的快速重组，要求企业建立更具有灵活性、开放性和自主性的组织结构，金字塔形的递阶结构最终将完全被网状结构所取代，在企业组织中人与人的关系将更强调具有自主性的协调与合作，而不是行政式命令。

（4）调整企业技术、资源和组织，使企业适应新的运作模式，即将原来单个企业封闭地完成一个产品的模式转变为围绕产品全生命周期运作的企业集团或多个优势互补企业组成的虚拟企业。对单个企业来说，与其他企业的协作能力是衡量其市场竞争力的重要因素。

网络化制造资源集成是一个运行在异构分布环境下的制造系统，在网络化制造资源集成平台的支持下，帮助企业在网络环境下开展企业业务和实现不同企业之间的协作，包括供应链管理、协同设计制造、协同商务、网上采购与销售、合作伙伴选择、资源共享等。图1.4为网络化制造资源集成体系结构。

网络化制造资源集成的体系结构从内到外分为5层。

第1层为市场和客户，即网络化制造资源集成是以市场和客户为中心，满足

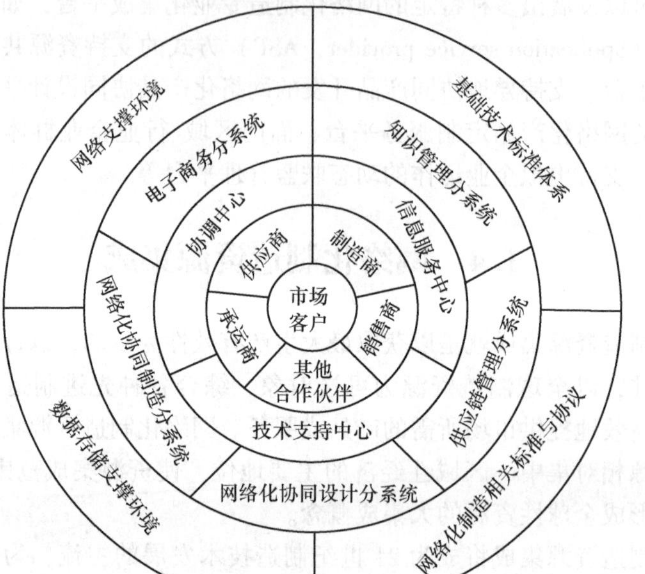

图 1.4　网络化制造资源集成体系结构

客户需求和赢得市场竞争是实施网络化制造资源集成的核心目标。

第 2 层是为了满足市场和客户需求而组成的由多个企业通过建立合作伙伴关系形成的企业联盟，具体包括制造商、供应商、销售商、承运商和其他合作伙伴。根据客户和市场需求，企业联盟协作完成从原材料获取、产品设计与制造、配送分销到售后服务的全过程，通过产品和服务满足客户需求获得利润，并实现制造平台上的所有合作伙伴“共赢”效应。

第 3 层为网络化制造资源集成提供基础使能服务支持，具体包括协调中心、信息服务中心和技术支持中心 3 个部分。协调中心提供联盟企业结盟和权限管理等使能服务，如企业入盟申请的审批、入盟注册、数据访问权限的授予等；信息服务中心为联盟成员提供公共信息的存储、发布和查询服务，如网络联盟企业组织原则、合作伙伴情况（包括技术专长和生产能力等）、任务分配信息、项目和任务进展情况、产品和原材料库存情况等；技术支持中心为网络联盟企业的运作提供技术支持和技术服务，与软硬件供应商、系统集成公司等一起维护网络化制造资源集成的各支撑分系统和功能分系统的正常运行。上述 3 个中心可以建立在一个企业或组织中，也可以分布在多个企业或组织中。这些中心可以由网络联盟企业中的核心企业建立和维护，也可以委托网络联盟企业外的中立支持中心来承担。

第 4 层是支持业务运行的网络化制造应用系统层，包括电子商务分系统、供应链管理分系统、网络化协同设计分系统、网络化协同制造分系统和知识管理分系统等。

电子商务分系统的功能包括产品发布、订单获取、财务管理及相关的电子支付、电子交易流程管理等。

供应链管理分系统完成供应链组织、合作伙伴任务分配、协同采购、销售计划管理以及制造过程优化等功能，合作伙伴基于供应链管理分系统发起和组建供应链，并在此基础上完成任务分配和监控，并协调供应商、制造商、分销商和零售商等合作伙伴之间的生产、供应和传递等任务，优化产品制造过程的物流路径，平衡合作伙伴库存，达到降低成本、提高供应链效率和客户满意度的目标，最终使供应链达到整体最优并实现合作伙伴“多赢”。

网络化协同设计分系统支持产品制造商与零部件制造商、原材料供应商和设计伙伴，甚至客户通过网络并行和协同地进行产品设计、零部件设计、材料选择、工艺规划、虚拟加工和虚拟装配。

网络化协同制造分系统完成网络化制造资源的配置和运行管理，其在网络化集成制造系统中建立相关企业的加工设备、装配设备、检测设备、运输设备等制造资源的数据库，将这些企业及其制造单元作为制造执行代理（Agent）加入系统中，根据制造任务和相关制造数据适时地完成原材料供应、零部件加工、产品生产（加工和装配）等工作，并及时反馈生产信息。

知识管理分系统完成公共知识库和专有知识库的建立和管理，维护相关企业、高等院校和研究院所拥有的专有技术、开发能力和人才等信息，以及独立设计人的技术和能力信息，在此基础上支持合作伙伴间的知识有偿共享、技术转让及合作开发知识的权利共享。

第5层是网络化制造资源集成的基础环境，具体包括涵盖Internet/Intranet/Extranet的网络支撑环境、跨不同地域及异构的数据存储支撑环境（产品数据库、制造资源数据库、基础数据库）、基础技术标准体系（标准、规范、系统体系结构、网络化制造资源集成实施指南）及网络化制造相关标准与协议等，共同支撑着整个网络化制造资源集成的运行。

1.5　网络化制造的关键技术

网络化制造系统是个分布、异构、松散耦合的智能系统，除了先进制造技术与理念本身，网络化制造的具体实现与实施还需要一系列相关技术的支撑。网络化的研究与应用实施中涉及大量的组织、使能、平台、工具、系统实施和运行管理技术，对这些技术的研究和应用既可以深化网络化制造系统的应用，同时又可以促进先进制造和信息技术的理论、方法及工具系统的研究和发展。网络化制造设计的技术大致可以分为总体技术、基础技术、集成技术与应用实施技术。图 1.5 给出了网络化制造涉及的关键技术分类及每个技术大类的含义与主要内容。

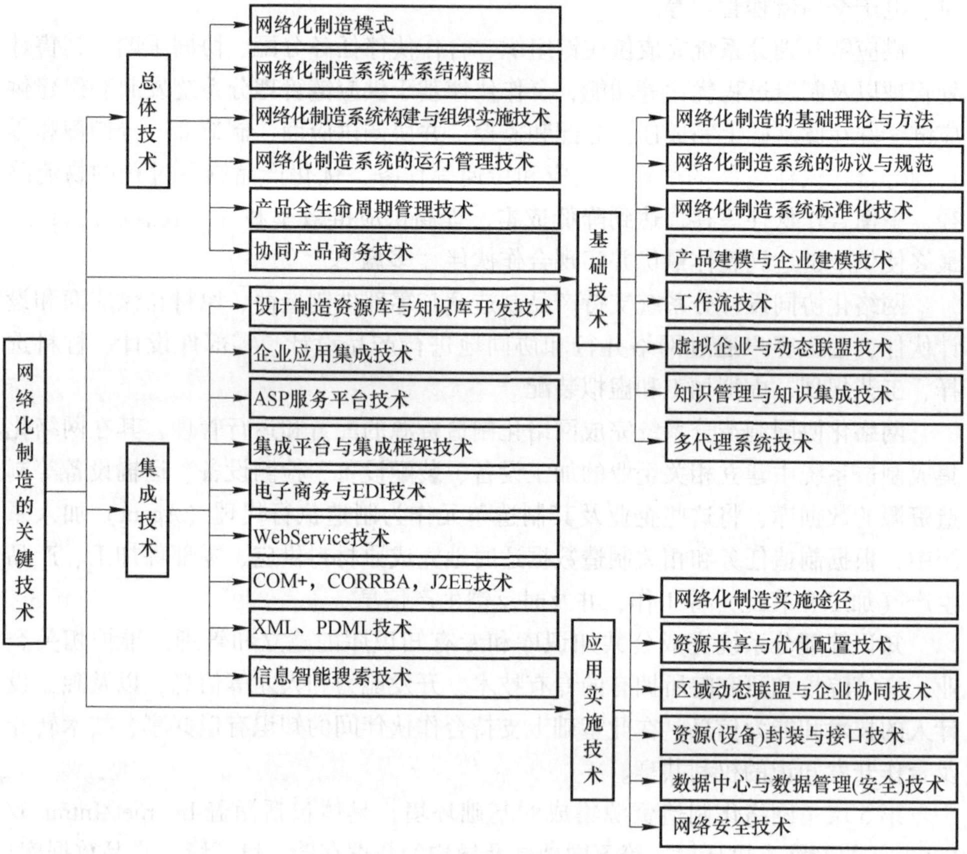

图 1.5　网络化制造的关键技术

(1) 总体技术。总体技术主要是指从系统的角度研究网络化制造系统的结构、组织、与运行方面的技术，包括网络化制造的模式、网络化制造系统的体系结构、网络化制造系统的构建与组织实施方法、网络化制造系统的运行管理、产品全生命周期管理和协同产品商务技术等。

(2) 基础技术。基础技术是指网络化制造中应用到的共性与基础技术，这些技术不完全是网络化制造所特有的技术，包括网络化制造的基础理论与方法、网络化制造系统的协议与规范技术、网络化制造系统的标准化技术、产品建模和企业建模技术、工作流技术、虚拟企业与动态联盟技术、知识管理与知识集成技术、多代理系统技术等。

(3) 集成技术。集成技术主要是指网络化制造系统设计、开发与实施中需要用到的系统集成与使能技术，包括设计制造资源库与知识库开发技术，企业应用集成技术，ASP 服务平台技术，集成平台与集成框架技术，电子商务与 EDI 技术，WebService 技术，COM+、CORBA、J2EE 技术，XML、PDML 技术，信息智能搜索技术等。

(4) 应用实施技术。应用实施技术是支持网络化制造系统应用的技术，包括网络化制造实施途径、资源共享与优化配置技术、区域动态联盟与企业协同技术、资源（设备）封装与接口技术、数据中心与数据管理（安全）技术、网络安全技术等。

1.6 网络化制造的研究现状及发展趋势

网络技术的飞速发展，使得制造业突破了地域空间的限制。未来制造业的发展趋势必然是网络化、全球化、虚拟化，总体目标则是要达到快速设计、快速制造、快速检测、快速响应和快速重组。网络制造的研究、实施与应用对于充分利用制造业优势资源、改造传统制造业、推动制造业网格应用软件产业的发展、建立我国现代企业创新体系等方面，从而提升我国制造业企业水平，尤其是对广大中小型企业的发展有着重要的意义。网络化制造公共服务平台是开展网络化制造活动的基本设施，旨在为分散的制造企业提供统一的“中介”服务，在协同制造企业之间搭建一座连通桥梁，实现网络化制造系统的动态配置、运行和调度、制造协同等电子服务机制。基于该平台，企业能寻找市场机遇、组织或参与联盟、管理合作项目、进行技术和商务洽谈[4]。

数字化网络化制造方面的研究迅速兴起。围绕网络化制造模式的研究中，或者在与网络化制造有关的研究中，出现了一系列新概念、新观点和新思想，如敏捷制造、智能车间调度、并行工程、供应链管理、虚拟制造、虚拟企业和动态联盟等等。这些新概念、新观点、新思想无不体现了企业基于网络的制造理念，同时以此为基础的网络化制造的研究和应用也在迅速发展。

(1) 国外研究现状。近年来出现了以下众所周知的著名研究计划：美国里海大学《美国 21 世纪制造企业战略》、美国能源部“敏捷制造使能计划”、美国国防部和科学基金会资助的“下一代制造”、欧洲联盟“第五框架计划”、日本“智能制造技术计划（IMS 计划）”和“网络化韩国 21 世纪计划”等，均包含了大量有关网络化制造的内容。除了上述研究计划之外，其他计划和各方面有关网络化制造的研究也在迅速发展，并已取得了不少研究成果，示例如下所述。

21 世纪初，美国国际制造企业研究所发表了《俄罗斯-美国虚拟企业网（Russian-American virtual enterprise network，RA-VEN）》研究报告。该项目是美国国家科学基金研究项目，目的是开发一个跨国虚拟企业网的原型，使美国制造厂商能够利用俄罗斯制造业的能力。从更大意义上讲，作为全球制造基础框架一部分的美俄虚拟企业的建立与发展起到了实现全球制造的示范作用。美国标准技术研究院已经通过“先进技术计划（ATP）”资助500万美元用以建立网络化制造的安全框架，该项目旨在建立一个柔性防火墙，防火墙采用一种分布式体系结构，可以防护任何网络化制造体系所涉及的设备，大至一个企业的服务器，小至一个内嵌的传感器。“虚拟企业信息交换项目（VFIP）”是美国国家电子制造协会（NEMI）领导的工厂信息系统的一个研究项目。该项目涵盖OEM和EMS供货商之间从板卡生产到最终组装过程的双向信息交流，其重点是工程技术与制造数据的交流。另外，许多高校也在从事网络化制造的相关研究。例如，美国加州大学伯克利分校的集成制造实验室建立了世界上第一个基于WWW的设计和制造系统；英国剑桥大学正在进行全球制造虚拟网络（GMVN）研究；Wisconsin-Milwaukee大学Jayle教授主持的IMS中心提供了一种网络化制造的实验平台。许多公司也在研发网络化制造相关的技术支持产品。例如，美国e制造网络有限公司（e-manufacturing Networks Inc.）是首家将机械设备与Internet网络连接的公司，该公司开发的软硬件一体化Internet网络机械设备可实现异地实时设备资源利用、供应链自动化集成、生产过程在线实时监控、远程设备诊断与维护等功能。美国MDS有限公司开发的软件系统OpenCNC5.1可实现CNC设备通过车间局域网或Internet直接与ERP、生产计划系统或设备维护系统相集成。

（2）国内研究现状。国内相关团队在网络化制造方面也做了大量研究工作，国家自然科学基金、国家“863”计划、国家科技攻关计划确立了不少研究课题，已取得了不少研究成果，其中有如下比较典型的研究课题。

1）分散网络化制造系统（DNPS）。DNPS项目被列入了国家科技攻关项目，并通过验收。在中国人民共和国科学技术部组织机械工业科学技术重大进展评选中，将分散网络化制造研究列入十一大进展之一，标题为《新生产模式的研究和实践，推动了我国制造业的技术进步和管理现代化》。

2）现代集成制造系统网络（CIMSNET）。CIMSNET是面向制造业的全国性虚拟网络，是国家863/CIMS主题的重大项目之一，是为适应制造业发展趋势而建设的一个以高技术为依托、面向制造业的专业性、分布式和应用型网络系统，该系统已经建成并投入运行。

3）区域性网络化制造系统。重庆大学在国内较早地提出了“区域性网络化制造系统”的概念，并承担了国家863项目——区域性网络化制造系统及应用示范工程预研项目。国家“十三五”规划已将现代集成制造系统主题调整为“区域网络制造系统”，并根据“效益驱动、总体规划、分步实施、重点突破”的指导思想，对区域性网络化制造系统进行了总体规划和系统设计。

从国内外发展趋势可以看到，网络化制造方面的研究正在全球迅速兴起和蓬勃发展。总结起来，现有研究主要集中在以下技术或技术群方面，其中各技术群所包括的若干技术具有相对的功能独立性。

(1) 基础支持技术：包括网络技术和数据库技术等开展网络化制造的基础支持技术。

(2) 信息协议及分布式计算技术：包括网络化制造信息转换协议技术、网络化制造信息传输协议技术、分布式对象计算技术、Agent 技术、WebServices 技术及网格计算技术等。

(3) 基于网络的系统集成技术：包括基于网络的企业信息集成/功能集成/过程集成技术和企业间集成技术、面向敏捷制造和全球制造的资源优化集成技术、产品生命周期全过程信息集成和功能集成技术、异构数据库集成与共享技术等。

(4) 基于网络的管理技术群：包括企业资源计划（ERP）/联盟资源计划(URP)，虚拟企业及企业动态联盟技术、敏捷供应链技术、大规模定制生产组织技术，企业决策支持技术等。

(5) 基于网络的营销技术群：包括基于 Internet 的市场信息技术、网络化销售技术、基于 Internet 的用户定制技术、企业电子商务技术、客户关系管理技术等。

(6) 基于网络的产品开发技术群：包括基于网络的产品开发动态联盟模式及决策支持技术和产品开发并行工程与协同设计技术、基于网络的 CAD/CAE/CAPP/CAM 技术及 PDM 技术、面向用户的设计、用户参与的设计、虚拟产品及网络化虚拟使用与性能评价技术、设计资源异地共享技术、产品全生命周期管理技术（PLM）等。

(7) 基于网络的制造过程技术群：包括基于网络的制造执行系统技术、基于网络的制造过程仿真及虚拟制造技术、基于网络的快速原型与快速模具制造技术、设备资源的联网运行与异地共享技术、基于网络的制造过程监控技术、设备故障远程诊断技术等。

网络化制造的相关技术群有机结合，形成了网络化制造的技术体系，网络化制造研究发展趋势分析国内外已有研究，可对网络化制造的研究发展趋势总结如下。

(1) 网络化制造系统的空间范围不断发展，全球化网络化制造系统正在形成。实施网络化制造所形成的制造系统称为网络化制造系统。例如早期的计算机集成制造系统可看作是基于企业网（现大多是 Intranet）的企业内部网络化制造系统。目前，网络化制造已从基于 Intranet 走向了基于 Intranet/Internet 或 Intranet/Extranet/Internet 的集成，已从企业内部走向了企业外部，并在迅速走向全球，全球化网络化制造系统正在形成。全球化网络化制造系统目前有两类突出案例值得一提，一类是不少跨国公司利用网络化制造技术进行全球化产品开发、生产组织和市场运作，网络化制造使得跨国公司如虎添翼，得到迅速发展，形成了全球化网络化跨国集团。另一类是针对某一市场机遇，在全球化范围内动态选择合作伙伴，形成全球化虚拟企业。

(2) 网络化制造中信息交换标准协议研究的重要性日益突出。由于网络化制造的全球化趋势正在形成，作为网络化制造中基础之一的信息交换标准协议的重要性日益突出。目前与网络化制造相关的部分信息交换协议已经出现，例如联合国负责政策与技术发展的 UN/CEFACT 组织与国际非盈利性标准联盟 OASIS 正式批准了全球电子商务的新标准——ebXML 等。但整个网络化制造标准协议规范还远远不够，并且有些标准还在讨论之中，因此网络化制造中的信息交换标准协议还需要深入研究、开发和发展。

(3) 网络化产品协同开发仍将是今后相当一段时间网络化制造的重要研究课题。网络化制造涉及的技术问题多且内容复杂。前面所述的网络化制造技术体系中许多技术问题都有待于深入研究和解决。

1.7 网络化集成制造系统

网络化集成制造系统（networked integrated manufacturing system，NIMS）是一种现代集成制造新模式。它综合运用现代设计技术、智能协同调度技术、制造自动化技术、系统工程方法、动态联盟方法、并行工程方法、供应链管理技术、Agent 技术、知识管理技术、分布式数据库管理技术、Internet 和 Web 技术以及网络通信技术等方法和技术，在计算机网络（Internet/Intranet/Extranet）和分布式数据库支撑下，将合作伙伴的信息、过程、组织和知识的有机集成，并实现整个系统（如动态联盟或供应链）的综合优化，从而达到产品上市快、质量高、成本低、服务好和环境影响小的目标，使系统赢得竞争，取得良好的经济效益和社会效益，并实现合作伙伴的“双赢”。开发由订单到项目管理、业务流程优化、生产管理、质量管理、目标成本管理、供应链管理和客户关系管理等整个产品生命周期的全过程管理的系统应用平台，完成开发、设计、加工、装配、生产服务、配送、售后服务等功能的面向产品全生命周期的网络化集成制造系统对丰富和完善网络化制造的理论体系、增强网络化制造技术的实用性具有十分重要的理论与实际应用价值。

因此，在相关项目资助下，东北大学网络化制造中心王宛山教授提出了“面向产品全生命周期的网络化集成制造系统”的研究目标，并希望研究成果为网络化制造理论的完善与发展做出贡献，为网络化制造理论的实际应用提供典型范例，切实提升企业的制造水平、降低产品的制造成本，提高企业的市场竞争力。

图 1.6 所示为东北大学网络化制造研究中心提出的“面向产品全生命周期的网络化集成制造系统”的主要功能，简要介绍如下。

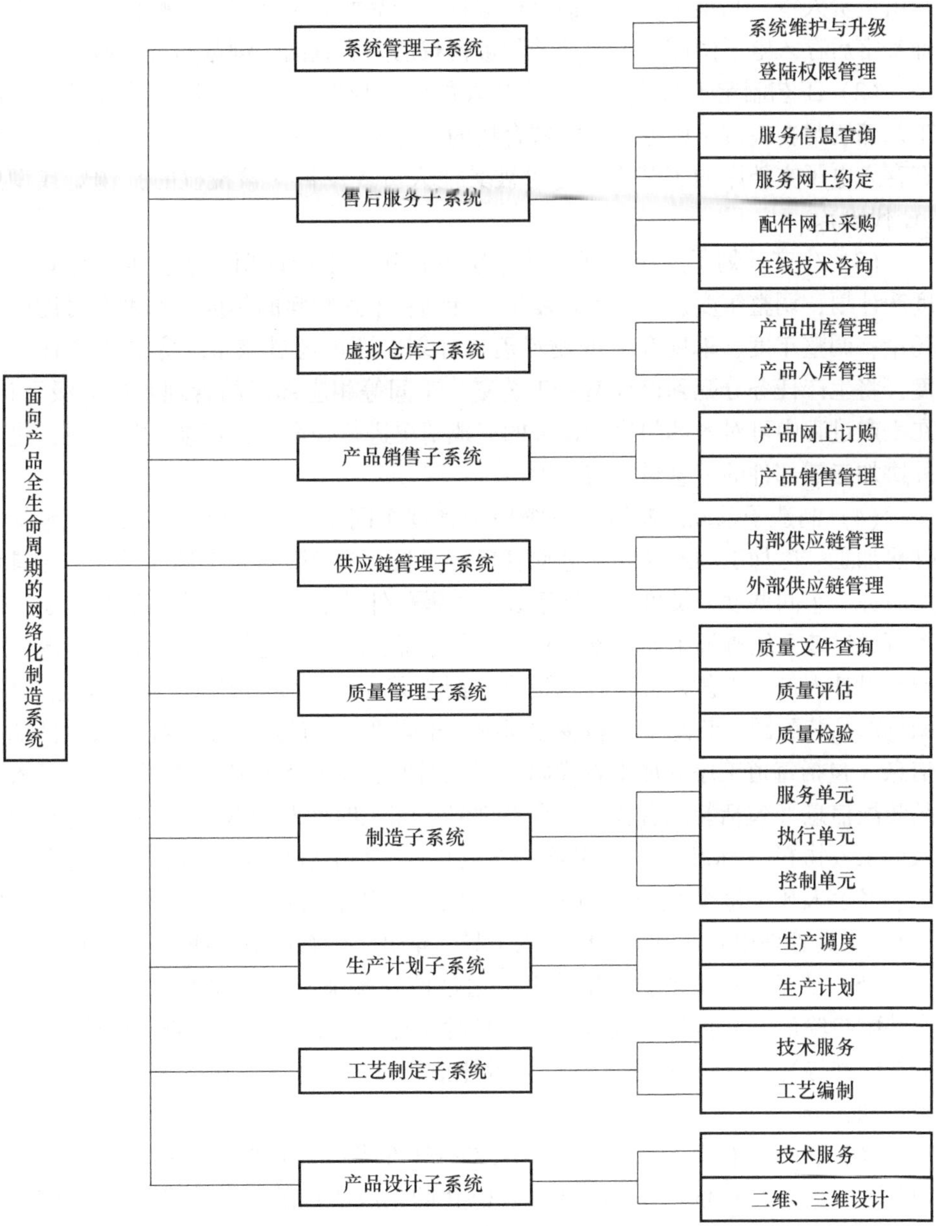

图 1.6 网络化制造系统功能

(1) 产品设计子系统。设计人员经过身份验证进入系统进行产品开发、协同设计与在线技术服务。系统采用 AutoCAD 进行产品二维设计、采用 UG 进行产品三维设计、采用 MATLAB 进行零部件的结构分析与运动仿真。设计好的图纸须由负责人审核和签字，并反馈审核信息。产品所有零件图、装配图通过总设计师签字后存入电子图库，可以被其他被授权的人员查阅、浏览和打印输出。

(2) 工艺制定子系统。工艺编制人员经过身份验证便可进入系统进行产品工艺编制与在线技术服务。经审核合格的工艺文件方可存入工艺电子文档库。只有存入电子文档库的工艺文件方可被其他人员或设备（被授权的）浏览或调用（G 代码）。

(3) 生产计划子系统。通过该系统下达年度生产计划、季度生产计划和月度产计划；调整年度、季度和月度生产计划；下达物料的年度、季度和月度的消耗量；调整年度、季度和月度物料消耗计划。还可通过该系统完成生产任务调度，将生产任务分配到设计室、工艺室、车间等相应部门的管理者并逐级下达；在生产过程中可对各部门生产任务的完成情况进行查询，并反馈查询意见；进行外协加工零部件的信息录入与管理。

(4) 制造子系统。制造子系统用于管理车间生产流程和生产服务，包括零件热加工、冷加工和产品装配进程管理与控制，技术服务，工具、量具、卡具借用服务。车间调度人员可通过该系统录入零部件的加工位置、产品装配状态。工人可通过该系统查询生产任务、物料准备情况，工具、量具、卡具借用情况，进行与设计人员、工艺人员的技术咨询，浏览零部件的设计图纸、加工工艺文件，浏览产品装配图、装配工艺和装配动画。车间管理人员通过该系统录入零件加工信息（包括每道工序的加工者代码、完工时间、验收者代码和零件号），录入产品装配信息（包括装配者代码、零部件号、完工时间和验收者代码）。物料管理人员录入物料（标准件、专用件、外构件）、入库信息（品名、入库时间、数量、经手人数字签名）、出库信息（领取者代码、时间、数量，领取者数字签名）。工具管理中心通过该系统录入工具、量具、卡具的借用和归还信息。

(5) 质量管理子系统。质检人员通过该系统录入零部件加工检验记录和产品装配检验记录（包括抽检零件号、抽检工序代码、加工者代码、抽检者代码、抽检时间等）。可通过该系统进行质量评估，对加工者和装配者给予不同级别的提示和警告。

(6) 供应链管理子系统。该系统包括外部供应链管理系统和内部供应链管理系统两部分。外部管理系统通过与 ERP 的集成实现采购人员代码、产品名称、采购数量、采购单价、采购单位、采购日期、联系电话等信息查询。通过内部供应链管理系统可以查询物料的出库时间、出库数量、领取者、经手人、所在位置、所处状态等信息。

(7) 产品销售子系统。该系统由产品销售管理系统和产品网上订购系统组成。产品销售管理系统负责销售商、代理商的管理，包括销售商、代理商的姓名、学历、销售经历、销售业绩等信息，销售商、代理商的信息录入与删除。通过网上销售系统，客户可在线浏览产品图片和相关文字信息、在线咨询、网上订货、订购信息查询。

(8) 虚拟仓库子系统。通过该系统可进行产品入库与出库操作，记录产品入库时间、入库数量、经手人代号与数字签名、产品出库时间、出库数量、领取者代号与数字签名等信息。

(9) 售后服务子系统。通过该系统用户可进行网上技术咨询，在技术人员的指导下完成设备操作或排除设备故障，实现远程售后服务；如果在技术人员的指导下无法排除设备故障，可通过该系统进行现场售后服务约定，企业会派技术人员按约定日期进行现场售后服务。用户也可以通过该系统完成配件采购并随时进行采购信息查询。

(10) 系统管理子系统。通过该系统可设定登陆者的使用权限，初始化不同使用权限下应用系统界面，进行系统的日常维护、删除垃圾信息，负责软件升级和信息发布（如会议通知、节假日作息时间安排、企业经营情况、企业人事变更情况以及企业内部新闻等信息）。

2　分布式车间调度及预防性维护相关理论介绍

2.1　分布式车间调度内涵

2.1.1　分布式车间相关概念

本书立足于基本分布式车间调度问题，对实际制造中广泛存在的多目标、动态事件和优化方法多样的分布式车间调度问题进行深入研究。针对不同工厂中的不同机器环境的约束，分布式车间可以划分为以下 4 种，包括分布式流水车间、分布式作业车间、分布式装配线、分布式柔性作业车间。

(1) 分布式流水车间。分布式流水车间包括 f 个分布在不同位置的工厂或者设施，每个工厂（设施）有一个流水线加工车间，每个工件只能在一个工厂（设施）上按照固定顺序加工一次，并且成为成品工件，加工途中不能再转移到其他工厂中。分布式流水车间需要生产一批工件，通过某种方式对这批订单进行分配，各个工厂得到订单之后，到流水车间进行生产。流水车间一般具有 m 台机器进行加工，m 台机器构成 n 条流水工作线，一条流水线只能生产一种工件。图 2.1 为分布式流水车间调度甘特图示例，示例中有两个分布式工厂，需要承担 6 个工件的加工任务，每个工厂有一条流水线生产，各个流水线有 3 道工序加工。其中工件 1、工件 3 和工件 6 被分配到了工厂 1 中进行加工，其余 3 个工件分配到了工厂 2 中。

(2) 分布式作业车间。分布式作业车间包括 f 个分布在不同位置的工厂或者设施，每个工厂（设施）即可代表一个作业车间，作业车间内有 m 台机器，作业车间可生产不同作业工序的工件。分布式作业车间中待加工工件通过某种方式对这批工件进行分配，每个工件的加工工序各有不同，使得车间调度更为复杂。当工件工序一致时，作业车间即为流水车间。

图 2.2 为作业车间调度问题甘特图示例。如图所示，在作业车间中，每个工件的加工工序不同，车间调度较为复杂。但相较于流水车间，其具有机器利用率高的特点，更符合当代小批量、多品种的制造模式。

(3) 分布式装配线。在分布式装配线中，存在 f 个工厂或设施，同样工厂分布在不同位置，每个工厂由两部分组成：加工车间和装配车间。加工车间有 m

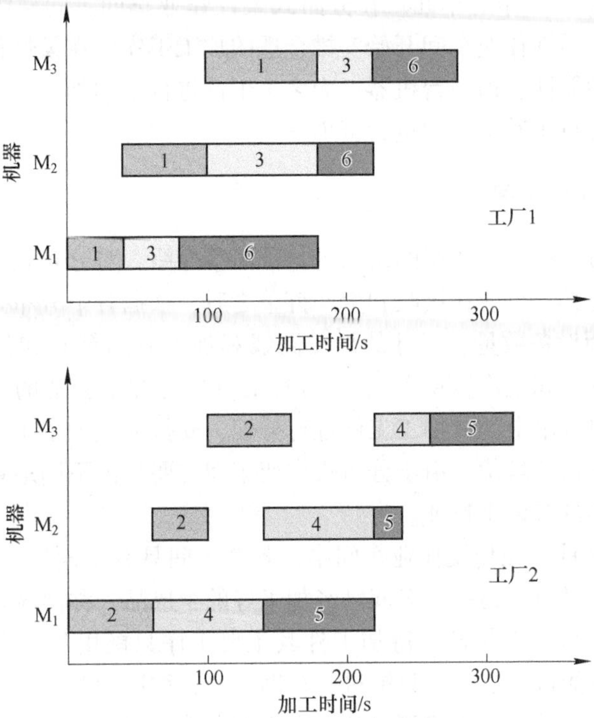

图 2.1　分布式流水车间调度甘特图示例

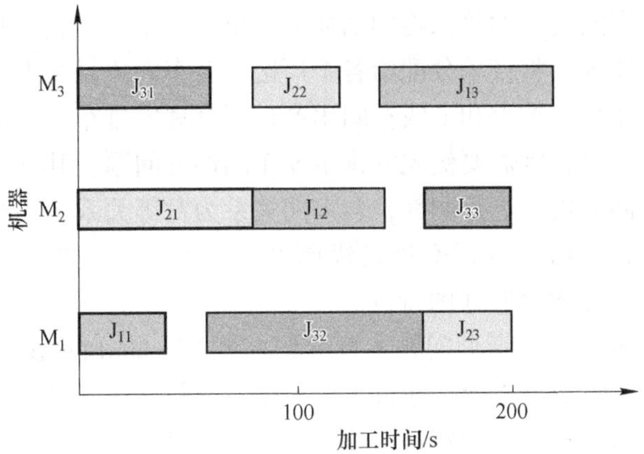

图 2.2　作业车间调度问题甘特图示例

台机器，负责完成加工分配的工件订单，将其制造成半成品工件，其车间结构既可以是流水车间，也可以是作业车间。各个工厂的加工车间完成之后，半成品工件再进行一次订单分配，让各个工厂的装配车间开始作业，加工成成品工件。

（4）分布式柔性作业车间。在分布式柔性作业车间，同样需要对工件订单进行分配，之后柔性作业车间开始安排合适的加工工序。在柔性作业车间中，每台机器具有多功能性，即一台机器可为多个工件进行不同加工操作。因此，柔性作业车间调度相较于其他车间更为繁琐复杂。

2.1.2　分布式作业车间特征

上节已经对分布式作业车间结构进行了简单介绍，对分布式作业车间调度问题下一个简单定义：企业在接收到生产订单之后，依据各个分布式作业车间的生产约束（可使用设备数量、工件的加工路线和加工时间等）和订单要求（交货期、合格工件标准和生产数量等），将合适的订单分配给合适的工厂，各个工厂接到订单后再对订单上的待加工工件进行分配，安排最优加工工序路线，使企业制订的相关指标达到最优。由于分布式作业车间主要是由不同地理位置的作业车间组成，所以其具有以下特征。

（1）分布特性。在传统作业车间中，各个车间具有不同的车间关系，例如，车间生产所需原材料是另一个车间已经加工好的半成品，称两者之间的关系为上下级关系；因车间加工特性，待加工件其主要工序只能由特定车间进行生产制造，其他车间不能进行加工，只能进行辅助生产，称这种关系为主从关系；各个车间生产之间并无关联，车间可以独立完成对工件的加工处理，则两者为对等关系。分布式作业车间调度相较于传统作业车间调度，其主要增加了工件订单分配给分布在不同位置工厂这一步骤。而正是由于各个车间分布在不同地区位置，即分布特性，导致车间之间的关系更加明显与突出。当企业接收到总订单时，根据生产约束与订单要求，将订单分配给各个厂区。若车间关系为上下级关系，下级车间需要根据自身生产约束和上级车间生产计划合理安排车间内的资源调度；若车间关系为主从关系，则需要优先安排主要车间调度问题，其他车间的辅助生产则要根据主要车间的生产进行调度；若车间关系为对等关系，各个车间得到符合自身加工特性的订单后可自行安排最优调度。因此，在生产制造中，“同工异地”的合作方式凸显出分布式的特点。

（2）不确定性。车间调度问题本身就是一个 NP-hard 问题，优化指标不同，制订的车间调度方案也会不同，并且车间与车间之间存在多种关系，这种关系伴生的协作机制会导致产生不确定性方案。若车间关系为上下级关系和对等关系，各个车间只需等待订单分配，根据生产计划进行各自的制造即可；若车间关系为主从关系，主要车间需要考虑生产能力是否达到最大、机器负荷率如何等问题，其他车间的辅助生产则要主动契合主要生产车间的生产计划，并且依据自身加工特性和生产约束，自主利益生产的订单也要安排合理有序，甚至与其他车间形成竞争，成为另一订单的主要车间。这种跨地区的协同合作模式就存在着诸多不确定性。

(3) 不唯一性。分布式作业车间调度需要多个车间配合完成订单要求，其最终目标是使企业制订的相关指标达到最优化。但由于分布式作业车间调度问题（distributed job shop scheduling problem，DJSP）其各个车间分布在不同位置，各个车间制订的相关指标和生产约束各不相同，企业在制订生产调度计划的优化指标就不再具有唯一性，需要企业根据各个车间的实际生产进行考察分析。

(4) 多目标性。上面提到过分布式作业车间具有不唯一性，而这种不唯一性也往往代表着其存在多目标性。对分布式生产系统而言，车间散布在不同地区位置，各个车间制订不同优化指标的调度方案，这些优化指标肯定存在多样性，甚至有些优化指标存在冲突，在一定程度上无法统一量化。因此，企业需要依据实际生产情况，不能按照以往生产模式只设置一个生产目标，要考虑到全局利益与部分局部利益，设置多个生产目标。设置多目标时，其多目标大多要从以下几个方面进行考虑：生产成本指标，如总能耗成本最小化、生产加工成本最小化、总协同生产成本最小化；环境指标，如碳排放量最小化、噪声最小化、污水排放量最小化；生产能力指标，如机器总可用率最大化、机器负荷率最大化、可持续生产能力最大化；顾客满意度指标，如最大完工时间最小化、成品质量最大化、顾客忠诚度最大化。分布式作业车间调度问题要切合自身加工特性和生产约束，合理选择可改进提高的优化指标。

(5) 动态特性。在实际的生产活动中，车间内外部环境时刻发生着变化，外部环境会面临诸多挑战，车间内部会出现动态事件，这些因素必定会对原先的生产调度产生影响，使得计划跟不上变化。动态事件一旦发生，必定会对一个车间产生影响，甚至可能会影响到其他车间的协同生产。在制订分布式作业车间调度计划时，需要考虑到生产车间的静态和动态运行过程，使得产生的调度方案具有最大的鲁棒性、耦合性和实时性。因此分布式作业车间调度具有动态特性。

2.1.3 分布式作业车间调度建模

(1) 定义参数。模型涉及的符号及其含义如表 2.1 所示。

表 2.1 符号及含义

符号	说明
i	工件序号，$i=1, 2, \cdots, n$
j	机器序号，$j=1, 2, \cdots, m$
r	工厂序号，$r=1, 2, \cdots, f$
v	生产速度，$v=1, 2, \cdots, l$
ij	第 i 个工件的第 j 个工序
$p_{i,j}$	工件 i 在机器 j 上的加工时间

续表 2.1

符号	说　明
$a_{i,j,h}$	工件 i 的加工路线为先经过机器 h 随即到达机器 j
ι_j	机器 j 的功率
v_s	设备的生产速度
λ_s	生产时设备的生产速度
φ_j	空闲时机器 j 的消耗功率
$X_{k,j,i}$	机器 j 在处理工件 k 之后处理工件 i
$Y_{i,r}$	在设施 r 上处理工件 i
$Z_{i,j,s}$	工件 i 在机器 j 上以 s 的速度加工
$C_{i,j}$	作业 i 在机器 j 上的加工完成时间
$C^r_{\max}$	工厂 r 最后一次操作完成时间
$\theta_{r,j}$	机器 j 在工厂 r 的闲置时间

（2）问题模型。分布式作业车间调度得到订单后，首先依据订单要求、作业车间加工特性和生产约束进行订单分配，各个车间进行调度达到相关目标最优化，其具体数学模型如下。

1）一组工件 $\boldsymbol{J}=\{J_1, J_2, \cdots, J_n\}$ 在一个工厂内进行加工，工厂分布在不同的地理位置。

2）一个工厂是由一组机器组成的 $\boldsymbol{M}=\begin{pmatrix} M_{11} & \cdots & M_{1n} \\ \vdots & \ddots & \vdots \\ M_{m1} & \cdots & M_{mn} \end{pmatrix}$。

3）如果一个工件分配给了一个工厂制造，则其每步操作时间跟工厂和机器有关。

4）假设一个工件的所有工序在同一工厂内加工。

该模型的变量和约束如下。

变量：加工速度 $Z_{i,j,s}$ 和加工时间 $C_{i,j}$。

约束：

1）所有机器与工件都是相互独立且在 0 时刻都可工作或被加工；

2）一台机器只能加工一个工件，并且加工过程不可中断；

3）一个工件只可选择一个工厂进行加工，不可跨工厂进行操作；

4）不同工件之间无优先级排序；

5）忽略工件在工厂的设备的运输时间，只计算机器加工时间；

6）每个工厂具有独立生产的能力。

目标函数为：第 i 个工件的完工时间：C_i。

最大完工时间：$C_{max} = \max\{C_1, C_2, \cdots, C_i\}$。

最优解：$f(x) = \min\{C_{max}\}$。

2.2 分布式作业车间调度中的不确定性

2.2.1 分布式作业车间不确定性的来源及特点

分布式作业车间产生不确定因素的方面很多，依据实际生产中出现的问题，可以将不确定因素划分为：生产环境的不确定因素、生产计划的不确定因素、物料的供应不确定因素。以上不确定性因素的具体表现形式如表 2.2 所示。

表 2.2 分布式作业车间不确定因素种类及表现

不确定因素的种类	表现形式
生产环境	机器故障、工人缺岗、员工效率的降低、停电停水停气等
生产计划	提前交货、客户增加工序、订单取消、紧急订单等
物料的供应	原材料到达时间不确定、原材料准备不充分、原材料质量不达标等

前述对分布式作业车间介绍过其具有动态特性，不确定因素总是会对车间产生影响，导致动态事件的发生，例如机器故障、工人缺岗、订单取消、原材料到达时间不确定、加工时间不确定等，这些动态事件会对车间静态调度方案产生影响，导致其有效性和实用性大打折扣。在实际的生产过程中，不确定因素是无法消除的，所以动态事件的发生时间、地点也是无法掌控的。车间管理者只能通过车间信息及时、有效、准确、详细的反馈，才能通过运作管理，将动态事件的影响降到最低。因此，本节侧重介绍分布式作业车间中的不确定因素。

依据不确定因素的扰动程度，把不确定因素的扰动分为事件扰动和渐变扰动。

（1）事件扰动。一件突发事件的发生对生产车间产生了影响，导致初始调度方案失效，称其为事件扰动。事件扰动发生后，管理者需要基于重调度策略进行判断，是否需要更新调度方案，这类事件一般包括紧急订单的插入、订单取消和原材料的错误投放。工艺流程的变动扰动是指突发事件较大程度地破坏了生产车间初始调度，导致原始调度方案失去了其有效性。这种性质的事件扰动发生后，需要立即基于重调度驱动策略进行判定，是否需要进行重调度计划。例如交货期变更、插入紧急订单、物料准备不齐全、物料计划的错误投放、供货的数量及类型错误等。

(2) 渐变扰动。相较于事件扰动，渐变扰动是指一些不确定因素产生后，其对初始调度方案的影响并不明显，不能判断是否需要制订重调度方案，但是其影响会累积加深，直至影响到初始调度方案的有效性。这类事件包括机器生产能力的降低、员工效率的降低、机器设备老化、机器短暂性故障等。

根据渐变扰动对生产车间的调度资源的干扰方式，将渐变扰动划分为机器的渐变扰动、工件的渐变扰动和复合型的渐变扰动三类。

1) 机器的渐变扰动。其影响对象为生产设备，进而对初始调度方案产生影响，导致生产机器的种类或者数量发生变化。机器的渐变扰动主要包括设备老化造成的机器工作能力的下降、人员对设备操作不当导致的工厂停工和其他因素短暂性停产停工等。当机器的渐变扰动发生后，工厂需要及时对生产分配的资源进行调整，使机器尽快达到工作饱和状态。

2) 工件的渐变扰动。其影响对象为待加工工件，进而对初始调度方案产生影响，导致待加工工件的工序、品种、数量发生变化。工件的渐变扰动主要包括客户提出增加工序、订单上的品种和数量发生变化、工件质量标准的提高等。当工件的渐变扰动发生后，管理者需要对待加工工件进行重调度安排。

3) 复合型的渐变扰动。这类渐变扰动发生一次并不会对生产过程产生中任一要素产生显著变化，但随着生产的持续加工，扰动频数的增多，不确定因素的扰动程度会不断加深。因此，当扰动影响到达临界值时，就会对某一生产要素产生影响，生产车间初始调度就会随之发生变化。这里的某一生产要素的变化需要根据生产车间的实际生产信息来决定。复合型的渐变扰动主要包括工人的操作效率的变化、原材料投入时间的延迟、设备机器负载的变化等。当复合型的渐变扰动发生后，工厂首先根据生产制造车间的实际生产信息，确定哪个生产要素发生变化，之后再更新调整与之相关剩余工件工序所需的资源。

分布式作业车间中的不确定性主要有如下特点。

(1) 随机性。生产环境的不确定性必然导致作业车间的不确定性。生产计划的不确定是分布式作业车间中主要的不确定性因素，虽然可以结合生产计划和当下数据做出大致变化判断，但想要完全准确地预测到每一天的生产实况是不可能的。所以，作业车间中的不确定性是不可避免的，但可以采取一些措施来减少不确定性对生产调度的影响。

(2) 波动性。由于生产要素之间的紧密联系，导致在其中间存在一种隐性波动。以生产设备为例，生产计划中的可生产设备数量总会在某一时段与实际生产设备数量之间存在差异。同时，生产计划中的设备生产率与实际设备生产率之间也会有所不同，而且这种波动是随机的。

(3) 可传递性。由分布式作业车间结构可知，作业车间各生产要素是相互联系的，信息、物料相互交换，其中某个生产要素因不确定性而出现问题必然会波及其他与之相联系的生产要素。

2.2.2 不确定性优化方法

根据现有理论和方法选取如下几类模型，定量化描述上述不确定动态事件的发生。

(1) 随机规划方法。在数学领域，数理统计是一种较为常用描述不确定性的方法。基于实际生产中的问题构建数学模型，为了较好地处理不确定因素，通常构建随机规划模型对不确定因素进行描述，分析其分布概率。在实际的生产环境中，不确定因素表现出的形式不尽相同，而随机规划模型中的一些参数是通过随机变量产生的，两者在一定意义上具有契合性。

构建好随机规划模型后进行求解，求出最优解。但由于此时模型中存在不确定因素，同时决策者并不知晓决策变量对随机变量的效用函数和随机变量的概率分布，得出的最优解已经不再是定义明确的最优解，而是一组涉及决策的最优解。此时需要考虑的是决策者的态度和实际的相关因素。一般解决随机规划问题，都是通过将随机变量经过随机模拟后，将随机规划模型转化为确定性的规划问题模型进行求解。

(2) 模糊规划方法。目前，学者通常使用模糊规划方法解决优化问题中的不确定性因素，该方法也是一种很重要的方法。与随机规划方法比较而言，模糊规划法具有一定的相似度。随机规划方法采用离散型或者连续性的概率密度来描述模型中的随机变量，而模糊规划方法采用隶属函数描述不确定因素，使用模糊集合描述约束条件中的不确定参数，引用约束条件的隶属度函数，可以在一定条件下突破约束条件。

学者将模糊规划模型分为了两种：可能性规划模型和柔性规划模型。可能性规划模型的应用范围更广，其将约束条件和目标函数模糊化，引入隶属函数从而导出一个线性函数求解。柔性规划模型考虑更多是右端参数不确定的情况。同时模糊规划模型也可以分为三种[5]：模糊期望值模型、模糊相关机会规划和模糊机会约束规划。

(3) 鲁棒优化方法。在数学规划中，输入数据构建模型，应用一些数学规划方法，得出最优解，这是所有理想状态下的求解思路。但当模型中存在不确定因素时，需要考虑其存在。鲁棒优化方法就是得出一个解，这个解是保证在不确定参数最坏的情况下是最优值，也可以理解为一个保守值。鲁棒优化方法相较于其他方法，更加强调的是满足所有硬性约束，通俗来讲就是对于不定参数的任意变化，鲁棒优化得到的解均可实现。其代表的是一种保守观点，不定参数在给定的数值内变化，仍可保证最优解可行，使得模型具有鲁棒特性。但在车间调度中，大多构建模型的优化目标为最大值或者最小值，采用鲁棒优化方法会使模型对不确定参数的敏感度下降，但是得到的值会过于保守。因此，近年来如何降低鲁棒优化解的保守性是一热门研究。

2.3　动态调度策略与实现技术

2.3.1　动态调度策略

对于分布式作业车间调度问题中的重调度策略，大致可以分为三种，对考虑动态事件由轻到重依次是：鲁棒调度、预反应调度、完全反应调度。

鲁棒调度其本质还是基于鲁棒思想，对所有可能发生的不确定事件，即动态事件进行预测模拟，然后制订生产调度方案，最大限度避免动态事件的影响，使得制订的调度方案具有较高的鲁棒性。但这种鲁棒调度是生产企业理想状态下想要达到的效果，现在的技术水平并不能完全预测到动态事件发生时间及地点，在企业中的实用性并不太高。

预反应调度在制订生产调度方案之前也会进行预测，但与鲁棒调度不同的是，其只生成针对性的调度方案，初始调度方案并不会考虑进去，只有当动态事件的发生后，车间才会依据针对性的调度方案进行快速反应，降低动态事件发生的影响。预反应调度又可分为三种重调度策略：事件驱动的重调度策略、周期驱动的重调度策略和两者混合驱动的重调度策略。

完全反应调度就是事前制订初始调度方案时，并不对任何动态事件的发生进行考虑，只有在生产过程中遇到动态事件的发生，才会现场针对当时的动态事件提出解决方法，制定之后的重调度方案。这个重调度策略在工厂中应用并不广泛，其虽然能够完全实时适应加工环境，但也存在着非常明显的缺陷，一旦车间发生连续性的动态事件，重调度方案可能会陷入局部最优的风险。

因此，本书重点研究预反应调度策略，其既可以对动态事件进行一定的预测，在事件发生前制订对应的调度方案，保证了初始调度方案目标的最优化，又可以实时跟踪监测车间调度情况，动态事件发生后可以及时应对。上文提到，预反应调度策略又可以分为三种常见的重调度策略，三种重调度策略对比分析如表 2.3 所示。

表 2.3　三种重调度策略对比分析

动态调度策略	概念	优点	缺点
事件驱动的重调度策略	当动态事件的影响已经达到预先设定的上限，需要对初始调度方案进行调整或者重新制定	及时迅速地处理动态事件	车间调度容易陷入频繁波动状态

续表 2.3

动态调度策略	概念	优点	缺点
周期驱动的重调度策略	设定一个生产周期，当一个生产周期过后，根据收集到的车间信息，对之后的初始调度方案进行调整或者重新制定	车间调度稳定性强，并且使得重调度紧迫性降低	动态事件发生后，并不能及时调整初始调度方案，会在一定时期内损坏生产系统的性能
混合驱动的重调度策略	将前两者重调度策略糅合在一起，发生动态时间后进行事件驱动的重调度策略，否则按照正常周期驱动的重调度策略进行	既可以很好地应对动态事件，将其影响降至最低，又可以提高生产调度方案的稳定性	实施步骤较为复杂

由表 2.3 可知，混合驱动重调度具有前两种策略的优点，因此，本书将对这种混合驱动重调度进行重点研究，并且应用到分布式作业车间调度中。

这三种重调度策略都是基于重调度发生的时间提出来的，还有一些重调度策略是依据重调度问题的求解方法提出来的。后者不同于前者，其重点关注的是动态事件发生后的解决方案，这类重调度策略的缺陷是缺少事前预测，这在实际的车间生产中会大大增加生产成本，因此企业较少应用这类重调度策略。这类重调度策略根据对初始调度方案的影响可以分为两种：部分重调度策略和完全重调度策略。这两种重调度策略的定义以及优缺点对比分析如表 2.4 所示。通过表 2.4 的对比分析可以看出，这两种重调度策略存在一些无法消除的缺陷，这些缺陷对实际生产会造成一定的生产成本。

表 2.4 两种重调度策略对比分析

重调度方法	概念	优点	缺点
完全重调度方法	在动态事件发生后，取消初始调度方案，重新制定车间调度方案	得到车间调度优化目标的最优解	需要重新计算，产生等待时间，浪费车间生产时间
部分重调度方法	动态事件发生后，分析其对车间系统的影响，对受到影响的生产要素进行重调度	降低了计算的复杂性，保证了车间生产活动的稳定性	容易陷入局部最优解

2.3.2 动态调度技术

在对车间调度进行重调度安排时，必须结合生产车间实时生产信息，通过这些信息，对动态事件进行预测，然后基于重调度策略制订重调度方案。在实际生产中，不确定因素众多，预测车间生产时间太长并无太大意义，反而会增加生产成本。为了获悉生产车间实时信息，本书将采用滚动窗口技术进行研究。滚动窗口技术是 Nelson 等[6] 提出的，滚动窗口技术如图 2.3 所示。

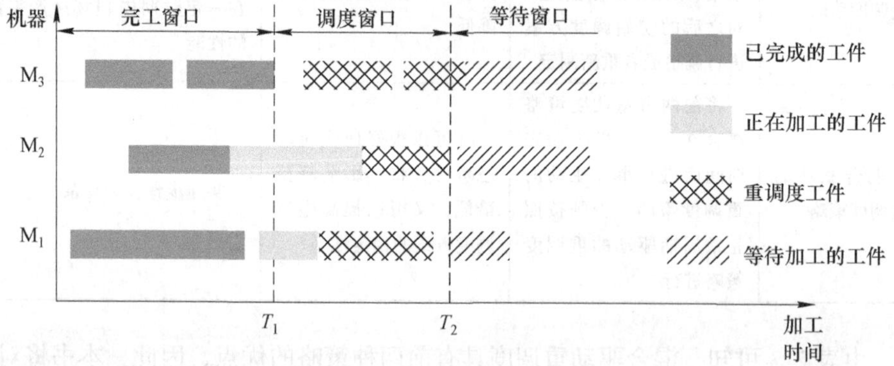

图 2.3　滚动窗口技术

如图 2.3 所示，滚动窗口技术可以实时展现车间加工状态，将含有时间维度的动态车间调度分割为连续的静态窗口。一旦动态事件在 T_1 时刻发生，需要对 T_1 时刻后面的窗口工件进行重调度安排。窗口内的工件可以分为四种，分别是：已完成工件、正在加工工件、重调度工件、待加工工件。同理这些工件窗口可以按照窗口内的工件状态分为三种：完工窗口、调度窗口、等待窗口。已完成工件指在动态事件发生之前已经完成加工的工件；正在加工工件指动态事件发生时加工未结束的工件；重调度工件是指从所有未加工的工件挑选出来进行重调度安排的工件；待加工工件就是所有未加工工件里除去筛选出的重调度工件后剩下的工件。

使用滚动窗口技术需要设置三个要素：重调度周期、重调度工件集合的大小、重调度工件集合的进入原则。重调度周期指相邻的两次重调度之间的时间间隔；重调度工件集合需要确定的是可以包含多少个重调度工件；重调度工件集合的进入原则指如何从所有未加工原件中筛选出重调度工件。这三个要素的设定对于之后的重调度非常重要，若重调度周期设置较小，会使得车间频繁进行重调度安排，导致生产成本增加、生产车间调度的整体稳定性降低、工作量增加；若重调度周期较大，会使得初始调度方案的时效性降低。若重调度工件集合设置较小，会增加重调度次数，若重调度工件集合设置较大，会使得重调度计算量增加，重调度工件数量过多。重调度工件进入原则严格规定了动态事件下可以进入重调度工件集合的未加工工件种类，原则不同，结果也会大不相同。总之，这三个要素息息相关，只有从生产实际出发，考虑实际中的生产约束，合理设置这三个要素，才可以达到重调度较优的效果。

2.4 预防性维护相关理论介绍

随着机器不断进行生产任务的加工，会使机器发生磨损，使企业生产的产品完工时间变长、产品质量下降、总生产成本增加。进行必要的机器维护，能够有效地降低机器发生故障的概率、提高机器的性能、降低车间的生产成本[7-9]。常见的维修活动可以分为对机器进行预测故障时间后安排 PM 操作和不可预测机器故障后进行维修[10]。PM 主要对车间机器的检修、保养和更换等，是在机器发生故障前进行有计划的维护；机床发生故障后进行维修主要是针对随机扰动事件进行故障部件维修，使其恢复到能够正确执行所需功能的状态。PM 的优点是能够降低机器发生故障的概率，使机器加工的工件符合生产质量要求，通常被分为基于时间的维修和基于状态的维修[11]。

2.4.1 基于时间的 PM

基于时间的 PM 是指根据机器历史故障时间，推测出机器后续会发生故障的时间，安排 PM 计划，可以分为三种情况[12]。

(1) 定周期 PM：每次 PM 之间的间隔是固定不变的，为 T_P，如图 2.4 所示。

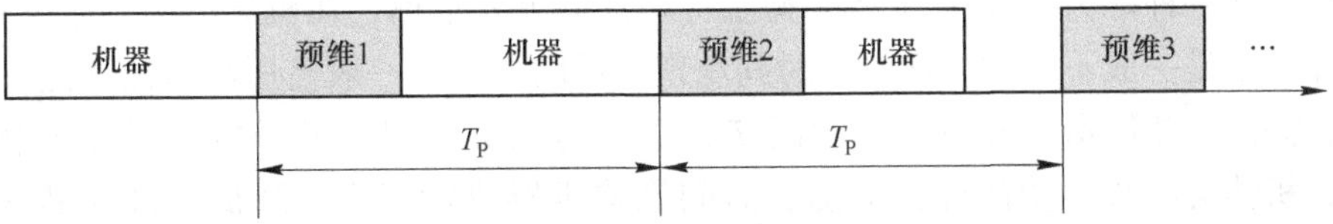

图 2.4 固定周期预防性维护

(2) 弹性时间窗 PM：为每次 PM 之间设置一个弹性时间窗，机器的 PM 时间窗为最大时长 T_{max} 和最小时长 T_{min}，PM 的时长就在这个区间内进行，如图 2.5 所示。

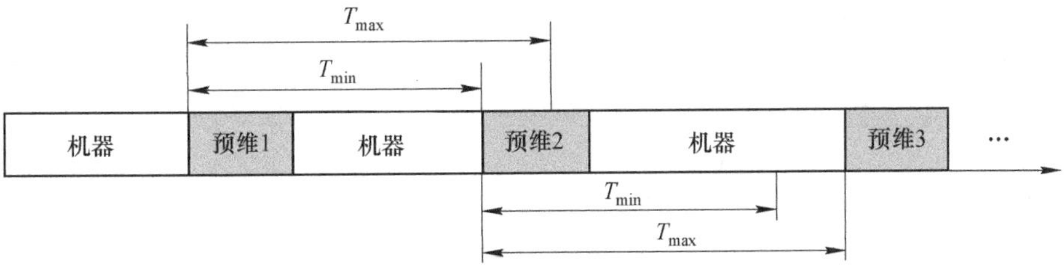

图 2.5 弹性时间窗预防性维护

(3) 柔性周期 PM：为每次 PM 之间的间隔设置一个最大值 T_{max}，即两次 PM 之间的间隔不得超过这个范围，如图 2.6 所示。

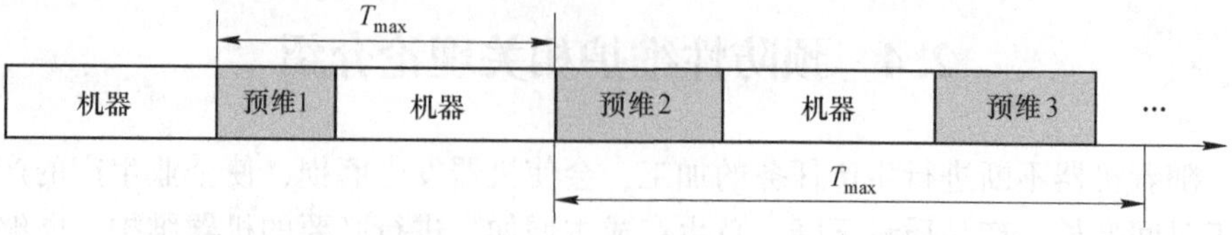

图 2.6　柔性周期预防性维护

2.4.2　基于状态的 PM

基于状态的 PM 是收集机器状态信息判断对下一次机器发生故障概率进行评估和预测，确保在机器发生故障前安排维修操作，一般包括机器检修、调整和清洗等步骤，使机器恢复到能够正确执行所需功能的状态。基于状态的 PM 可以减缓机器在加工工件时的损坏过程，能够降低机器发生故障的概率，使机器加工的工件符合生产质量要求，能够有效地降低企业的维修成本，但不能使机器修复如新的状态[13]。

2.4.3　可靠性理论

机器故障与机器可靠性息息相关，可靠性是机器在指定时间和条件下完成指定功能的一种能力[14]。故障率是衡量可靠性的重要指标，在机器的使用过程中，故障率不是一成不变的，而是随时间呈现不同的规律，一般借用浴盆曲线进行表述，如图 2.7 所示。故障率与时间 T 的关系有三类情况：最开始机器处于磨合期，机器会经常发生故障，但随着时间推移机器故障率逐渐降低；进入健壮期后，机器故障率逐步稳定；进入衰退期后，随时间增长机器故障率逐渐增加[15]。$R(t)$ 表示机器可靠度，其与时间的关系如图 2.8 所示。$F(t)$ 表示机器的故障分布函数，其与时间的关系如图 2.9 所示。失效率是指单位时间内发生故障的概率，一般记为 λ，表示跟随时间 t 发生变化的函数记为 $\lambda(t)$。

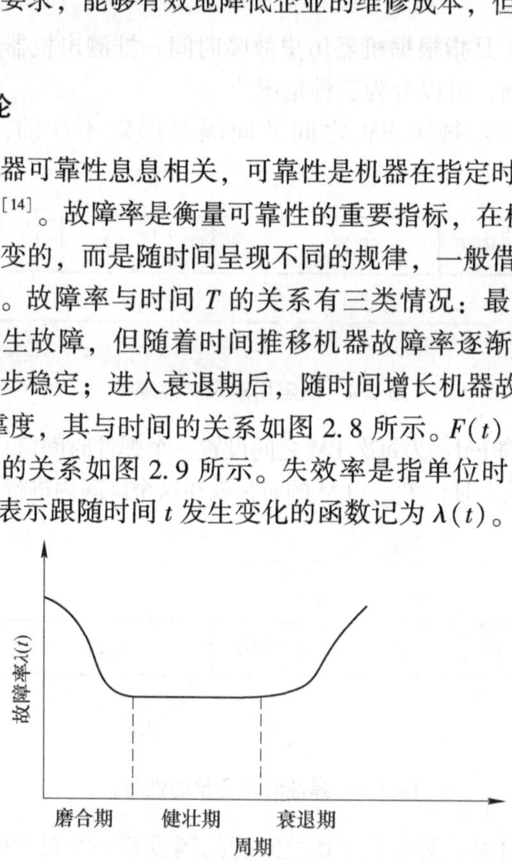

图 2.7　故障率随时间的规律

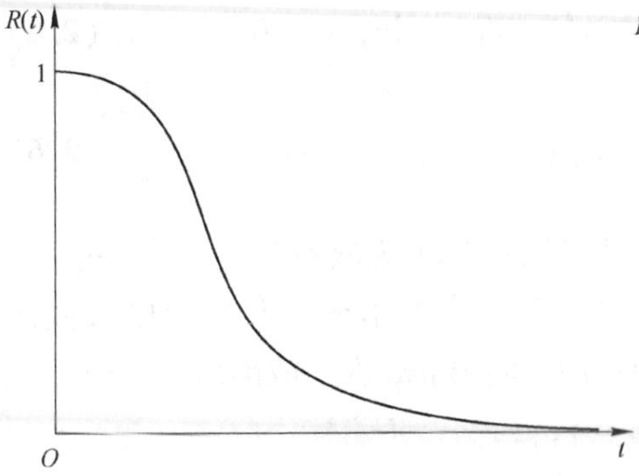

图 2.8 可靠度与时间的关系

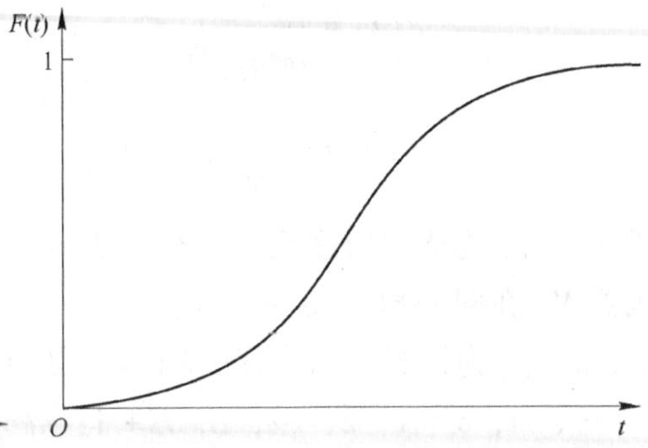

图 2.9 故障分布函数与时间的关系

表示机器可靠度、故障分布函数和失效率之间关系的公式如式（2.1）~式（2.3）所示。

$$F(t)+R(t)=1 \tag{2.1}$$

$$f(t)=F'(t) \tag{2.2}$$

$$\lambda(t)=\frac{f(t)}{R(t)} \tag{2.3}$$

式中，$F(t)$ 为机器的故障分布函数；$f(t)$ 为机器的故障分布函数的导数；$R(t)$ 为机器可靠度；$\lambda(t)$ 为失效率函数。

$R(t)$、$F(t)$、$f(t)$ 的关系如图 2.10 所示。

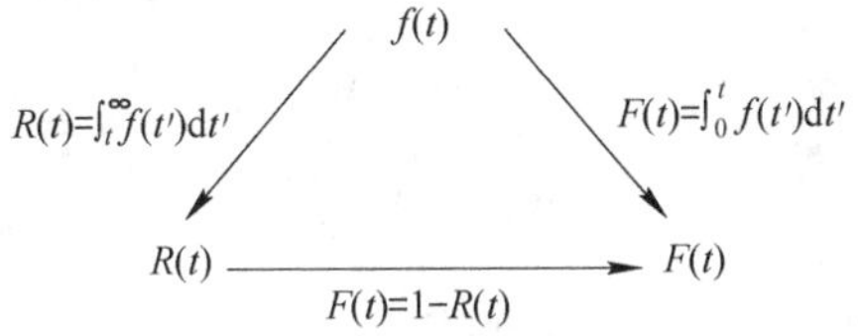

图 2.10 $R(t)$、$F(t)$、$f(t)$ 的关系

Iwona Paprocka 等提出了机器故障的频率由麦克斯韦分布描述。机器 M_k 在 L 个连续的时间段 $[0, T]$，$[T, 2T]$，…，$[(L-1)T, LT]$ 关于检测到的故障次数或无故障时间信息是已知的。为下一个调度周期 $[LT, (L+1)T]$ 建立生产系统进行预测机器故障时间。假设无故障时间 $x_{k,o,1}$，…，$x_{k,o,uko}$，在时间段 $[(o-1)T, oT](o=1, 2, \cdots, L, L+1)$ 具有参数 $\hat{a}_{k,o}$ 的麦克斯韦分布，如公式（2.4）~式（2.6）所示。

$$f(t)=\frac{4}{\sqrt{\pi}\,\hat{a}_{k,o}^{3/2}}x_{k,o,uko}^{2}\exp(-x_{k,o,uko}^{2}/\hat{a}_{k,o}), \ \mu>0 \tag{2.4}$$

$$R(t) = \frac{4}{\sqrt{\pi}\hat{a}_{k,o}^{3/2}}\int_t^{\infty} x_{k,o,uko}^2 \exp(-x_{k,o,uko}^2/\hat{a}_{k,o})\mathrm{d}u,\ t > 0 \tag{2.5}$$

$$F(t) = \frac{4}{\sqrt{\pi}\hat{a}_{k,o}^{3/2}}\int_0^{\infty}\mathrm{d}t\int_0^{t} x_{k,o,uko}^2 \exp(-x_{k,o,uko}^2/\hat{a}_{k,o})\mathrm{d}u \tag{2.6}$$

式中，$f(t)$ 为概率密度函数；$R(t)$ 为可靠度函数；$F(t)$ 为故障分布函数；$\hat{a}_{k,o}$ 为机器 M_k 在时间段 $[(o-1)T,\ oT]$ 内故障频率麦克斯韦分布参数的极大似然值；$x_{k,o,uko}$ 为机器 M_k 在时间段 $[(o-1)T,\ oT]$ 内第 uko 次无故障时间；$k=1,\ 2,\ \cdots,\ m$；$o=1,\ 2,\ \cdots,\ L,\ L+1$；$uko=1,\ 2,\ \cdots,\ U_{ko}$。

2.4.4　机器维护对车间调度方案的影响分析

在柔性作业车间加工过程中，机器发生故障后才进行修护操作，会导致正在加工工件的质量降低，后续加工任务无法按照原定生产计划进行加工，使加工任务完成时间延长，推迟交货时间，给企业带来巨大损失。而提前判断机床故障，进行预维护可以避免生产任务被迫中断，能够解决因为机器故障导致机器无法按时加工工件的问题。因此，在车间调度中考虑机床维护时，预测机器发生故障时间就成为关键。以图 2.11 所示的某柔性作业车间调度方案为例，该方案的甘特

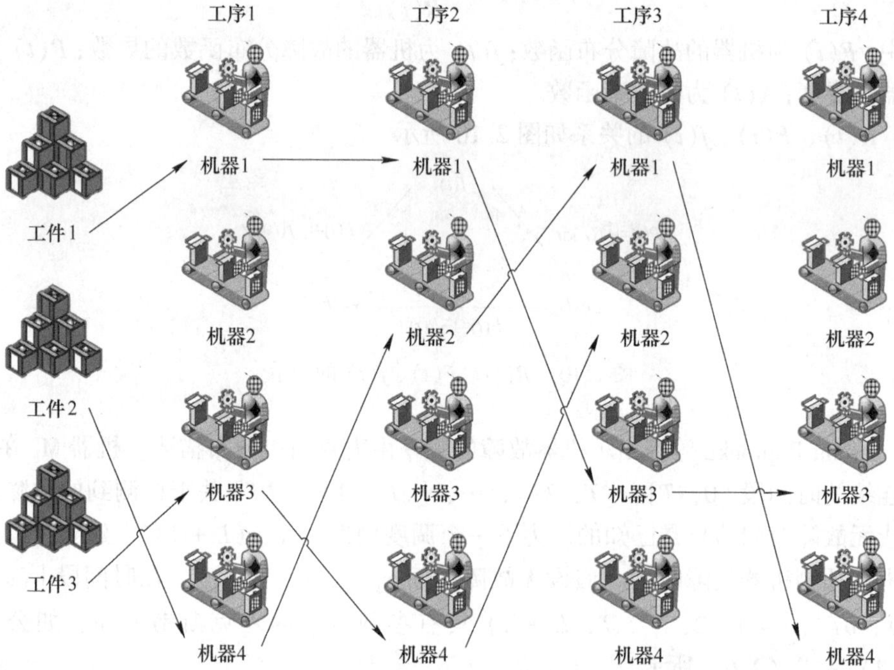

图 2.11　某柔性作业车间调度方案

图如图 2.12 所示，车间中共有 4 台机器和 3 个待加工工件，工件 1 有 4 道工序，工件 2 有 4 道工序，工件 3 有 3 道工序。其中，待加工工件 i 的第 j 道工序表示为 N_{ij}，机器 k 表示为 M_k。当 t_i 时刻机器 M_1 发生故障进行修护，以及在 t_j 时刻机器 M_2 发生故障进行修护，由图 2.13 可知，机器发生故障事件导致原车间调度方案中工件 N_{12} 和工件 N_{22} 的加工被迫中断，工件 N_{12} 的后续加工工件的工序（N_{13} 和 N_{14} 以及机床 M_1 上后续安排的 N_{23}）、工件 N_{22} 的后续加工工件的工序（N_{23} 和 N_{24} 以及机床 M_2 上后续安排的 N_{33}）不能按照原定生产计划进行加工。这无疑加工件务完成时间延长，推迟交货时间，给企业带来巨大损失。

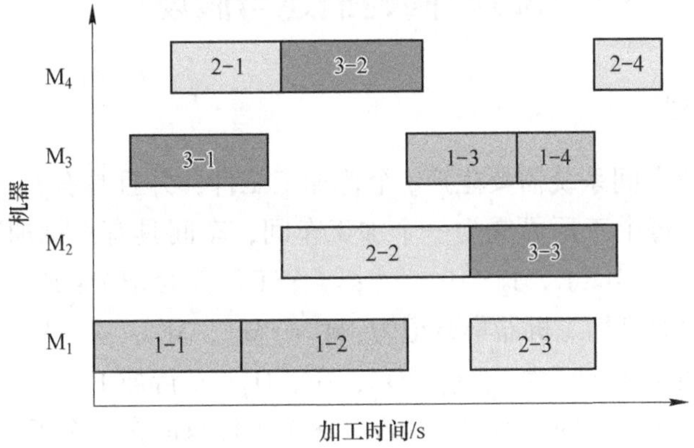

图 2.12　某柔性作业车间调度方案甘特图

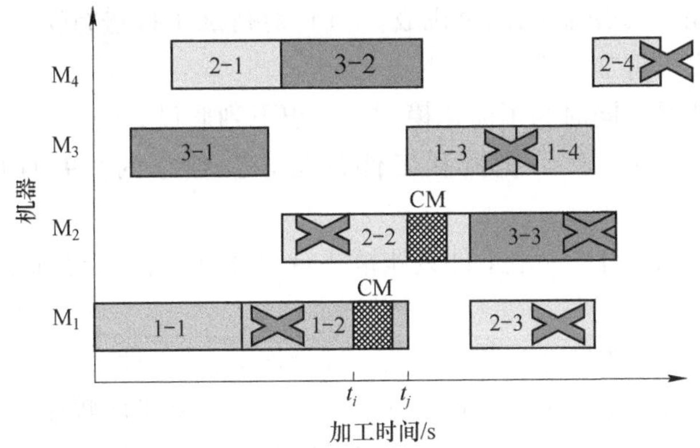

图 2.13　机器进行修复性维修对调度方案的影响

3　基于分布式作业车间模型构建及求解

3.1　问题描述与假设

3.1.1　问题描述

分布式作业车间系统需要生产 j 个待加工工件，并且具有 f 个分布在不同地区位置的工厂，每个工厂可视为一个加工车间，车间具有一批加工设备机器，j 个工件集合记为：$J = \{J_1, J_2, \cdots, J_j\}$；$f$ 个工厂集合记为：$F = \{F_1, F_2, \cdots, F_f\}$；工厂 F_f 中的可加工机器集合记为：$M_f = \{M_{f1}, M_{f2}, \cdots, M_{fi}\}$。其中，每个工件 J_j 拥有 k 道工序，记为：$\{O_{j1}, O_{j2}, \cdots, O_{jk}\}$。待加工工件必须按照工艺流程进行加工，服从生产约束和加工特性。每个工件只能在一个工厂进行加工，并且每道工序只能在一台机器上进行操作。车间关系为对等关系，各个工厂、工件、机器相互独立。部分加工机器设备具有加工特性，并非所有机器都能加工每道工序。不考虑工件原材料分配给各个厂区的时间和能耗，同样不考虑工厂内的搬运时间和能耗。DJSP 面临两个挑战：（1）对待加工工件进行工厂分配；（2）为生产机器设备安排待加工件。

结合实际情况，同时为了简化模型，提出下列假设。

假设 1：所有的工厂、机器和工件都是相互独立的，并且机器在 0 时刻工作；

假设 2：同一时间，一个工件只能被一台机器加工，一台机器只能加工一个工件；

假设 3：一个工件只可选择一个工厂进行加工，不可跨工厂进行操作；

假设 4：不同工件之间无优先级排序，同一工件有工序顺序约束；

假设 5：忽略工件在工厂的设备的运输时间，只计算机器加工时间。

假设 6：每个工厂具有独立生产的能力。

3.1.2　参数符号及定义

参数符号及其定义如表 3.1 所示。

表 3.1 符号和定义

符号	说明
F	工厂总数
I	机器总数
J	工件总数
P	设备维修最大次数
L	每台机器最大维修次数
f	工厂序号，$f=1, 2, \cdots, F$
i	机器序号，$i=1, 2, \cdots, I$
j	工件序号，$j=1, 2, \cdots, J$
k	工序序号，$k=1, 2, \cdots, k$
p	设备维修次数，$p=1, 2, \cdots, P$
l	每台机器维修次数，$l=1, 2, \cdots, L$
J_j	工件 j
M_{fi}	工厂 f 的机器 i
O_{jk}	工件 j 的第 k 道工序
E_{fijk}	工序 O_{jk} 在机器 M_{fi} 上的能量成本
E_{fi}^{p}	机器 M_{fi} 的第 p 次维修成本
k_j	工件 J_j 的工序总数
P_{fijk}	工序 O_{jk} 在机器 M_{fi} 上的操作时间
PM_{fil}	机器 M_{fi} 的第 l 次维修
μ_{fi}^{p}	机器 M_{fi} 的第 p 次维修率
λ_{fi}	机器 M_{fi} 的故障率
D_{fi}^{p}	维修率 μ_{fi}^{p} 下的维修持续时间
D_{fil}	机器 M_{fi} 的第 l 次维修时间
T_{PM}	两次连续维修操作之间的时间间隔
w_r	客观权重
决策变量	
m_{fijk}	二进制变量，若工件 O_{jk} 可以由机器 M_{fi} 加工，则定义为 1，否则为 0
Y_{fijk}	二进制变量，若工件 O_{jk} 分配在机器 M_{fi} 加工，则定义为 1，否则为 0
X_{fijkq}	二进制变量，若工件 O_{jk} 是机器 M_{fi} 的第 q 位加工工件，则定义为 1，否则为 0
Z_{fil}	二进制变量，若机器 M_{fi} 的第 l 个间隔执行维修，则定义为 1，否则为 0

续表 3.1

符号	说　明
Z_{fil}^{p}	二进制变量，若机器 M_{fi} 在第 l 次维修间隔执行第 p 次维修，则定义为 1，否则为 0
T_{jk}	工件 O_{jk} 加工开始时间
δ_{jk}^{t}	工件 O_{jk} 加工结束时间
S_{fiq}	机器 M_{fi} 第 q 个工件加工开始时间
P_{jk}	工件 O_{jk} 分配给机器后的加工时间
q_{fi}	机器 M_{fi} 的加工总数
C_j	工件 j 加工完成时间
N_{jk}^{t}	二进制变量
s_{1l}	二进制变量，若维修是在加工之前进行的，则定义为 1，否则为 0
S_{2l}	二进制变量，若加工是在维修之前进行的，则定义为 1，否则为 0

3.2　基于分布式作业车间多目标模型构建

本节主要侧重于构建 DJSP 的数学模型，该模型由两部分组成，第一部分是计算优化目标值，第二部分是多目标约束和生产约束。

3.2.1　分布式作业车间优化目标函数

分布式作业车间调度的总目标包括最大化生产系统可用性、最小化最大完工时间和最小化能源总成本，如式（3.1）所示。

$$f=\begin{cases}\max(TAS)\\ \min(TCT)\\ \min(TEC)\end{cases} \tag{3.1}$$

（1）生产系统可用性（TAS）：其定义为生产系统在给定时间内可以按所需质量执行其功能的概率。为了制定生产系统的总可用性，应首先计算每台机器的单个可用性。单个机器可用性（$A_{fi}(t)$）是指机器在给定时间内可以按所需质量执行其功能的概率，其计算如式（3.2）所示。

$$A_{fi}(t)=\frac{\mu_{fi}}{\mu_{fi}+\lambda_{fi}}+\frac{\lambda_{fi}}{\mu_{fi}+\lambda_{fi}}\exp[-(\mu_{fi}+\lambda_{fi})t] \tag{3.2}$$

式中，μ_{fi}，λ_{fi} 为机器 M_{fi} 的修复率和故障率。

机器在时间 t 上的不可用性公式为：

$$\overline{A}_i(t)=1-A_i(t)$$

如果没有对机器进行维护操作的计划，其可用性会降低，即其不可用性会增加。由于维护操作在生产计划期内进行多次，因此在时间 T_i 的最后一次维护操作完成后，机器 M_{fi} 的可用性可以重新公式化，如式（3.3）所示。

$$A_{fi}(t)=\frac{\mu_{fi}}{\mu_{fi}+\lambda_{fi}}+\frac{\lambda_{fi}}{\mu_{fi}+\lambda_{fi}}\exp[-(\mu_{fi}+\lambda_{fi})(t-T_i)] \tag{3.3}$$

在现实条件下，通常需要针对不同的机器情况进行不同级别的维护操作。一些工业机器需要全面维修，而另一些只需要部分维修。多个维护操作的存在使 DJSP 问题更加复杂。在 DJSP 问题中使用多个维护操作，当执行第 p 次操作时，机器的可用性 $A_{fi}^p(t)$ 可以重新公式化，如式（3.4）所示。

$$A_{fi}^p(t)=\frac{\mu_{fi}^p(t)}{\mu_{fi}^p(t)+\lambda_{fi}}+\frac{\lambda_{fi}}{\mu_{fi}^p(t)+\lambda_{fi}}\exp[-(\mu_{fi}^p(t)+\lambda_{fi})(t-T_i)] \tag{3.4}$$

式中，$\mu_{fi}^p(t)$ 为第 p 次维修操作是最后一次维修操作的情况下，机器 M_{fi} 的维修率。

为了简化计算，$\mu_{fi}^p(t)$ 可以用 μ_{fi}^p 表示：

$$\mu_{fi}^p(t)=\sum_p[z_{fi}^p(t)\mu_{fi}^p]$$

式中，$z_{fi}^p(t)$ 为一个二进制变量，表示最后一个操作是否为 μ_{fi}^p。

经过简单变换之后，机器 M_{fi} 的可用性重新被公式化，如式（3.5）所示。

$$A_{fi}(t)=\frac{\sum_p[z_{fi}^p(t)\mu_{fi}^p]}{\sum_p[z_{fi}^p(t)\mu_{fi}^p]+\lambda_{fi}}+\frac{\lambda_{fi}}{\sum_p[z_{fi}^p(t)\mu_{fi}^p]+\lambda_{fi}}\exp\left[-\left\{\sum_p[z_{fi}^p(t)\mu_{fi}^p]+\lambda_{fi}\right\}(t-T_i)\right] \tag{3.5}$$

除上述公式外，可以用另一个变量 z_{fil}^p 重新表示单个机器的可用性，该变量 z_{fil}^p 表示在机器 M_{fi} 的第 l 个维护间隔中是否执行第 p 次维护操作。因此，设 T_{PM} 表示两个连续维护操作之间的时间间隔。因此，单个机器机的可用性可表示为式(3.6)。

$$A_{fi}(t)=\frac{\sum_p(z_{fil}^p\mu_{fi}^p)}{\sum_p(z_{fil}^p\mu_{fi}^p)+\lambda_{fi}}+\frac{\lambda_{fi}}{\sum_p(z_{fil}^p\mu_{fi}^p)+\lambda_{fi}}\exp\left\{-\left[\sum_p(z_{fil}^p\mu_{fi}^p)+\lambda_{fi}\right](t-T_i)\right\} \tag{3.6}$$

需要计算具有 m 台单个机器的作业车间系统的总可用性，每个机器都有特定的可用性。根据 DJSP 系统的可靠性概念，在时间 t 时的作业系统总可用性可计算为 $A_T(t)=1-\prod_{f=1}^{f}\prod_{i=1}^{i}[1-A_{fi}(t)]$，因此生产系统总不可用性为 $\overline{A}_T(t)=\prod_{f=1}^{f}\prod_{i=1}^{i}[1-A_{fi}(t)]$。然后计算系统总可用性（TAS），如式（3.7）所示。

$$\mathrm{TAS} = 1 - \max_{t \in l}\{\overline{A_T}(t)\} \tag{3.7}$$

（2）最大完工时间（TCT）：第一个工件开始加工到最后一个工件加工结束的时间。

$$\mathrm{TCT} = \sum_j C_j \tag{3.8}$$

（3）能源总成本（TEC）：分布式作业车间在加工零件时需要消耗的总能源成本，包括生产能源成本（PEC）、维修能源成本（MEC）和关键高峰定价成本（CPPC）。

$$\mathrm{TEC} = \mathrm{PEC} + \mathrm{MEC} + \mathrm{CPPC} \tag{3.9}$$

1）生产能源成本（PEC）。生产能源成本指为处理所有工作的所有操作所需的总能量，并且分配加工的工件能量消耗是可变的。生产能源成本（PEC）的计算如式（3.10）所示。

$$\mathrm{PEC} = \sum_f \sum_i \sum_j \sum_k Y_{fijk} e_p E_{fijk} \tag{3.10}$$

式中，e_p 为生产加工的单位能量成本。

2）维修能源成本（MEC）。在工业生产能源消耗中，维护操作是第二组成部分。对于调度问题的维护部分，维护计划被视为模型公式中的决策变量。为此，应在一组可用的维护操作中选择适当的维护操作（$p=1, \cdots, p$），并在已知的生产周期内进行规划。其目的是提高工业系统的总可用性，从而减少意外故障。维修能源成本定义为在规划范围内所有机器上执行的所有维修操作的总能量成本，如式（3.11）所示。

$$\mathrm{MEC} = \sum_f \sum_i \sum_l \sum_p Z_{fil}^p e_m E_{fi}^p \tag{3.11}$$

式中，e_m 为维修操作的单位能量成本。

3）关键高峰定价成本（CPPC）。关键高峰定价成本是通过在高成本时期管理能源消耗，将能源消耗从高成本时期转移到低成本时期所消耗的成本，如式（3.12）所示。

$$\mathrm{CPPC} = \eta \sum_{t \in \{0: C_{\max}\}} \max\left\{0, \sum_j \sum_k \delta_{jk}^t \sum_f \sum_i Y_{fijk} E_{fijk} \sum_f \sum_i \sum_p \gamma_{fit}^p E_{fi}^p - CP_t\right\} \tag{3.12}$$

式中，$C_{\max}$ 为工作的最大完成时间；η 为单位时间内临界峰值违规的单位成本。

综上所述，分布式作业车间总能源成本最小的目标函数可以表示为：

$$\begin{aligned}\mathrm{TEC} = &\sum_f \sum_i \sum_j \sum_k Y_{fijk} e_p E_{fijk} + \sum_f \sum_i \sum_l \sum_p Z_{fil}^p e_m E_{fi}^p + \\ &\eta \sum_{t \in \{0: C_{\max}\}} \max\left\{0, \sum_j \sum_k \delta_{jk}^t \sum_f \sum_i Y_{fijk} E_{fijk} + \sum_f \sum_i \sum_p \gamma_{fit}^p E_{fi}^p - CP_t\right\}\end{aligned} \tag{3.13}$$

3.2.2 多目标约束

分布式作业车间多目标模型的约束如下所示。

约束式（3.14）计算任务分配给机器后的加工时间。

$$\sum_{f}\sum_{i} Y_{fijk}p_{fijk} = P_{jk} \tag{3.14}$$

式中，$f=1, 2, \cdots, h$；$j=1, 2, \cdots, n$；$k=1, 2, \cdots, k_j$。

约束式（3.15）确保作业的两个连续操作的逻辑顺序，以防止重复加工。

$$T_{jk} + P_{jk} \leqslant T_{j(k+1)} \tag{3.15}$$

式中，$j=1, 2, \cdots, n$；$k=1, 2, \cdots, k_{j-1}$。

约束式（3.16）保证每台机器在某一时刻最多处理一个工件。

$$S_{fiq} + \sum_{j}\sum_{k} P_{jk}X_{fijkq} \leqslant S_{fi(q+1)} \tag{3.16}$$

式中，$f=1, 2, \cdots, h$；$i=1, 2, \cdots, m$；$q=1, 2, \cdots, q_{fi}$。

约束式（3.17）、约束式（3.18）保证操作 O_{jk} 在机器 M_{fi} 的第 p 位置上进行处理，$T_{jk}=S_{fip}$。

$$S_{fiq} \leqslant T_{jk} + M(1 - X_{fijkq}) \tag{3.17}$$

式中，$f=1, 2, \cdots, h$；$i=1, 2, \cdots, m$；$j=1, 2, \cdots, n$；$k=1, 2, \cdots, k_j$；$q=1, 2, \cdots, q_{fi}$。

$$S_{fiq} \geqslant T_{jk} - M(1 - X_{fijkq}) \tag{3.18}$$

式中，$f=1, 2, \cdots, h$；$i=1, 2, \cdots, m$；$j=1, 2, \cdots, n$；$k=1, 2, \cdots, k_j$；$q=1, 2, \cdots, q_{fi}$。

约束式（3.19）计算机器 M_{fi} 的第 l 次维修的持续时间。

$$D_{fil} = \sum_{p} Z_{fil}^{p} D_{fi}^{p} \tag{3.19}$$

式中，$f=1, 2, \cdots, h$；$i=1, 2, \cdots, m$；$l=1, 2, \cdots, L$。

约束式（3.20）计算每个作业的总完成时间。

$$\sum_{k} P_{jk} = C_j \tag{3.20}$$

式中，$j=1, 2, \cdots, J$。

约束式（3.21）~约束式（3.23）确保生产时间和维修时间之间没有重叠。

$$S_{fiq} \geqslant lZ_{fil}T_{PM} + D_{il} - M(1 - S_{1l}) \tag{3.21}$$

$$S_{fiq} \leqslant lZ_{fil}T_{PM} - P_{jk}X_{fijk} + M(1 - S_{2l}) \tag{3.22}$$

$$S_{1l} + S_{2l} = Z_{fil} \tag{3.23}$$

式中，$f=1, 2, \cdots, h$；$i=1, 2, \cdots, m$；$j=1, 2, \cdots, n$；$k=1, 2, \cdots, k_j$；$q=1, 2, \cdots, q_{fi}$；$l=1, 2, \cdots, L$。

约束式（3.24）确保在机器 M_{fi} 的第 l 次维修正在处理时，变量 Z_{fil} 为 1。

$$\sum_{p} Z_{fil}^{p} = Z_{fil} \tag{3.24}$$

式中，$f=1, 2, \cdots, h$；$i=1, 2, \cdots, m$；$l=1, 2, \cdots, L$。

约束式（3.25）确定了能够进行操作 O_{jk} 的机器的集合，并且当机器 M_{fi} 不能进行操作 O_{jk} 时，变量 Y_{fijk} 为 0。

$$Y_{fijk} \leqslant m_{fijk} \tag{3.25}$$

式中，$f=1, 2, \cdots, h$；$i=1, 2, \cdots, m$；$j=1, 2, \cdots, n$；$k=1, 2, \cdots, k_j$。

约束式（3.26）保证机器的任意一道工序只有一个工件在处理。

$$\sum_{j} \sum_{k} X_{fijkq} = 1 \tag{3.26}$$

式中，$f=1, 2, \cdots, h$；$i=1, 2, \cdots, m$；$q=1, 2, \cdots, q_{fi}$。

约束式（3.27）限制每个操作只能由一台机器进行处理。

$$\sum_{f} \sum_{i} Y_{fijk} = 1 \tag{3.27}$$

式中，$f=1, 2, \cdots, h$；$i=1, 2, \cdots, m$；$k=1, 2, \cdots, k_j$。

约束式（3.28）是变量 Y_{fijk} 和变量 X_{fijkq} 之间的约束。

$$\sum_{q} X_{fijkq} = Y_{fijk} \tag{3.28}$$

式中，$f=1, 2, \cdots, h$；$i=1, 2, \cdots, m$；$j=1, 2, \cdots, n$；$k=1, 2, \cdots, k_j$。

约束式（3.29）~约束式（3.34）是变量 δ_{jk}^{t} 和变量 T_{jk} 之间的约束，并且确保了在 t 时刻的机器可用性。

$$\frac{|T_{jk}-t|}{M} \leqslant 1-\delta_{jk}^{t} \leqslant |T_{jk}-t| M \tag{3.29}$$

$$\frac{A_{jk}^{t}}{M} \leqslant 1-\delta_{jk}^{t} \leqslant A_{jk}^{t} M \tag{3.30}$$

$$A_{jk}^{t} \geqslant (T_{jk}-t) \tag{3.31}$$

$$A_{jk}^{t} \geqslant -(T_{jk}-t) \tag{3.32}$$

$$A_{jk}^{t} \leqslant (T_{jk}-t) + M \cdot N_{jk}^{t} \tag{3.33}$$

$$A_{jk}^{t} \leqslant -(T_{jk}-t) + M \cdot (1-N_{jk}^{t}) \tag{3.34}$$

式中，$j=1, 2, \cdots, n$；$k=1, 2, \cdots, k_j$；$t=0, 1, \cdots, C_{\max}$。

约束式（3.35）计算在 t 时刻的作业系统不可用性。

$$\bar{A}_{T}(t) = \prod_{f=1}^{F} \prod_{i=1}^{I} [1-A_{fi}(t)] \tag{3.35}$$

约束式（3.36）计算在 t 时刻的单个机器的可用性。

$$A_{fi}(t)=\frac{\sum_{p}(Z_{fil}^{p}\mu_{fi}^{p})}{\sum_{p}(Z_{fil}^{p}\mu_{fi}^{p})+\lambda_{fi}}+\frac{\lambda_{fi}}{\sum_{p}(Z_{fil}^{p}\mu_{fi}^{p})+\lambda_{fi}}\times\exp\left\{-\left[\sum_{p}(Z_{fil}^{p}\mu_{fi}^{p})+\lambda_{fi}\right](t-T_{fi})\right\} \tag{3.36}$$

约束式（3.37）和约束式（3.38）保证了模型中决策变量为二进制及其非负性。

$$T_{jk}\geqslant 0,\ P_{jk}\geqslant 0,\ S_{fip}\geqslant 0 \tag{3.37}$$

$$X_{fijkq},\ Y_{fijk},\ S_{1l},\ S_{2l},\ Z_{fil},\ \delta_{jk}^{t}\in\{0,\ 1\} \tag{3.38}$$

式中，$f=1,\ 2,\ \cdots,\ h$；$i=1,\ 2,\ \cdots,\ m$；$j=1,\ 2,\ \cdots,\ n$，$k=1,\ 2,\ \cdots,\ k_j$；$q=1,\ 2,\ \cdots,\ q_{fi}$；$l=1,\ 2,\ \cdots,\ L$。

3.3 不确定因素模型构建

本章主要研究的动态事件是新增紧急订单、订单取消和机器故障这三种。针对这三种动态事件下的分布式作业车间调度问题，基于事件和周期混合驱动的重调度策略，本节提出一种新的重调度策略，采用滚动窗口技术描述生产车间实施现状。现在首先需要确定上文提到的滚动窗口技术的三个要素。

3.3.1 重调度周期的确定

对于重调度周期，大多数学者把这个数值设置成一个固定值，但这样设定之后并不能及时优化车间的重调度。重调度周期对于动态重调度而言非常重要。若设置的数值太小，会影响到车间重调度的次数，严重损坏了车间调度的稳定性，增加生产成本；若设置的数值太大，对车间的初始调度方案无影响，无法处理动态事件。因此，本书采用 Sabuncuoglu[16] 等提出的可变重调度周期方法，其可以根据重调度发生的次数调节重调度周期，适应生产车间的实时生产，其计算方式如式（3.39）所示。

$$t_s=\frac{\mathrm{TP}}{f} \tag{3.39}$$

式中，TP 为加工时间总时长；f 为调度次数。

3.3.2 评估不确定因素

车间生产环境中存在着诸多不确定因素，例如发生新增紧急订单、订单取消和机器故障等情况。而这些因素的发生都会对作业车间加工时间造成一定程度的影响。所以在生产车间里，评估这些不确定因素是根据动态事件发生后加工完成时间的改变量值来完成的。

假设在生产加工过程中发生动态事件后，工件的开始加工时间和加工所需时长都已经发生改变，分别为 T'_{fijk} 和 P'_{fijk}，则在加工完工后，加工时间的变化值如式（3.40）所示。

$$\Delta t_{O_{fijk}} = |(T'_{fijk} - T_{fijk})| + |(P'_{fijk} - P_{fijk})| \tag{3.40}$$

若在时刻 t，机器 M_{fi} 作业故障，维修时长为 D_{fil}，那么机器 M_{fi} 之后可以进行生产的时刻如式（3.41）所示。

$$t_s = t + D_{fil} \tag{3.41}$$

在 t 时刻，若有动态事件的发生，则对静态调度进行处理，重调度之后的生产加工时间为 $C_{J'}$，如式（3.42）所示。

$$C_{J'} = J + \sum_{k=1}^{n}(T_{(n+1)} \pm \max\{\Delta t_{O_{fijk}}\} + \max\{D_{fil}\}) \tag{3.42}$$

式中，$T_{(n+1)}$ 为新工件的第 k 道工序在机器 M_{fi} 上的加工时间；n 为初始调度中的任务总数；$\max\{\Delta t_{O_{fijk}}\}$ 为同一时间时加工时间改变最大值；$\max\{D_{fil}\}$ 为同一时间时维修时长最大值。

在这里需要设置一个评估指标——偏离度 θ，即当不确定事件发生后，将生产加工差值与原先计划生产时间进行相比，其表达式如式（3.43）所示。

$$\theta = \frac{|J' - J|}{J} \tag{3.43}$$

需要根据企业的实际生产，具体分析重调度工件集合的进入原则，这里暂不进行考虑。

3.3.3　动态调度策略

（1）缓冲整合。首先设置一个偏离容忍度 λ，车间开始按照初始调度方案进行生产调度，发生动态事件后，实际的生产调度会比初始生产调度相对延迟一些，计算两者的偏离度 θ，若偏离度 θ 小于偏离容忍度 λ，则说明动态事件对车间生产的影响很小，此时就执行缓冲整合策略，将初始调度方案进行一定的延迟，尽可能与实际生产相匹配。偏离容忍度 λ 的数值需要参考过去车间的生产数据、生产变化趋势和短时预测。

因此，当偏离度 θ 不大于偏离容忍度 λ 时，将初始调度方案向前或者向后推移就能满足实际生产。

（2）重调度。若偏离度 θ 大于偏离容忍度 λ，说明动态事件对生产系统影响较大，单纯地将初始调度方案后移或者前挪已经不能与实时的生产契合，需要对后面的未加工工件进行重调度。一般而言，当影响很大的动态事件发生后，初始调度方案已经不再具有时效性，对车间进行动态重调度是最好的解决途径。但对于企业而言，重调度会增加生产成本，不可避免地增长调度时间。因此偏离容忍度 λ 的数值不宜过大，也不能太小。

因此，当偏离度 θ 大于偏离容忍度 λ 时，发生动态事件后对车间立即进行重调度，对剩下的待加工工件进行智能算法重排，制订最优的重调度方案。

3.3.4 动态调度策略流程

动态调度策略流程如图 3.1 所示。

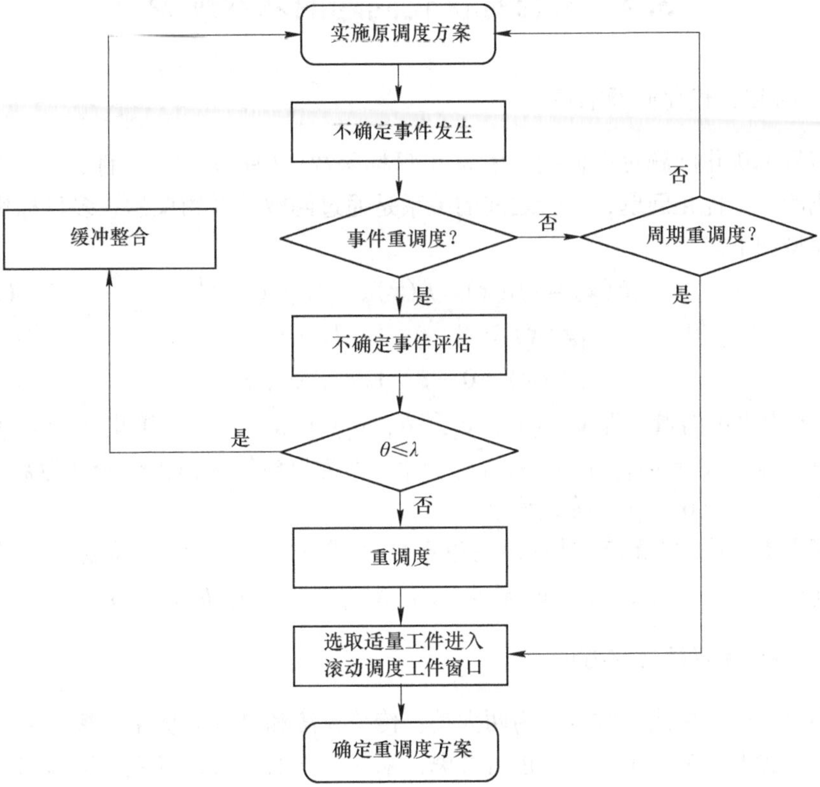

图 3.1 动态调度策略流程图

Step1：当订单分配到作业车间后，通过智能算法制订最优的静态调度方案，即初始调度方案。

Step2：当生产调度系统中发生动态事件之后，系统先判断扰动事件是否为事件重调度，如果是事件重调度，则进行 Step3；反之，判断其是否为周期重调度，如果是周期重调度，则进行 Step6，反之则继续执行原调度方案。

Step3：根据动态事件的影响对动态事件进行评估，计算出动态事件导致的生产调度偏离度 θ，将偏离度 θ 与偏离容忍度 λ 进行比较。

Step4：若 $\theta \leq \lambda$，则不确定事件的发生对初始调度方案影响较小，按照缓冲整合策略，继续进行初始调度方案，工件的开始加工时间可能延迟。

Step5：若 $\theta>\lambda$，则在不确定事件发生之后，工件在机器上的加工和初始调度方案变化很大，需要进行重调度。

Step6：选取适量工件进入滚动调度工件窗口，通过算法生成一个基于当前不确定事件下的重调度方案。

3.4　多目标优化问题的基本理论

3.4.1　多目标优化问题描述

多目标优化问题可以概括为由 m 个目标函数、$k+p$ 个约束条件、n 个决策变量组成的一个优化问题，三者之间的关系是通过函数关系约束的。多目标优化问题的模型如下。

$$F(\boldsymbol{x}) = (f_1(\boldsymbol{x}),\ f_2(\boldsymbol{x}),\ \cdots,\ f_m(\boldsymbol{x}))^{\mathrm{T}} \tag{3.44}$$

$$\begin{cases} g_i(\boldsymbol{x}) \geqslant 0 & i = 1,\ 2,\ \cdots,\ k \\ h_i(\boldsymbol{x}) = 0 & i = 1,\ 2,\ \cdots,\ p \end{cases} \tag{3.45}$$

式中，$\boldsymbol{x}$ 为决策向量，即 $\boldsymbol{x} = (\boldsymbol{x}_1,\ \boldsymbol{x}_2,\ \cdots,\ \boldsymbol{x}_n) \in X$； X 为决策集合；$F(\boldsymbol{x})$ 为目标向量，即 $F(\boldsymbol{x})=(y_1,\ y_2,\ \cdots,\ y_m) \in Y$； Y 为目标集合；$g_i(\boldsymbol{x}) \geqslant 0$ 为 k 个不等式约束；$h_i(\boldsymbol{x}) = 0$ 为 p 个等式约束。

定义 1：可行解集 X_f 是满足约束条件［式（3.45）］的决策变量 $\boldsymbol{x}$ 的集合 $X^* = (\boldsymbol{x}_1^*,\ \boldsymbol{x}_2^*,\ \cdots,\ \boldsymbol{x}_n^*)$，即 $X_f = \{\boldsymbol{x} \in X \mid g(\boldsymbol{x}) \geqslant 0,\ h(\boldsymbol{x}) = 0\}$。

3.4.2　传统多目标优化方法

多目标优化算法大致可分为两大类：传统算法和 Pareto 优化算法。传统多目标优化算法大多基于单一目标进行考虑，采用不同的方法，将多目标问题转化为单目标问题，主要包括以下三种方法。

（1）字典排序法。字典排序法是针对多目标问题中的 m 个目标函数 $F_i(x)$，其中 $i = 1,\ 2,\ \cdots,\ m$，根据决策者的偏好进行排序，然后按照排好的顺序一一进行求解，但后一个目标函数的最优解是在前一个优化目标最优解的前提下得到的，具体计算方式如下。

$$\begin{aligned} &\min F(\boldsymbol{x}) = f_\lambda(\boldsymbol{x}) \\ &\text{s.t.}\, f_i(\boldsymbol{x}) = \min f_i(\boldsymbol{x}),\ i = 1,\ 2,\ \cdots,\ \lambda - 1 \end{aligned} \tag{3.46}$$

这种方法是 Gupta 和 Neppalli 等人求解 $F2 /\!/ \mathrm{Lex}(C_{\max} / \sum C_j)$ 时提出的[17]。根据定义可知，解集很依赖于排序出的前几个目标函数，而且目标函数越多，得到的解占比下降越快。

（2）ε 约束法。ε 约束法其实运用了转化的思想，在多目标优化问题的 m 个目标函数中挑选出一个，将多目标优化模型转化为单目标优化模型，将剩下的多目标函数转化为该单目标模型中的约束条件，具体计算方式如下。

$$\min F(\boldsymbol{x}) = f_\lambda(\boldsymbol{x})$$
$$\text{s.t.} f_i(\boldsymbol{x}) \leqslant \varepsilon_i,\ i = 1,\ 2,\ \cdots,\ \lambda - 1,\ \lambda + 1,\ \cdots,\ m \tag{3.47}$$

式中，被选择出的目标函数为第 λ 个目标函数，剩下的目标函数以不等式的样式作为新的约束条件存在，如 $f_i(\boldsymbol{x}) \leqslant \varepsilon_i$ 所示，原先的约束条件不变，ε_i 的大小由决策者设置。在 Daniels 和 Chambers 在运用 ε 约束法解决双目标问题 $F /\!/ prmu/\varepsilon(C_{max}/T_{max})$ 时提出这样一条性质[18]：在求解后的权衡曲线有效解中，包含着 ε_i 的数值。与字典排序法相比较而言，ε 约束法可以使得解集更加分布更均匀，但若 ε_i 较小，从而使其中一个新的约束 $f_i(x) \leqslant \varepsilon_i$ 并不能成立，会导致建立的单目标优化模型无解。

（3）加权法。加权法就是把多目标优化模型中的每个函数目标，对应一个由决策者自己设定的权重值 ω_i，然后通过加权的方式，将多目标问题转化为单目标问题，化解不同目标间的冲突，具体计算方式如下。

$$\min f(\boldsymbol{x}) = \sum_{i=1}^{m} \omega_i \cdot f_i(\boldsymbol{x})$$
$$\text{s.t.} \sum_{i=1}^{m} \omega = 1,\ i = 1,\ 2,\ \cdots,\ m \tag{3.48}$$

大多数学者在使用分支定界法中套用加权法，将多目标问题转换成单目标问题，使得剪枝过程更高效。Lemesre 和 Dhaenens 等人在解决 $\gamma = \omega(C_{max},\ \sum T_i)$ 的问题中使用了加权法。加权法可以简单有效地减少求解多目标问题难度，但决策者赋予的权值具有一定的偏好度，可能会使得部分解在其他目标上表现不佳。除此之外，该方法没有考虑到不同目标之间的矛盾冲突依旧存在的问题，目标之间不能通过简单的加减关系来表示。

3.4.3 Pareto 多目标优化法

在传统的多目标优化方法中，一般都存在着决策者偏好的缺点，并且只能求出一个最优解，而 Pareto 优化方法可以得到 Pareto 最优解集，供决策者选择。因此学者开始关注在作业车间调度多目标优化中应用 Pareto 优化方法。图 3.2 为最小化双目标优化问题中的 Pareto 解集描述。

对于多目标而言，各个目标之间关系复杂，并且其可行解并不能通过简单的运算进行对比，得出最优解。而 Pareto 支配关系可以很好地描述各个界之间的关系，可以给出如下定义。

定义 2：给定两个决策变量 x_1、x_2，且 $x_1 \neq x_2$，如果对任意的目标函数 $f_i(x)$，$i = 1,\ 2,\ \cdots,\ m$，都有 $f_i(x_1) < f_i(x_2)$，则称 x_1 严格支配 x_2，即：

$$\forall i \in \{1, 2, \cdots, m\}, f_i(x_1) < f_i(x_2)$$

则

$$\text{then } x_1 \prec\prec x_2 \tag{3.49}$$

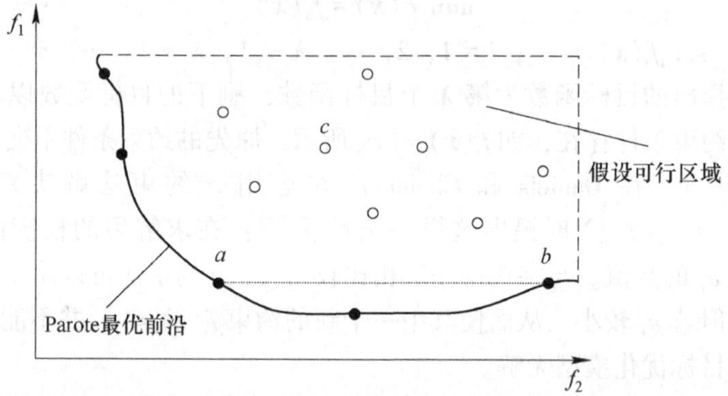

图 3.2　最小化双目标优化问题

如图 3.3 所示，解 a 与解 c 之间存在 $f_1(a) < f_1(c)$ 且 $f_2(a) < f_2(c)$，因此解 a 严格支配解 c。

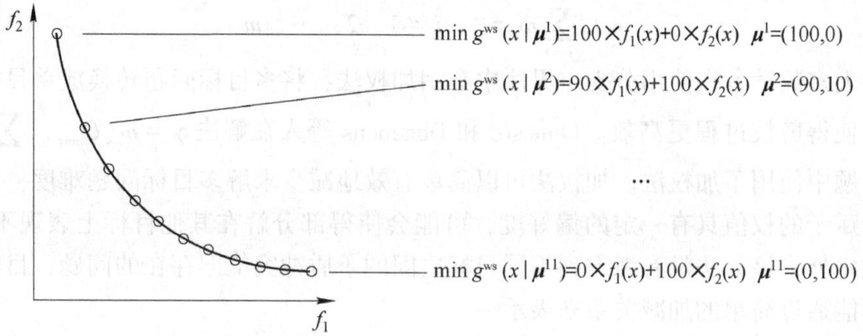

图 3.3　双目标加权和法分解

定义 3： 给定两个决策变量 x_1、x_2，且 $x_1 \neq x_2$，如果对任意的目标函数 $f_i(x)$，$i = 1, 2, \cdots, m$，都有 $f_i(x_1) \leqslant f_i(x_2)$，且至少有一个目标函数满足 $f_i(x_1) < f_i(x_2)$，则称 x_1 支配 x_2，即：

$$\forall i \in \{1, 2, \cdots, m\}, f_i(x_1) \leqslant f_i(x_2) \wedge \exists i \in \{1, 2, \cdots, m\}, f_i(x_1) < f_i(x_2)$$

则

$$\text{then } x_1 \prec x_2 \tag{3.50}$$

如图 3.3 所示，解 a 与解 b 之间存在 $f_1(a) = f_1(b)$，且 $f_2(a) < f_2(c)$，因此解 a 支配解 c。

定义 4：给定两个决策变量 x_1、x_2，且 $x_1 \neq x_2$，如果对任意的目标函数 $f_i(x)$，$i=1, 2, \cdots, m$，都有 $f_i(x_1) \leqslant f_i(x_2)$，则称 x_1 弱支配 x_2，即：

$$\forall i \in \{1, 2, \cdots, m\}, f_i(x_1) \leqslant f_i(x_2)$$

则

$$\text{then } x_1 \leqslant x_2 \tag{3.51}$$

定义 5：若 X_{best} 为一个可行解，当且仅当不存在可行解 X_i，使得 $X_i < X_{\text{best}}$ 时，称 X_{best} 为 Pareto 最优解。在图 3.3 中，由最优解相连接形成的曲面矢量称为 Pareto 最优前沿，记为：

$$PF = \{F(X_{\text{best}}) = (f_1(X_{\text{best}}), f_2(X_{\text{best}}), \cdots, f_m(X_{\text{best}}))^{\mathrm{T}} \mid X_{\text{best}} \in P\} \tag{3.52}$$

因此求解车间调度多目标优化问题时，应采用 Pareto 优化方法进行求解，其可以在不同优化目标上得到较优解，并且弱化各个目标之间的不同关系。与传统的多目标优化方法而言，Pareto 优化方法并不会出现决策者偏好问题，而且生成的解集分布性更好，会得到更多位于 Pareto 前沿上的解。

3.5 MOEA/D 算法的基本原理

3.5.1 分解策略

MOEA/D 算法基于分解策略将一个多目标问题分解为一系列单目标问题。常用的三种分解策略有加权和法、切比雪夫法和基于惩罚的边界交叉法。

（1）加权和法。设 $\boldsymbol{\mu} = [\mu_1, \mu_2, \cdots, \mu_m]^{\mathrm{T}}$ 为一个加权向量，其中 $\mu_i \geqslant 0$，$i=1, 2, \cdots, m$，且 $\sum_{i=1}^{m}\mu_i = 1$，通过式（3.53）将多目标问题转化成某个单目标子问题。

$$\min g^{\text{ws}}(x \mid \boldsymbol{\mu}) = \sum_{i=1}^{m}\mu_i f_i(x), \quad x \in \Omega \tag{3.53}$$

式中，$g^{\text{ws}}(x \mid \mu)$ 中的 x 为优化变量；g^{ws} 为转换后的单目标，需要注意的是 $\boldsymbol{\mu}$ 为目标函数的系数向量。通过式（3.53）的计算，可以得到不同的 Pareto 最优向量。以一个双目标问题为例，以 10 为间距，以 0~100 中的 11 个向量作为分解策略，如图 3.3 所示。

从图中可以看出，当 Pareto 前沿面为凸时，加权和法会得到分布性较好的 Pareto 解集。但 Pareto 前沿面为凹时，其分解求和效率会降低，得到的较优解在 Pareto 前沿过于集中，求解效果并不理想。

（2）切比雪夫法。其通过式（3.54）对多目标问题进行分解。

$$\min g^{\text{tch}}(x \mid \boldsymbol{\mu}, z^*) = \max_{1 \leqslant i \leqslant m}\{\mu_i \left| f_i(x) - z_i^* \right|\}, \quad x \in \Omega \tag{3.54}$$

式中，$\boldsymbol{\mu} = [\mu_1, \mu_2, \cdots, \mu_m]^{\mathrm{T}}$ 向量为寻优方向的斜率；$z^* = (z_1^*, z_2^*, \cdots, z_m^*)$

为一个理想的参考点，并且 $z^* < \min f_i$，$i=1, 2, \cdots, m$。以一个双目标问题为例，使用切比雪夫法进行分解，如图 3.4 所示。

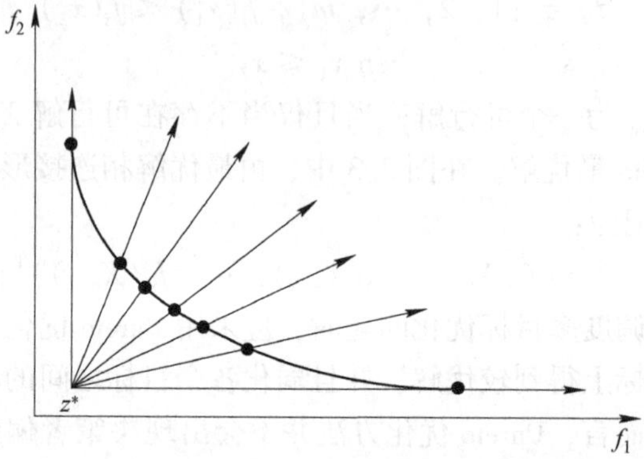

图 3.4　双目标切比雪夫法分解

通过图 3.4 可以明显看出，基于标度线斜率的切比雪夫法更加高效地控制 Pareto 寻优方向，与加权和法相比较，其可以在 Pareto 前沿不规则的情况下依旧高效可靠。

(3) 基于惩罚的边界交叉法。其分解优化问题如式 (3.55) 所示。

$$\min g^{\text{pbi}}(x|\boldsymbol{\mu}, z^*) = d_1 + \theta d_2,\ x \in \Omega \tag{3.55}$$

式中，$d_1 = \dfrac{\|(z^* - F(x))^{\mathrm{T}}\|}{\|\boldsymbol{\omega}\|}$，$d_2 = \|F(x) - (z^* - d_1\boldsymbol{\omega})\|$；$\theta$ 为一个预设的惩罚参数，且 $\theta>0$。其原理如图 3.5 所示，y 是 $F(x)$ 在线 L 上的映射，d_2 是 $F(x)$ 与映射到向量 $\boldsymbol{\omega}$ 上的点 y 之间的距离，d_1 是理想点 z^* 与 y 之间的距离。

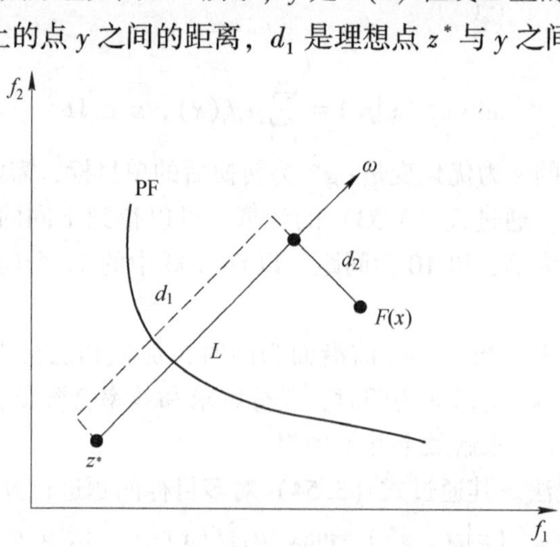

图 3.5　双目标基于惩罚的边界交叉法分解

3.5.2 进化策略

基于分解的多目标进化算法（MOEA/D）是进化算法中的一类，对于进化算法而言，父代产生子代的进化过程是其关键。在进化算法中，主要是通过父代的选择、交叉和变异得到下一代的粒子。在 MOEA/D 算法中，每一个优化目标的父代粒子都是在邻域内搜索到的，其中，由 $\{\omega^1, \omega^2, \cdots, \omega^N\}$ 中的 T 个欧氏距离最近的权重向量组成 ω^j，ω^n 的邻域权重向量所对应的子问题表示的是第 n 个子问题的邻域子问题。模拟二进制交叉（SBX）和差分进化（DE）是 MOEA/D 算法通常使用的两种交叉算子。

（1）模拟二进制交叉。其定义为：对两个父代个体 X_1 和 X_2，通过式（3.56）和式（3.57）得到子代个体 X_1' 和 X_2'：

$$X_{1i}'(t) = \frac{\{[X_{1i}(t) + X_{2i}(t)] + \alpha[X_{1i}(t) - X_{2i}(t)]\}}{2} \tag{3.56}$$

$$X_{2i}'(t) = \frac{\{[X_{1i}(t) + X_{2i}(t)] - \alpha[X_{1i}(t) - X_{2i}(t)]\}}{2} \tag{3.57}$$

式中，$i=1, 2, \cdots, n$；α 为随机变量，每一维上都要重新产生，如式（3.58）所示。

$$\alpha = \begin{cases} (2\mu)^{\frac{1}{\eta+1}}, & \mu \leqslant 0.5 \\ [2(1-\mu)]^{-\frac{1}{\eta+1}}, & \mu > 0.5 \end{cases} \tag{3.58}$$

式中，μ 为分布在（0，1）上的随机数；η 为交叉参数。

（2）差分进化。其定义为：对于父代个体 $X_1 = (X_{11}, X_{21}, \cdots, X_{m1}, \cdots, X_{n1})$，$X_2 = (X_{12}, X_{22}, \cdots, X_{m2}, \cdots, X_{n2})$ 和 $X_3 = (X_{13}, X_{23}, \cdots, X_{m3}, \cdots, X_{n3})$，通过式（3.59）计算得出子代为 $X' = (X_1', X_2', \cdots, X_m', \cdots, X_n')$。

$$X_m' = \begin{cases} X_{m1} + F \times (X_{m2} - X_{m3}), & \text{rand} \leqslant CR \text{ 或 } m = m_{\text{rank}} \\ X_{m1}, & \text{其他} \end{cases} \tag{3.59}$$

式中，F 为比例因子，如果 F 值变大，DE 算子的搜索速度会更快，但其稳定性会降低；CR 为进化控制参数；rand 为 0 到 1 之间的随机数；m_{rank} 为一个随机整数 $m_{\text{rank}} \in [1, n]$。

3.5.3 算法流程

总的来说，MOEA/D 算法大致可以分为两个部分，一是分解部分，把多目标优化问题分解为一系列的单目标优化问题，达到最优解集靠近真实 Pareto 前沿的效果；二是进化部分，其主要对象为各个分解好的单目标优化子问题，计算出实际 Pareto 前沿的解集。在 MOEA/D 算法运行求解时，采用基于欧式距离的子问题进化邻域，并且存在一个由各个子问题的最优解组成的种群，其通过算法中的进化、变异等行为，保持子问题之间的信息互换，使得 MOEA/D 算法可以具有较好的种群多样性和较优的求解性能。具体的 MOEA/D 算法流程如图 3.6 所示。

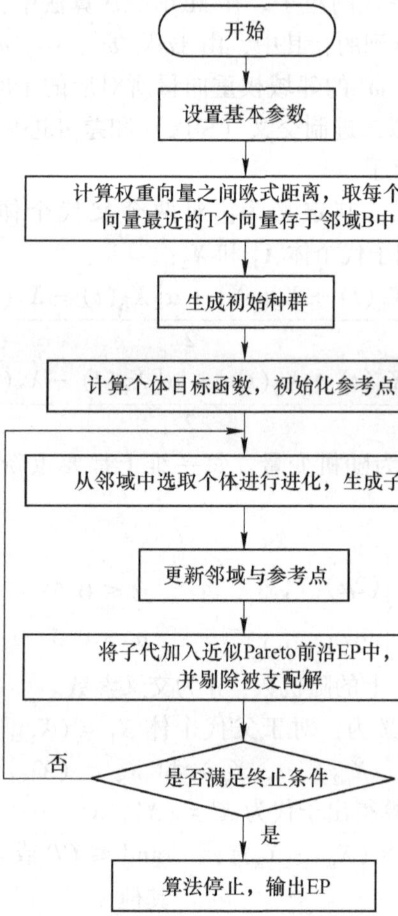

图 3.6　MOEA/D 算法

基于上述 MOEA/D 算法流程，以测试函数 DTLZ6[19] 为例，采用 MOEA/D 算法求解其演化，迭代 200 次，每次迭代计算 3 个优化目标的 Pareto 最优解集的平均值。本章算法试验在 Intel(R)Core(TM)i5 - 7400CPU@3.00 GHz，运行内存为 8 G 的计算机上运行，使用 MatlabR2019 软件编程实现。其 Pareto 最优解集平均值的变化曲线如图 3.7 所示。该图显示，经过 40 代后，MOEA/D 算法的 Pareto 最优解集的平均值缩减趋势显著下降，表明 MOEA/D 算法后期进化速度减慢。

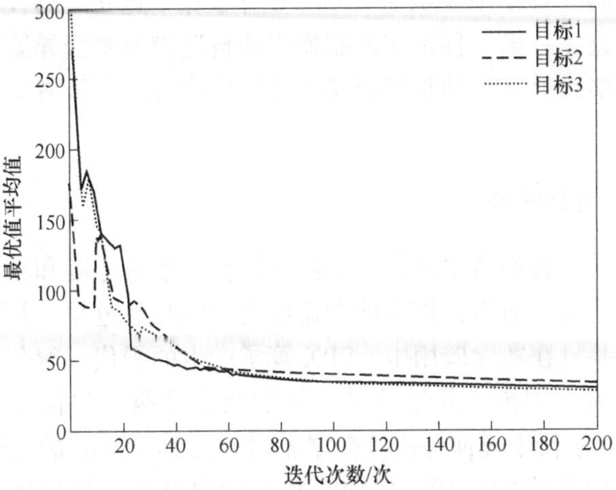

图 3.7 三目标 Pareto 最优解集平均值变化曲线图

种群方差可以反映种群的多样性：方差越大，种群的多样性越好，反之亦然。为此，研究了每个种群的各个迭代维度方差平均值，如图 3.8 所示。可见物种的各个迭代维度方差平均值的显著降低与算法的进化趋势基本同步，这证明了 MOEA/D 算法的进化缓慢确实与物种多样性的缺乏有关。

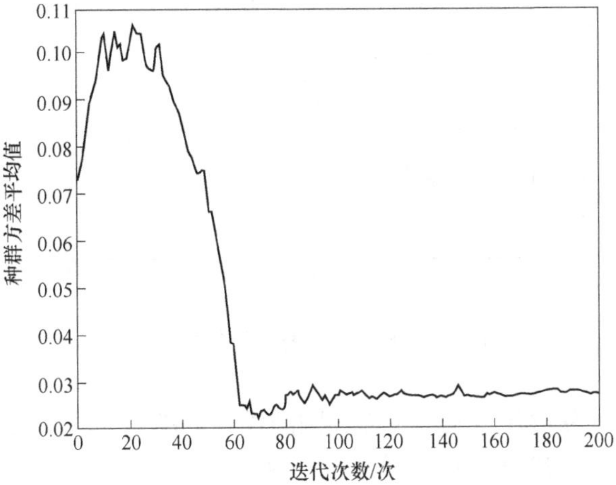

图 3.8 MOEA/D 算法种群方差趋势图

3.6 基于自适应的 MOEA/D 算法

为了解决 MOEA/D 算法收敛速度慢、种群多样性不足的问题，本章尝试了三种改进方法：第一种是用 SBX 算子和 DE 算子竞争进化策略代替原先 MOEA/D 算法的单一算子进化；第二种是用调制概率的自适应调整变异策略代替原算法的固定变异概率策略；最后一种是双面镜像理论优化方法，该方法有助于防止种群在边界聚集。

3.6.1　算子竞争进化策略

在理想条件下，我们希望遗传算子具有较快的搜索速度和较高的收敛性，但这二者往往相互冲突。通常，提高搜索速度会导致收敛过早，相互冲突的目标使决策变得困难。并且在实际应用中，SBX 算子产生的子代一般分布在与决策变量的轴平行的矩形顶点周围，其最长对角线的两点是两个父代迭代后的子代。当 Pareto 最优解集不平行于任何一决策变量轴时，尤其 Pareto 最优解集是在 45°时，SBX 算子很难找到较优的后代。然而，在这种情况下，如果使用另一个 DE 算子，通常会产生良好的效果，如图 3.9 所示。

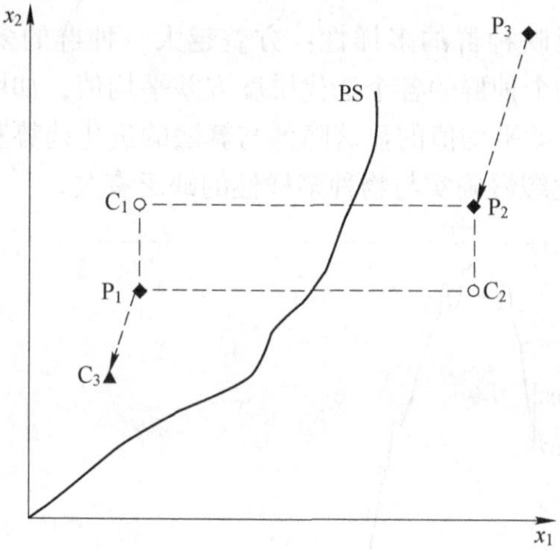

图 3.9　SBX-DE 算子后代生成图

在图 3.9 中，菱形代表父代个体，圆圈代表子代，三角形代表当前最好的子代，SBX 算子通过父代 P_1、P_2 迭代产生子代 C_1、C_2，DE 算子通过父代 P_1、P_2 和 P_3 迭代产生最好的子代 C_3。可以看出，仅使用 SBX 算子很难生成好的子代，但使用 DE 算子可以很好地改正其缺点。本章并不是希望只使用一个遗传算子来产生后代，而是希望通过交叉使用算子来获得更好的结果。所以为了平衡 DE 算子和 SBX 算子的竞争进化能力，借用了微电子领域中的占空比的概念，不仅需要 0 或 1 两种状态，还需要 0 和 1 之间的状态。因此在本节中，提出了一种基于占空比的 SBX-DE 算子，其通过式（3.60）迭代得到子代个体的。

$$X_1' = \begin{cases} X_{1i} + F \times (X_{2i} - X_{3i}), & \text{rand} < P \\ 0.5 \times [(1+\alpha) \times X_{1i} + (1-\alpha) \times X_{2i}], & \text{rand} > P \end{cases} \tag{3.60}$$

式中，$i=1, 2, \cdots, n$；F 为比例因子；P 为占空比参数，$P = DT$；T 为某个时间段内函数评估的总数；D 为在 T 中使用 SBX-DE 算子的次数；rand 为 0 到 1 之间的随机数，每迭代一次都要更新；α 为随机变量，每一维上都要重新产生，如式（3.61）所示。

$$\alpha = \begin{cases} (2\mu)^{\frac{1}{\eta+1}}, & \mu < 0.5 \\ \left[\dfrac{1}{2(1-\mu)}\right]^{\frac{1}{\eta+1}}, & \text{其他} \end{cases} \tag{3.61}$$

式中，μ 为分布在（0，1）上的随机数；η 为交叉参数。

SBX-DE 算子不仅有非常高的收敛率，而且搜索速度也很快，提高了算法的性能。占空比的概念不是只追求一个最佳的算子来产生后代，而是给每个算子参与进化的机会，其优点是可以保证算子的竞争进化能力，SBX-DE 算子进化框架如图 3.10 所示。

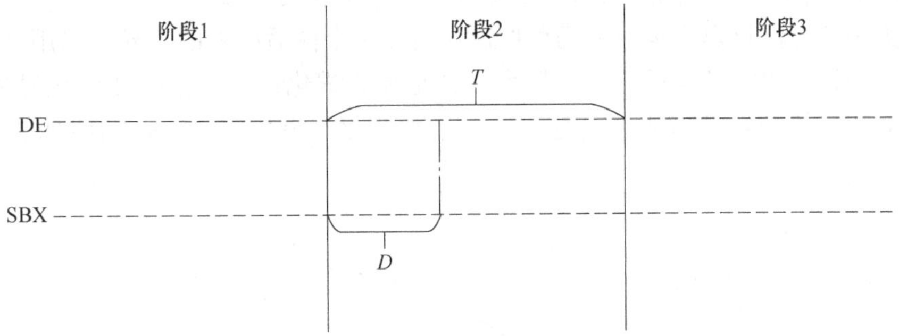

图 3.10 SBX-DE 算子进化框架图

T—在阶段 2 时的进化次数；D—在阶段 2 时的使用 SBX 算子进化次数

3.6.2 自适应变异策略

变异操作也是种群进化的方法之一，并且可以很好地提高种群多样性。当前使用较多的两种变异方式为多项式变异和高斯变异。

（1）高斯变异。高斯变异主要基于正态分布理论，将正态分布产生的随机数作用于种群原始位置向量，导致算子产生变化，位置发生改变。大多变异操作是在算子的原始位置周围产生变异算子，增强小范围局部搜索能力。但高斯变异产生的算子不但出现在原始位置周围，而且还有少数存在于远离原始位置的地方，促使高斯变异不仅使智能算法的优化精度得到了加强，局部搜索速度加快，还使算子跳出了局部最优区域，更好地搜索潜在区域，种群多样性得到加强，智能算法收敛趋势加快。高斯变异的表达式如式（3.62）所示。

$$X_{i,j}^{t+1} = X_{\mathrm{best}}(t) + \sigma N(0,\ 1) \tag{3.62}$$

式中，σ 为用来控制高斯分布变异强度的参数；$N(0,\ 1)$ 为标准正态分布。

（2）多项式变异。多项式变异与高斯变异类似，同样可以更容易跳出局部最优值，但其在远离算子的初始位置产生的新算子更多，可以极大丰富种群多样性，跳出局部最优，增强算法的全局搜索能力。本书就是采用多项式变异改进MOEA/D 算法，使得算法能够更好地达到全局最优的效果。多项式变异的表达式如式（3.63）、式（3.64）所示。

$$X_{i,j}^{t+1} = X_{\mathrm{best}}(t) + \delta \times (u_k - l_k) \tag{3.63}$$

$$\delta = \begin{cases} [2u + (1 - 2u)(1 - \delta_1)^{\eta_m + 1}]^{\frac{1}{\eta_m + 1}} - 1, & u \leqslant 0.5 \\ 1 - [2(1 - u) + 2(u - 0.5)(1 - \eta_2)^{\eta_m + 1}]^{\frac{1}{\eta_m + 1}}, & u \geqslant 0.5 \end{cases} \tag{3.64}$$

式中，$\delta = (v_k - l_k)/(u_k - l_k)$；$\delta_2 = (u_k - v_k)/(u_k - l_k)$；$u$ 为一个［0，1］区间内的随机数；η_m 为分布指数；l_k 为位置下限；u_k 为位置上限。

为避免算法早熟，本书依据种群进化情况和个体适应度的差异，采用多项式变异，并且提出一种自适应变异概率。其是随着进化过程调整个体的变异概率，调整规则是使变异概率随进化过程呈负指数变化。突变概率变化曲线如图 3.11 所示。

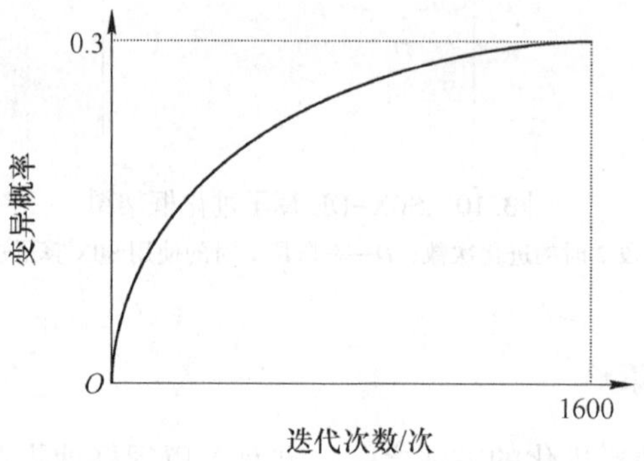

图 3.11　自适应变异概率调整曲线

物种多样性在进化初期较好，变异概率较低；随着物种多样性在进化过程中的减少，变异概率逐渐增大，以提高物种的多样性，但为了避免变异概率过高导致收敛性降低的问题，变异概率增大到一定值并趋于稳定。变化概率计算如式（3.65）所示。

$$P_m = P_0 \times 2^{e^{1-\frac{T_m}{T_m+1-t}}} \tag{3.65}$$

式中，T_m 为最大迭代次数；t 为当前迭代次数；P_0 为变异参数，这里设置为0.15。

3.6.3 双面镜像理论

在MOEA/D算法的模拟过程中，发现进化过程中Pareto最优解集的分布不均匀，表现为解集在边界附近的聚集，而其他区域的分布稀疏，这将直接影响Pareto最优解集的分布性能。传统MOEA/D算法的Pareto最优解集分布不均匀的原因是该算法在处理边界问题时通常采用式（3.66）处理。

$$X'_{i,j} = \begin{cases} X_{\min}, & X'_{i,j} < X_{\min} \\ X_{\max}, & X'_{i,j} > X_{\max} \\ X'_{i,j}, & \text{其他} \end{cases} \tag{3.66}$$

式中，$X'_{i,j}$ 为一个新的进化个体；$X_{\min}$ 为边界下限；$X_{\max}$ 为边界上限，式（3.66）允许所有外界个体映射到边界聚集。

为此，提出了一种双面镜像反射法，$X_{\min}$、$X_{\max}$ 是两个边界，X_1 为边界附近的一个个体。把 X_1 看作一束光，X_1 的大小表示光强，在介质中传播有损耗，上边界和下边界是两个可反射光的镜子。由于多次镜面反射后的介质损失，该光束最终将在边界内的某个点 X'_1 处耗尽，如图3.12（a）所示。如果有多个连续强度值为 X_i 的光束，则这些光束通过双面镜面反射穿过边界区域的最终耗散，均匀分布在边界区域内，如图3.12（b）所示。由此可见，镜像理论可以解决边界处理分布不均匀的问题。

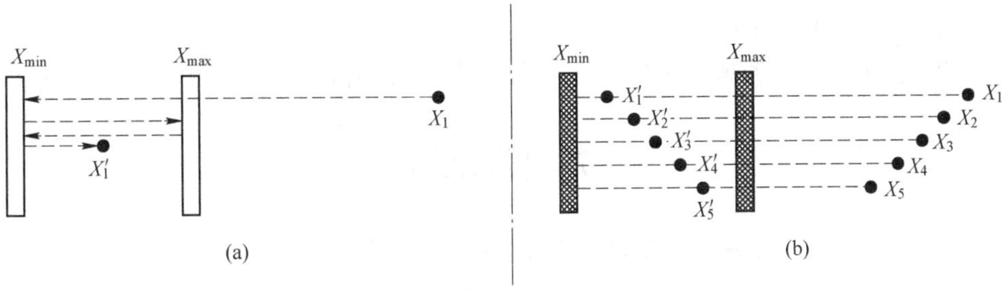

图3.12 镜像理论

基于镜像理论解决个体聚集边界问题的公式如式（3.67）所示。

$$X'_{i,j} = \begin{cases} X_{\max} - \mathrm{mod}(X_{i,j} - X_{\max},\ X_{\max} - X_{\min}), & X_{i,j} > X_{\max} \\ X_{\min} + \mathrm{mod}(X_{\min} - X_{i,j},\ X_{\max} - X_{\min}), & X_{i,j} < X_{\min} \end{cases} \tag{3.67}$$

3.6.4　改进算法流程

本书提出了一种改进的 MOEA/D 算法，即 DA-MOEA/D。DA-MOEA/D 算法的实现步骤如下。

Step1：初始化。

Step1.1：生成 λ_N 个权重向量 $\boldsymbol{\lambda}=\{\boldsymbol{\lambda}_1, \boldsymbol{\lambda}_2, \cdots, \boldsymbol{\lambda}_N\}$ 并且划分邻域 $B(i)$，$B(i)=\{i_1, i_2, \cdots, i_T\}$ 是权重向量的第 i 个邻域。

Step1.2：初始化种群 $pop=\{x_1, x_2, \cdots, x_N\}$，计算目标值 $FV_i=F(x_i)$。

Step1.3：初始计算理想点 $z=\{z_1, z_2, \cdots, z_m\}^{\mathrm{T}}$，$m$ 是目标数量，z_i 是当前迭代中 f_i 的最优解。

Step2：进化。

Step2.1：通过式（3.65）计算变异概率 P_m，T_m 是最大迭代次数，t 是当前迭代次数，$P_0=0.15$。

Step2.2：根据算子竞争进化策略，从邻域 $B(i)$ 中随机选择两个个体（x_j 和 x_k），根据式（3.60）、式（3.61）种群进化速度选择 SBX 或 DE 算子进行交叉进化，产生一个新的个体 x_d，$\eta=20$，$P=0.5$。

Step2.3：根据 Step2.1 得到的变异概率 P_m，通过自适应变异策略，x_d 得到子代个体 y。如果存在边界聚集问题，采用双面镜像理论，使用式（3.67）进行计算。

Step2.4：更新理想点：对于 $j=1, 2, \cdots, m$，若 $f_j(y)<z_j$，则 $z_j=f_j(y)$。

Step3：更新邻域关系。

Step3.1：更新邻域：对于 $j\in B(i)$，若 y 的聚合函数值不大于 x_j，则 $x_j=y$。更新对应的目标值 $FV_j=F(y)$。

Step3.2：计算此迭代邻域更新频率，并更新记录最近五次迭代的邻域更新频率。

Step4：停止条件判断。

停止迭代判断：若满足停止条件，则停止迭代并输出最佳解集；否则，执行 Step2。

3.7　算法验证

为了验证 DA-MOEA/D 算法求解 DJSP 的有效性，本书选择了 4 种经典的多目标算法（MOEA/D、NSGA-Ⅱ、SPEA-Ⅱ和 PESA-Ⅱ）作为 DA-MOEA/D 的比较算法，并在测试函数上对这些算法进行了优化仿真比较试验。此外，算法还有 3 个关键参数：初始变异概率 P_0 设为 0.15、交叉参数 η 设为 20，占空比参数 P 设为 0.5[20]。为了直观地分析这 5 种算法的性能，本书首先分析了这 5 种算法在测试函数 DTLZ6（设置 12 个决策变量和 3 个目标数）上的优化和比较试验，经过 100 代进化后，其 PF 图像如图 3.13~图 3.17 所示。

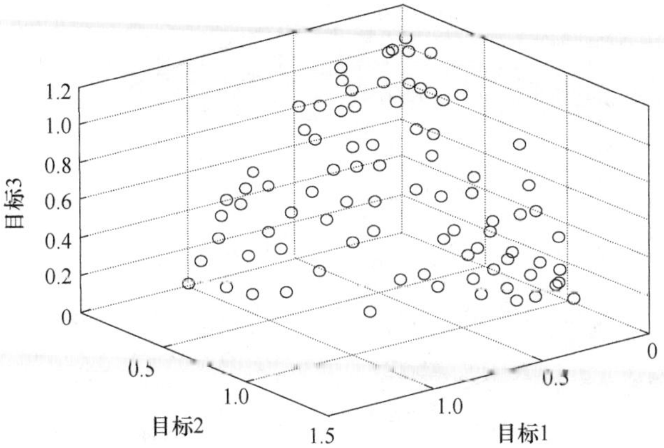

图 3.13 DA-MOEA/D 算法 PF 图

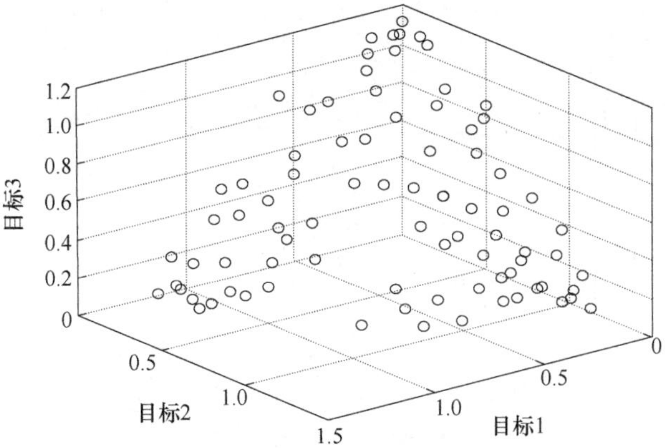

图 3.14 MOEA/D 算法 PF 图

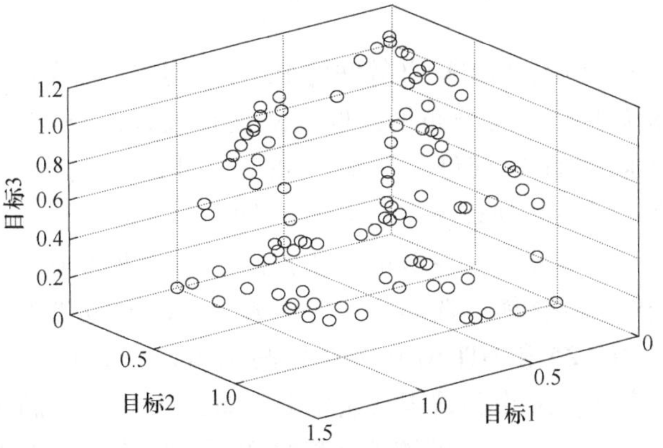

图 3.15 NSGA-Ⅱ算法 PF 图

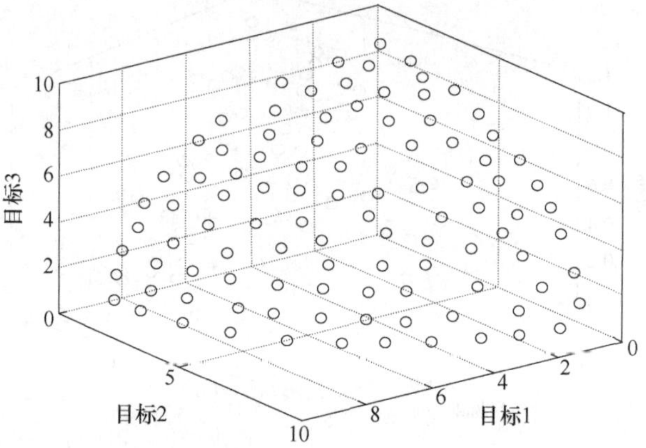

图 3.16　SPEA-Ⅱ算法 PF 图

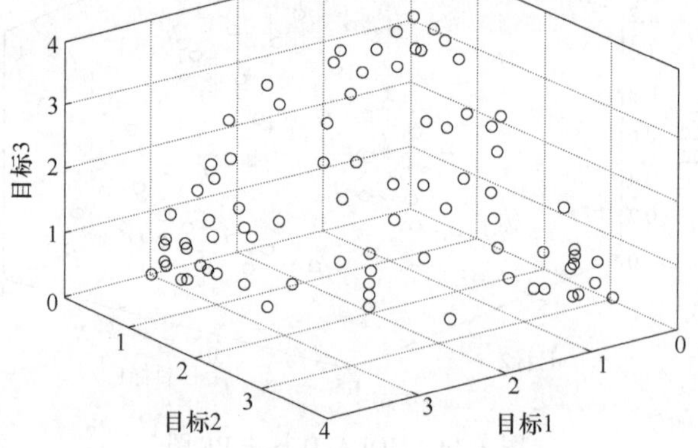

图 3.17　PESA-Ⅱ算法 PF 图

图 3.13~图 3.17 中，SPEA-Ⅱ算法的 PF 分布均匀，分布最好，但收敛性最差；PESA-Ⅱ算法也是均匀分布的，但收敛性也较差；NSGA-Ⅱ算法和 DA-MOEA/D 算法的收敛性能较好，然而，NSGA-Ⅱ算法的分布性较差，DA-MOEA/D 算法在收敛性和分布性方面均优于 MOEA/D 算法。可以看出，在测试函数 DTLZ6 上，DA-MOEA/D 算法的总体性能是 5 种算法中最好的。为了全面比较这 5 种算法的整体性能，选择 ZDT1、ZDT2、ZDT3、ZDT4、ZDT6、DTLZ1、DTLZ2、DTLZ3、DTLZ5 和 DTLZ6 作为优化测试函数[21]，检验算法的种群多样性、收敛性和稳定性。10 个测试函数应用 DA-MOEA/D 算法的帕累托前沿图如图 3.18~图 3.27 所示，在不同的测试函数的 PF 图中，DA-MOEA/D 算法的非支配解集分布均匀。最大分布（the maximum spread，MS）指标用来描述算法的覆

盖性能；其表示算法获得的 PF 覆盖度，定义如式（3.68）所示；MS 值越高，PF 覆盖的面积越大，种群多样性越大。

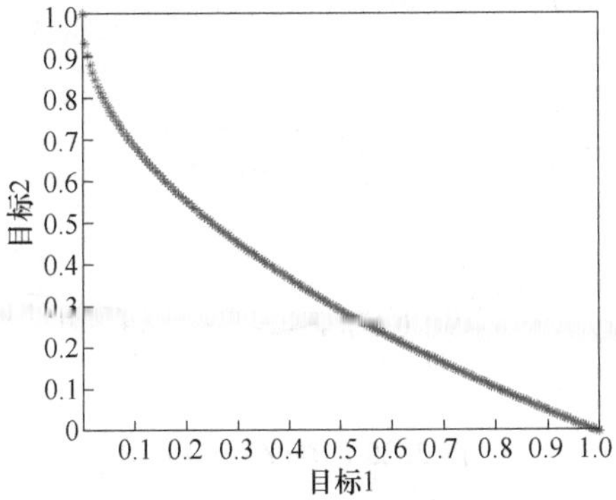

图 3.18　ZDT1 的 PF 图

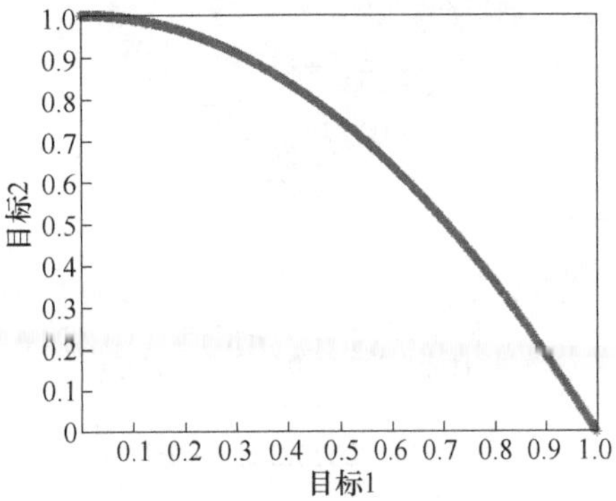

图 3.19　ZDT2 的 PF 图

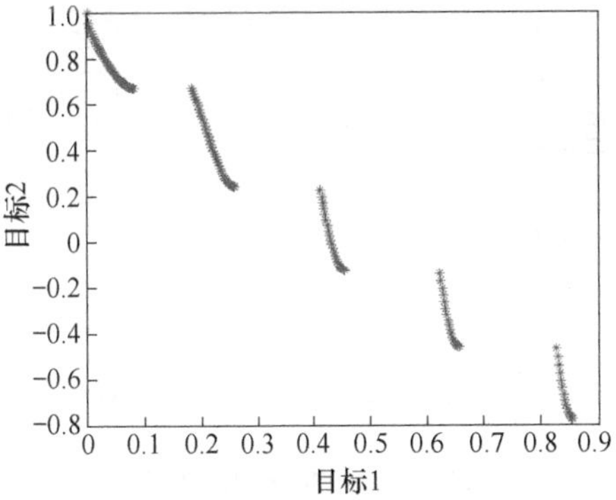

图 3.20　ZDT3 的 PF 图

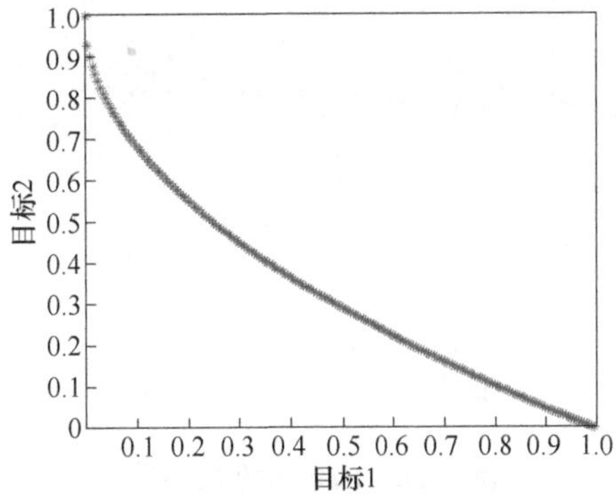

图 3.21　ZDT4 的 PF 图

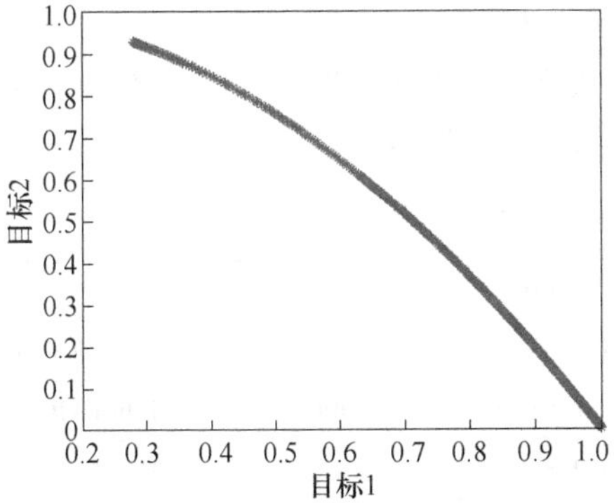

图 3.22　ZDT6 的 PF 图

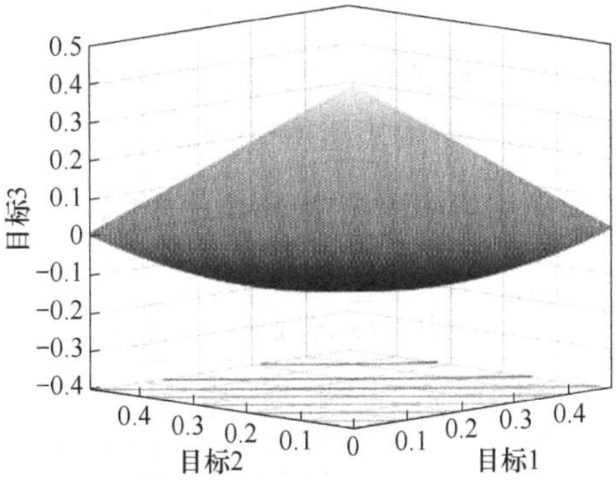

图 3.23　DTLZ1 的 PF 图

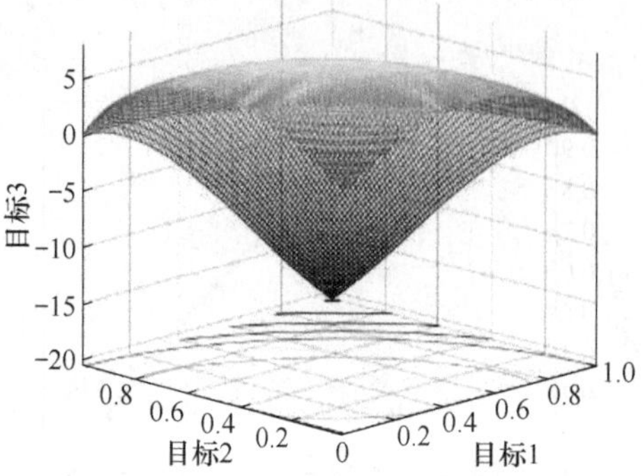

图 3.24 DTLZ2 的 PF 图

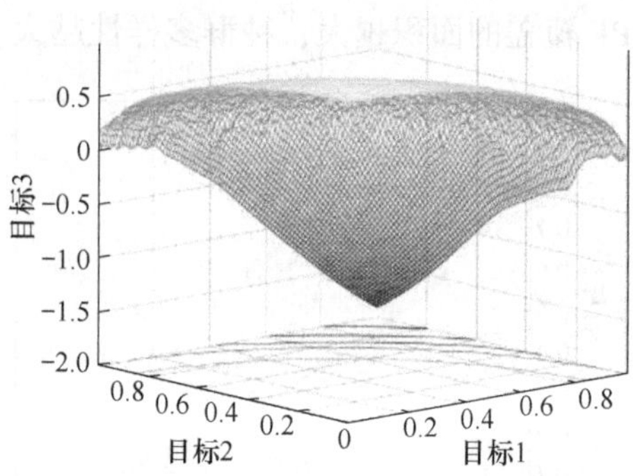

图 3.25 DTLZ3 的 PF 图

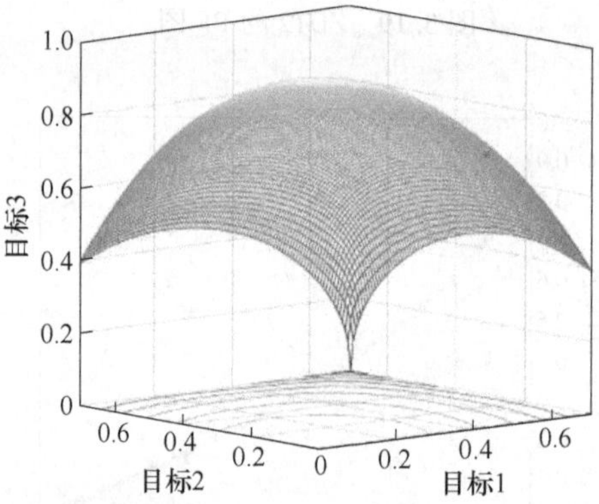

图 3.26 DTLZ5 的 PF 图

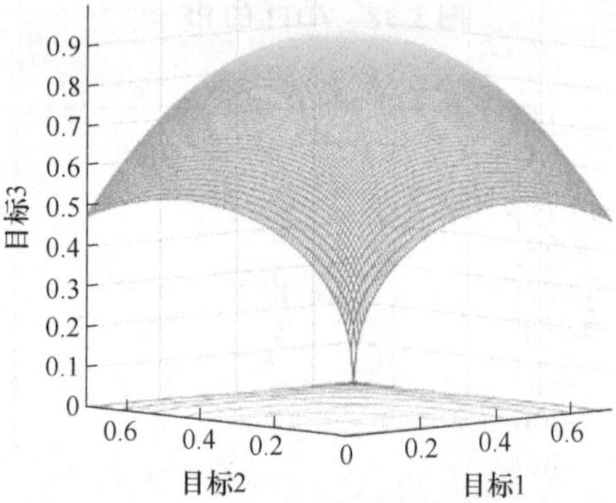

图 3.27 DTLZ6 的 PF 图

$$MS = \sqrt{\frac{1}{m}\sum_{i=1}^{m}\left[\frac{\min(f_i^{\max},\ F_i^{\max}) - \max(f_i^{\min},\ F_i^{\min})}{F_i^{\max} - F_i^{\min}}\right]^2} \tag{3.68}$$

为了确保公平性，试验将每个算法统一设置为 1000 次迭代，每个算法在每个测试函数中独立计算 5 次，得出平均值，如表 3.2 所示。

表 3.2 测试函数中 MS 指标

算法	平均值				
	NSGA-Ⅱ	SPEA-Ⅱ	PESA-Ⅱ	MOEA/D	DA-MOEA/D
ZDT1	**1.00E+00**	**1.00E+00**	9.72E-01	**1.00E+00**	**1.00E+01**
ZDT2	9.86E-01	9.95E-01	9.97E-01	9.88E-01	**1.00E+00**
ZDT3	9.89E-01	9.90E-01	9.98E-01	9.94E-01	**9.99E-01**
ZDT4	9.86E-01	8.96E-01	9.53E-01	9.64E-01	**9.93E-01**

续表 3.2

算法	平均值				
	NSGA-Ⅱ	SPEA-Ⅱ	PESA-Ⅱ	MOEA/D	DA-MOEA/D
ZDT6	**1.00E+00**	9.36E-01	9.76E-01	8.78E-01	**1.00E+00**
DTLZ1	3.76E-02	1.24E-02	4.14E-02	1.14E-01	**1.00E+00**
DTLZ2	**1.00E+00**	**1.00E+00**	**1.00E+00**	**1.00E+00**	**1.00E+00**
DTLZ3	**1.00E+00**	**1.00E+00**	**1.00E+00**	**1.00E+00**	**1.00E+00**
DTLZ5	7.73E-01	6.75E-01	5.84E-01	5.68E-01	**8.30E-01**
DTLZ6	**1.00E+00**	**1.00E+00**	**1.00E+00**	**1.00E+00**	9.85E-01

表 3.2 中黑体字给出了测试函数中 MS 指标的最佳结果。从表中可以看出，在 10 个测试函数中，DA-MOEA/D 算法的覆盖性大多优于 NSGA-Ⅱ、SPEA-Ⅱ和 MOEA/D 算法，但总体来说 DA-MOEA/D 算法种群多样性较优。

反世代距离评价指标（IGD）是一个综合性能评价指标，其可以很好地评估算法的收敛性能，其计算公式如式（3.69）所示。

$$\mathrm{IGD}(S,\ P^*) = \frac{\sum_{x \in P^*} \mathrm{dist}(x,\ S)}{|P^*|} \tag{3.69}$$

式中，P^* 为均匀分布在真实 Pareto 面上的点集；$|P^*|$ 为分布在真实 Pareto 面上的点集的个体数；S 为算法获取的最优 Pareto 最优解集；$\mathrm{dist}(x,\ S)$ 为 P^* 中个体 x 到种群 S 的最小欧几里得距离。

试验中获得了 5 种算法的 IGD 指标，如表 3.3 所示，黑体字给出了测试函数中 IGD 指标的最佳结果。从表 3.3 可以看出，DA-MOEA/D 算法在测试函数 ZDT3、ZDT4、ZDT6、DTLZ1、DTLZ2、DTLZ3 和 DTLZ5 的 IGD 指数优于其他 4 种算法，NSGA-Ⅱ在测试函数 ZDT1 的 IGD 指数最优，PESA-Ⅱ算法在测试函数 ZDT2 的 IGD 指数最优，SPEA-Ⅱ在测试函数 DTLZ6 的 IGD 指数最优。

表 3.3 测试函数中 IGD 指标

算法	平均值				
	NSGA-Ⅱ	SPEA-Ⅱ	PESA-Ⅱ	MOEA/D	DA-MOEA/D
ZDT1	**4.78E-01**	4.95E-01	4.89E-01	5.34E-01	5.30E-01
ZDT2	5.66E-01	3.78E-01	**2.37E-01**	3.56E-01	3.48E-01
ZDT3	3.14E-01	5.07E-01	4.94E-01	3.21E-01	**2.98E-01**
ZDT4	6.53E-01	6.54E-01	6.75E-01	5.07E-01	**5.03E-01**
ZDT6	4.88E+00	5.07E-01	5.34E-01	5.81E-01	**4.82E-01**
DTLZ1	1.48E+02	1.85E+02	1.88E+02	4.53E-01	**4.28E-01**

续表 3.3

算法	平均值				
	NSGA-Ⅱ	SPEA-Ⅱ	PESA-Ⅱ	MOEA/D	DA-MOEA/D
DTLZ2	8.72E-01	8.52E-01	8.39E-01	7.68E-01	**7.26E-01**
DTLZ3	7.83E+01	1.59E+01	6.74E+02	1.48E+00	**7.08E-01**
DTLZ5	2.94E+00	2.88E+00	2.65E+00	2.63E+00	**2.54E+00**
DTLZ6	4.34E+00	**4.21E+00**	4.38E+00	5.02E+00	4.97E-01

HV 是计算解集与参考点围成的空间超体积，以此对算法的综合性能进行评价，其计算公式如式（3.70）所示。试验中获得了 5 种算法的 HV 指标，如表 3.4 所示，黑体字给出了测试函数中 HV 指标的最佳结果，从表 3.4 可以看出，DA-MOEA/D 算法在 10 个测试函数上的 HV 指标大多优于其他 4 种比较算法，仅有 PESA-Ⅱ算法在测试函数 DTLZ1 上表现优于 DA-MOEA/D 算法。

$$HV(S) = VOL\{\bigcup_{x\in S}[f_1(x),\ r_1^*] \times \cdots \times [f_m(x),\ r_m^*]\} \tag{3.70}$$

表 3.4　测试函数中 HV 指标

算法	平均值				
	NSGA-Ⅱ	SPEA-Ⅱ	PESA-Ⅱ	MOEA/D	DA-MOEA/D
ZDT1	9.24E+03	9.24E+03	**9.32E+03**	**9.32E+03**	**9.32E+03**
ZDT2	8.78E+03	8.78E+03	8.86E+03	8.73+03	**8.92E+03**
ZDT3	9.45E+03	9.46E+03	9.57E+03	9.61E+03	**9.68E+03**
ZDT4	7.34E+03	8.46E+03	8.55E+03	8.63E+03	**8.72E+03**
ZDT6	8.52E+03	8.53E+03	8.64E+03	8.65E+03	**8.66E+03**
DTLZ1	1.87E+07	4.39E+07	**4.41E+07**	1.31E+04	1.31E+04
DTLZ2	8.57E+04	8.74E+04	8.75E+04	8.83E+04	**8.84E+04**
DTLZ3	0.00E+00	9.53E+03	0.00E+00	**7.31E+04**	**7.31E+04**
DTLZ5	7.97E+04	8.13E+04	8.15E+04	8.25E+04	**8.27E+04**
DTLZ6	4.96E+04	4.99E+04	5.04E+04	5.12E+04	**5.15E+04**

为验证本章所提算法在解决 DJSP 时的有效性，本节选取 Taillard[22] 基准算例进行了仿真试验，在这项工作中，使用 Tai10、Tai20、Tai30、Tai40、Tai50、Tai60、Tai70、Tai80 这 8 个基准算例进行试验，基准算例的维数在 225～2000，用 2～7 个分布式作业设施来解决这些基准算例，能较好地测试算法在各规模下的表现，基准算例的性质如表 3.5 所示。

表 3.5 基准算例的性质

实例	$n \times m$	维度
Tai10	15×15	225
Tai20	20×15	300
Tai30	20×20	600
Tai40	30×15	750
Tai50	30×20	600
Tai60	50×15	750
Tai70	50×20	1000
Tai80	100×20	2000

本节将 DA-MOEA/D 算法与蚁群算法（ant colony optimization，ACO）、局部蚁群算法（ant colony optimization and local search procedure，HACO）和动态局部蚁群算法（ant colony optimization and local search procedure and dynamic assignment，DACO）等算法进行对比，以验证算法性能。ACO、HACO 和 DACO 的试验结果直接取自文献［23］。为了进行公平比较，本书将种群大小设置为 300，迭代参数设置为 300，对每一个基准实例进行 5 次试验，取最优值进行对比。此外，算法还有 3 个关键参数：初始变异概率 P_0 为 0.15、交叉参数 η 为 20，占空比参数 P 为 0.5。表 3.6 中黑体字给出了不同数量的分布式作业车间运行的最佳结果。

表 3.6 中，在 2 个、3 个和 5 个分布式设施的 8 个基准案例上，DA-MOEA/D 算法都获得了最佳解决方案；在 4 个、6 个、7 个分布式设施中，DA-MOEA/D 算法获得了 7 个基准问题的最佳解决方案；因此，DA-MOEA/D 算法在最大完工时间方面优于 DACO、HACO 和 ACO。

表 3.6 不同设施数量下案例结果

实例	2F				实例	3F			
	DA-MOEA/D	ACO	HACO	DACO		DA-MOEA/D	ACO	HACO	DACO
Tai10	**1180**	1886	1594	1259	Tai10	**1077**	1247	1175	1149
Tai20	**1394**	2108	1759	1543	Tai20	**1177**	1621	1530	1286
Tai30	**1694**	2492	2091	1753	Tai30	**1456**	2264	1813	1599
Tai40	**1857**	2544	2404	1992	Tai40	**1502**	2014	1638	1604
Tai50	**1960**	3957	2451	2239	Tai50	**1767**	2930	1909	1869
Tai60	**2430**	5747	3386	2717	Tai60	**2163**	3918	2241	2326
Tai70	**4462**	8429	5840	4829	Tai70	**2398**	5185	2468	2753
Tai80	**10092**	17530	12180	11574	Tai80	**7380**	11316	7688	7504

续表 3.6

实例	4F				实例	5F			
	DA-MOEA/D	ACO	HACO	DACO		DA-MOEA/D	ACO	HACO	DACO
Tai10	**1044**	1133	1159	**1044**	Tai10	**906**	1087	988	969
Tai20	**1076**	1366	1328	1142	Tai20	**1028**	1195	1177	1036
Tai30	**1379**	1732	1434	1434	Tai30	**1231**	1792	1398	1345
Tai40	1431	1745	1474	**1430**	Tai40	**1243**	1592	1336	1281
Tai50	**1561**	2559	1867	1685	Tai50	**1436**	2046	1757	1481
Tai60	**1845**	3074	2226	1932	Tai60	**1352**	2654	1746	1648
Tai70	**2128**	3722	2349	2285	Tai70	**1682**	3199	2036	2129
Tai80	**4913**	8353	5461	5461	Tai80	**4721**	6589	5526	5282
实例	6F				实例	7F			
	DA-MOEA/D	ACO	HACO	DACO		DA-MOEA/D	ACO	HACO	DACO
Tai10	947	988	953	**926**	Tai10	944	966	944	**901**
Tai20	**928**	1076	1141	1003	Tai20	**934**	1063	1033	983
Tai30	**1245**	1421	1440	1283	Tai30	**1260**	1420	1365	1246
Tai40	**1084**	1407	1288	1159	Tai40	**1048**	1358	1233	1134
Tai50	**1373**	1804	1561	1481	Tai50	**1327**	1746	1546	1415
Tai60	**1299**	2225	1588	1599	Tai60	**1226**	1862	1521	1499
Tai70	**1570**	2501	1851	1869	Tai70	**1544**	1595	1652	1652
Tai80	**3008**	5429	3910	3876	Tai80	**1915**	4560	3514	2720

DACO、HACO 和 ACO 和本章提出的 DA-MOEA/D 算法求解 Tai80 算例的收敛速度效果图如图 3.28 所示。从图中可以看出，DA-MOEA/D 算法可以求出

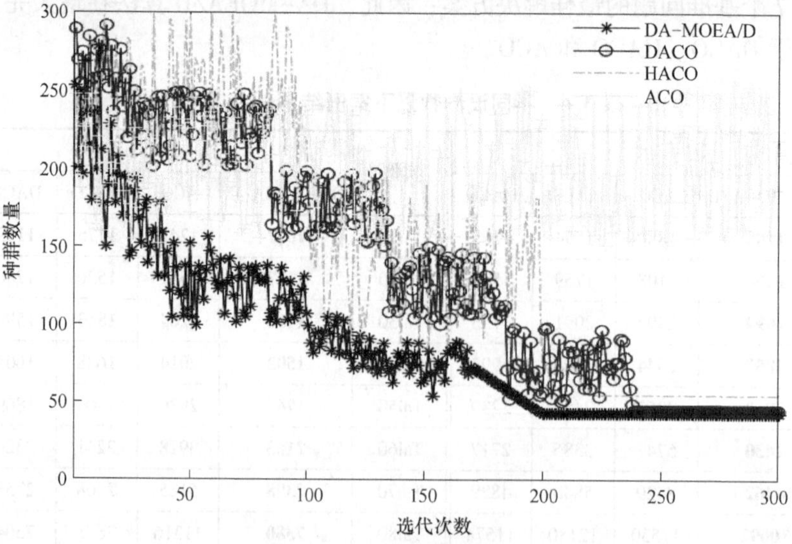

扫码看彩图

图 3.28　收敛速度对比图

Tai80算例的较优解，其他3种算法找到的解均劣于DA-MOEA/D算法。DA-MOEA/D算法在搜索后期得到的结果明显优于其他2种算法，也可以达到较好的收敛效果，并且在面对大规模问题时表现依然良好。这是因为DA-MOEA/D算法结合占空比概念使2种算子竞争进化，种群初始化方式得到了优化，而自适应变异策略的引入可以防止算法收敛于局部极小值，继续在可行解空间内进行寻优。

3.8 案例应用

3.8.1 案例描述

本节以某汽车零部件制造企业为背景，开展应用研究。该企业成立于1997年，主要生产经营减震器、进气软管总成和内外饰等汽车零部件，生产种类达2400多种，并且从国外引进多种先进生产设备，例如噪声测试系统、MTM改进系统和MTS动静刚度测试仪等，使得制造产品质量较优，成为国内众多知名汽车制造企业供应商。该企业技术研发中心研究开发及试验检测占地面积达1200多平方米，并与国内诸多高校开展联合研发，与供应商企业实行研发、检测共享策略，建立长久合作战略布局。目前，该企业有两个加工工厂，并且工厂分布在不同位置，占地面积达7800多平方米。图3.29为该企业加工车间实际加工环境。

图3.29 加工车间环境

现需生产汽车某批零件，汽车零部件如图3.30所示，该批零件在两个加工工厂均可加工生产，车间关系为对等关系，两个工厂各有设备机床10台，各设备在运转时所消耗的平均功率 PU 分别为1.9 kW、2.0 kW、1.0 kW、0.85 kW、0.85 kW、0.75 kW、1.15 kW、1.60 kW、0.95 kW、1.45 kW。生产加工信息如表3.7所示，其显示了加工工件在不同工序和机器上的加工时间。

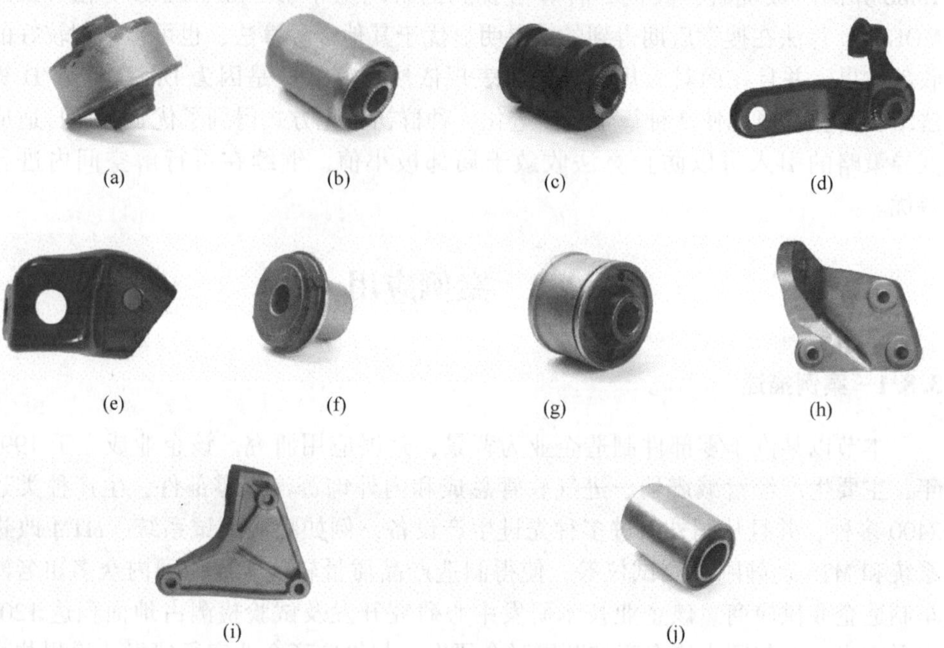

图 3.30　汽车零部件

(a) 摆臂后衬套总成；(b) 板簧前卷耳衬套；(c) 摆臂前衬套总成；(d) 动力总成拉杆悬置支架总成；(e) 动力总成右悬置支架总成；(f) 定位块组件；(g) 减震器；(h) 动力总成悬置支架总成；(i) 动力总成左悬置支座总成；(j) 衬套

表 3.7　生产加工信息

工件	工序	机器 M	加工时间/h
J_1	O_{11}	8-6-9-5-4	0.4-0.3-0.3-0.4-0.2
	O_{12}	2-1-4-3-7	0.2-0.1-0.3-0.2-0.4
	O_{13}	10-3-5-4	0.3-0.2-0.1-0.2
J_2	O_{21}	3-4-7-8-10	0.3-0.4-0.4-0.4-0.2
	O_{22}	9-6-5-4-1	0.5-0.3-0.3-0.3-0.1
	O_{23}	1-2-10-9-5	0.2-0.4-0.4-0.4-0.2
J_3	O_{31}	8-7-4-3-9	0.3-0.4-0.2-0.3-0.3
	O_{32}	6-5-2-8-7	0.2-0.4-0.3-0.3-0.3
	O_{33}	10-6-4-9	0.4-0.5-0.3-0.4
J_4	O_{41}	3-2-7-8-6-9-10	0.2-0.2-0.1-0.2-0.1-0.2-0.2
	O_{42}	2-10-9-7-5-4-6	0.3-0.1-0.2-0.2-0.2-0.1-0.1
	O_{43}	1-9-7-5-6	0.3-0.2-0.2-0.1-0.3

续表 3.7

工件	工序	机器 M	加工时间/h
J_5	O_{51}	7-2-5-9-3	0.5-0.5-0.4-0.2-0.1
	O_{52}	6-9-10-2-4	0.5-0.4-0.5-0.1-0.2
	O_{53}	4-7-8-1-10	0.4-0.5-0.5-0.2-0.2
J_6	O_{61}	9-4-3-5-10-7-1-6	0.3-0.1-0.1-0.2-0.1-0.2-0.3-0.1
	O_{62}	10-1-2-4-8-7-3-9-5-6	0.2-0.1-0.1-0.1-0.2-0.1-0.2-0.1-0.1-0.1
	O_{63}	3-1-2-9-7-8-4-6-5	0.2-0.2-0.1-0.1-0.1-0.1-0.2-0.2-0.2
J_7	O_{71}	8-6-9-5-4	0.3-0.4-0.4-0.3-0.1
	O_{72}	2-1-4-3-7	0.4-0.4-0.2-0.4-0.1
	O_{73}	10-3-5-2	0.5-0.4-0.4-0.3
J_8	O_{81}	3-4-7-8	0.4-0.4-0.3-0.3
	O_{82}	9-6-5-4	0.5-0.3-0.3-0.3
	O_{83}	1-2-10-9	0.2-0.4-0.4-0.4
J_9	O_{91}	8-7-4-3-9	0.3-0.4-0.2-0.3-0.3
	O_{92}	6-5-2-8-7	0.2-0.4-0.3-0.3-0.3
	O_{93}	10-6-4-9	0.4-0.5-0.3-0.4
J_{10}	O_{101}	3-2-7-8-6-9-10	0.2-0.2-0.1-0.2-0.1-0.2-0.2
	O_{102}	2-10-9-7-5-4-6	0.3-0.1-0.2-0.2-0.2-0.1-0.1
	O_{103}	1-9-7-4-5-6	0.3-0.2-0.2-0.2-0.1-0.3

表 3.8 显示了加工机器的特性，包括故障率、维修率、维护持续时间和每次维护操作的能耗。并且假设每台机器上的最大维护次数和两次连续维护之间的时间分别为 3 min 和 18 min。

表 3.8 加工机器的特性

机器	故障率	维修率	维护时间/h	维护能耗/kW
M_{f1}	0.65	(0.60, 0.50, 0.40)	(0.1, 0.3, 0.2)	(0.5, 1, 0.5)
M_{f2}	0.85	(0.50, 0.65, 0.45)	(0.1, 0.2, 0.1)	(0.5, 1, 0.5)
M_{f3}	0.75	(0.70, 0.50, 0.25)	(0.1, 0.2, 0.1)	(2, 0.5, 0.5)
M_{f4}	0.70	(0.45, 0.55, 0.50)	(0.3, 0.1, 0.2)	(1.5, 1, 0.5)
M_{f5}	0.75	(0.50, 0.65, 0.45)	(0.1, 0.2, 0.2)	(0.5, 0.5, 0.5)
M_{f6}	0.80	(0.65, 0.55, 0.45)	(0.1, 0.2, 0.1)	(1, 1, 0.5)
M_{f7}	0.85	(0.50, 0.54, 0.40)	(0.1, 0.3, 0.2)	(1, 1, 0.5)
M_{f8}	0.60	(0.50, 0.45, 0.55)	(0.2, 0.2, 0.1)	(0.5, 0.5, 1.5)

续表 3.8

机器	故障率	维修率	维护时间/h	维护能耗/kW
M_{f9}	0.65	(0.70, 0.50, 0.25)	(0.3, 0.1, 0.2)	(2, 1, 0.5)
M_{f10}	0.65	(0.50, 0.45, 0.55)	(0.1, 0.2, 0.1)	(1, 1, 0.5)

3.8.2 编码与解码

解决 DJSP，本质上就是确定每个工厂的工件分配、每个工厂的作业顺序。对于生产调度决策的编码，最常用的方案之一是随机编码（RK）。其可以定义如下：作业的每个操作都被分配一个随机实数，介于 1 和 J+1 之间，其整数部分表示将处理操作的工业机器，其小数部分用于确定应在工业机器上处理操作的顺序。假设现有 2 个工厂，每个工厂有 3 台可加工的机器，需要对 4 个工件进行加工，每个工件需要 3 道工序，采用 RK 编码方式对工序进行转换，如表 3.9 所示。

在表 3.9 中，通过 RK 编码后，$O_{1,2}$、$O_{2,1}$ 和 $O_{2,2}$ 的整数部分为 1，表示其应该用机器 $M_{1,1}$ 加工。加工顺序是通过对其小数部分进行排序来确定的，所以在机器 $M_{1,1}$ 上的加工顺序为 $\{O_{2,2}, O_{1,2}, O_{2,1}\}$。同理，机器 $M_{1,2}$ 上的加工顺序为 $\{O_{2,3}, O_{1,1}\}$，机器 $M_{1,3}$ 上的加工顺序为 $\{O_{1,3}\}$；在工厂 2 中，机器 $M_{2,1}$ 上的加工顺序为 $\{O_{4,3}, O_{3,3}\}$，机器 $M_{2,2}$ 上的加工顺序为 $\{O_{4,1}, O_{3,2}\}$，机器 $M_{2,3}$ 上的加工顺序为 $\{O_{3,1}, O_{4,2}\}$。

表 3.9　编码方式案例

F1	工序	$O_{1,1}$	$O_{1,2}$	$O_{1,3}$	$O_{2,1}$	$O_{2,2}$	$O_{2,3}$
	RK 编码	2.46	1.18	3.15	1.86	1.17	2.31
F2	工序	$O_{3,1}$	$O_{3,2}$	$O_{3,3}$	$O_{4,1}$	$O_{4,2}$	$O_{4,3}$
	RK 编码	3.08	2.75	1.84	2.36	3.52	1.29

为了对维护决策进行编码，构造了一个整数矩阵，描述机器 M_{fi} 在加工间隔内应执行的维护次数。如表 3.10 所示，矩阵的整数元素表示应该在机器上执行维护操作次数，零元素则意味着不会执行维护，任何大于零的数字都表示应该执行维护的次数。从表中可以看出，在机器 M_{fi} 的第一个加工间隔选择一次维修操作，机器 M_{fi} 的第二个生产间隔不进行维修。

表 3.10　维修编码方式案例

机器	l_1	l_2	l_3	l_4
M_{11}	1	0	2	1
M_{12}	2	1	1	0

3.8.3 初始化

对于基于种群的优化算法，一组分布均匀的初始解有助于获得良好的结果。在解决 DJSP 时，应对解决方案的两个元素进行初始化，即工件分配和加工顺序。

对于工件分配，采用 SPT 方法。即计算每个工件的总加工时间，然后将工件逐个分配给加工时间最小的工厂。如果存在多个加工时间最小的工厂，则选择工件数最少的工厂；对于每个工厂的加工排序，采用 LPF 方法，选择剩余处理时间优先级最高的作业的操作。如果存在多个剩余处理时间最大的作业，选择计划操作最少的作业。

初始化完成后，可以确定初始非支配解集。但使用 DA-MOEA/D 算法时，需要确定分解策略。在前面章节中已经叙述了几种分解函数，其中广泛使用的是切比雪夫方法。因此，选择其作为 DA-MOEA/D 算法的分解方法。

同时，在初始化阶段需要确定参考点和权重向量。对于 DJSP，三个目标应该是同时优化，包括完工时间 f_1、总能源成本 f_2 和生产系统可用性 f_3。因此，参考点（z_1^*，z_2^*，z_3^*）应该根据当前种群中个体（x_1，x_2，…，x_N）的三个最小目标确定的，其中 N 是种群规模。$z_1^* = \min\{f_1(x_1), f_1(x_2), \cdots, f_1(x_N)\}$，$z_2^* = \min\{f_2(x_1), f_2(x_2), \cdots, f_2(x_N)\}$，$z_3^* = \min\{f_3(x_1), f_3(x_2), \cdots, f_3(x_N)\}$。每进行一次种群迭代，参考点将相应进行更新。

对于第 a 个子问题每个解 x_a，$a = 1, 2, \cdots, N$，此子问题的目标函数为 $g(x_a | \boldsymbol{\lambda}_a, z^*) = \max\limits_{l=1,2,3}\{\lambda_a^l \cdot |f_1(x_a) - z_l^*|\}$，其中 $\boldsymbol{\lambda}_a = (\lambda_a^1, \lambda_a^2, \lambda_a^3)^{\mathrm{T}}$ 是权重。在初始化阶段，权重 λ_a^l 是均匀分布在区间 [0, 1] 之间的，并且满足 $\sum\limits_{l=1}^{r}\lambda_a^l = 1$。对于权重 $\boldsymbol{\lambda}_a$ 来说，首先需要确定其邻域，该邻域由 T_n 个欧几里得距离最近的权向量组成，包括权重本身。设 $B(a)$ 为 T_n 个欧几里得距离最近的权向量的索引集。x_a 的邻域是索引集 $B(a)$ 的那些解，其中每一个解都与相应的向量相关联。

3.8.4 种群进化

在种群进化阶段，本书借用占空比概念，使得 DE 算子与 SBX 算子可以竞争进化，产生较优的子代解并准备下一阶段迭代，详细信息如表 3.11 所示，其中 a_k 是子代第 k 维的下界，b_k 是子代第 k 维的上界，n 是子代的维数。

表 3.11 种群进化伪代码

Algorithm DE-SBX
Input：Parents，P；
Output：Child，t；

续表 3.11

Algorithm DE-SBX
Generate random numbers P [m] ∈ [0, 1]
if P [m] <P **then**
Child=Parents^1+F×（Parents^2+Parents^3）
t=1
else
Child=0.5×［（1+γ）×Parents^1+（1−γ）×parents^2］
where $\gamma = \begin{cases} (2 \times u)^{\frac{1}{\eta+1}} & u < 0.5 \\ \left[\dfrac{1}{2 \times (1 - u)}\right]^{\frac{1}{\eta+1}} & \text{otherwise} \end{cases}$
t=2
endif
for k←1 to n **do**
$\text{Child}[k] = \begin{cases} a[k] \text{ if Child}[k] < a[k] \\ b[k] \text{ if Child}[k] > b[k] \end{cases}$
endfor
Return Child，t

3.8.5　变异算子

一个好的算法在迭代前期应具有较强的全局搜索能力，在迭代后期同样应该具有较强的全局搜索能力，这样既可以防止算法陷入局部最优的缺点，又可以达到种群多样化的效果。变异操作就是在原始算子位置进行突变，提高种群多样性，增加全局随机搜索能力，避免陷入局部最优，通过式（3.57）中的多项式变异对子代解进行变异迭代，之后检查最优解是否在边界附近聚集，如果存在问题，则使用式（3.61）进行修正。表 3.12 给出了变异算子的伪代码。

表 3.12　种群进化伪代码

Algorithm 变异
Input：Child，t，P_0；
Output：X[new]，X′[new]，t；
Calculate the probability of variation $P_m \leftarrow P_0 \times 2^{e^{1-\frac{T_m}{T_m+1-t}}}$
Generate a random number r within [0，1]

续表 3.12

Algorithm 变异
if r < P [m] **then**
Polynomial variation：X [new] ← Child + δ × (u[k] - l[k])
endif
Check bound by using double-faced mirror theory according to formula (4.18)
Calculate object value：X′[new] ← X[new]

3.8.6 更新邻域

在执行种群进化过程和变异过程后，需要更新种群的参考点和种群中每个解决方案的邻域。此外，非支配解集也应在每一子代中进行更新。参考点 (z_1^*，z_2^*，z_3^*) 根据种群中所有新产生个体的目标进行更新，即：$z_1^* = \min\{f_1(x_1^{new}), f_1(x_2^{new}), \cdots, f_1(x_N^{new})\}$、$z_2^* = \min\{f_2(x_1^{new}), f_2(x_2^{new}), \cdots, f_2(x_N^{new})\}$ 和 $z_3^* = \min\{f_3(x_1^{new}), f_3(x_2^{new}), \cdots, f_3(x_N^{new})\}$。新产生的邻域为 x_b，$b \in B(a)$，$a = 1, 2, \cdots, N$，通过聚合函数分别计算 $g(x_b | \boldsymbol{\lambda}_b, z^*)$ 和 $g(x_a^{new} | \boldsymbol{\lambda}_b, z^*)$，若 $g(x_b | \boldsymbol{\lambda}_b, z^*) > g(x_a^{new} | \boldsymbol{\lambda}_b, z^*)$，则更新的邻域为 x_b，否则邻域不变。

3.8.7 初始调度方案

使用 DA-MOEA/D 算法对 DJSP 多目标案例问题进行求解，同时对最大化生产系统可用性、最小化最大完工时间和最小化能源总成本三个目标进行优化，求得的非支配解如表 3.13 所示。方案 24 对应的调度方案见图 3.31 和图 3.32 中的甘特图，黑色表示机器维修时段。

表 3.13 非支配解集

方案	生产系统可用性	完工时间/h	能源总成本/W
1	0.55	2.4	662540
2	0.84	2.0	755570
3	0.76	1.7	644520
4	0.71	1.9	655570
5	0.80	2.2	597520
6	0.73	2.3	569530
7	0.65	2.2	599580
8	0.81	2.0	558560
9	0.68	2.1	677570

续表 3.13

方案	生产系统可用性	完工时间/h	能源总成本/W
10	0.74	1.9	536540
11	0.77	1.8	558550
12	0.79	1.7	662020
13	0.65	1.9	630050
14	0.83	2.3	576570
15	0.74	2.6	538540
16	0.77	2.3	585870
17	0.79	2.1	682020
18	0.65	2.2	690090
19	0.83	2.1	526560
20	0.74	2.4	690550
21	0.76	1.9	692530
22	0.75	2.2	645090
23	0.71	2.3	577030
24	0.70	1.9	595010

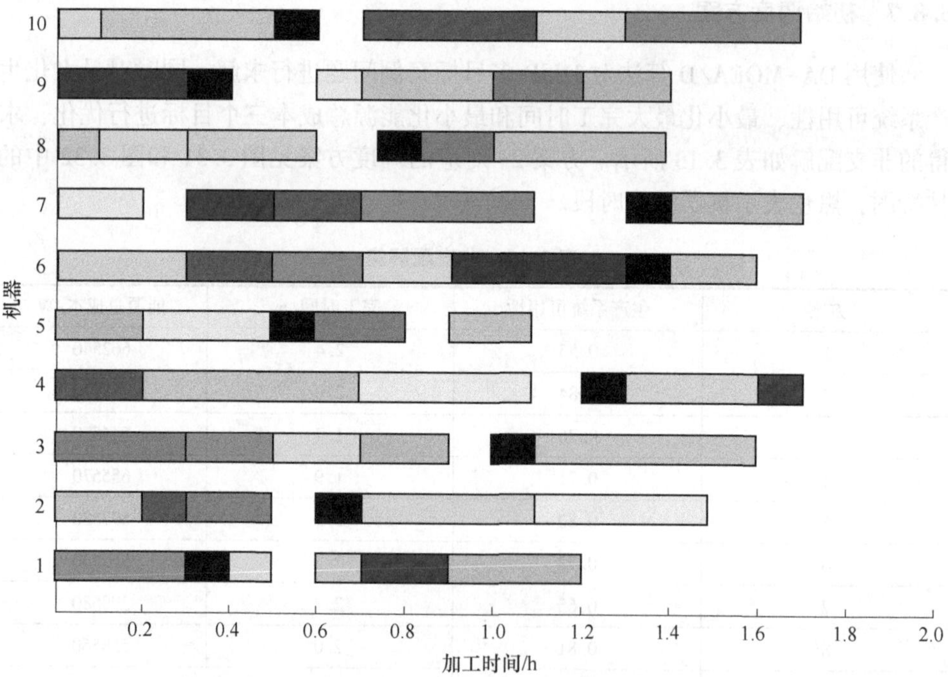

图 3.31　工厂 1 的生产调度甘特图

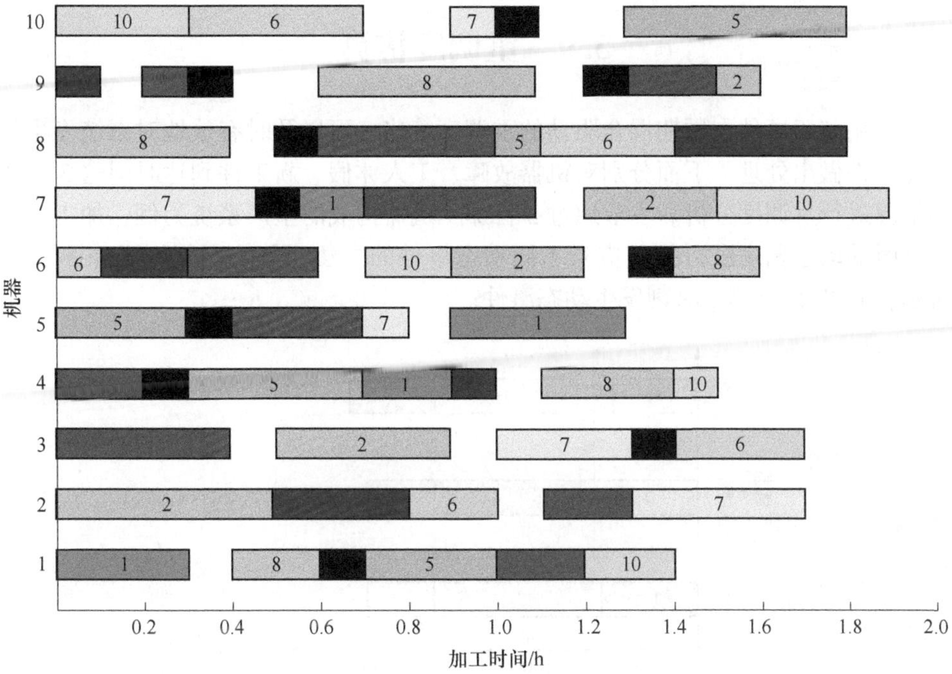

图 3.32 工厂 2 的生产调度甘特图

图 3.33 为现调度方案与工厂原调度方案对比图，图中分别从生产系统可用性、完工时间和能源总成本进行比较，从图中可以看出，利用 DA-MOEA/D 算法得出的车间调度方案在优化的三个目标方面均有明显改进。由此可以说明本章提出的分布式作业车间模型与 DA-MOEA/D 算法在实际生产中可以取得良好的效果。

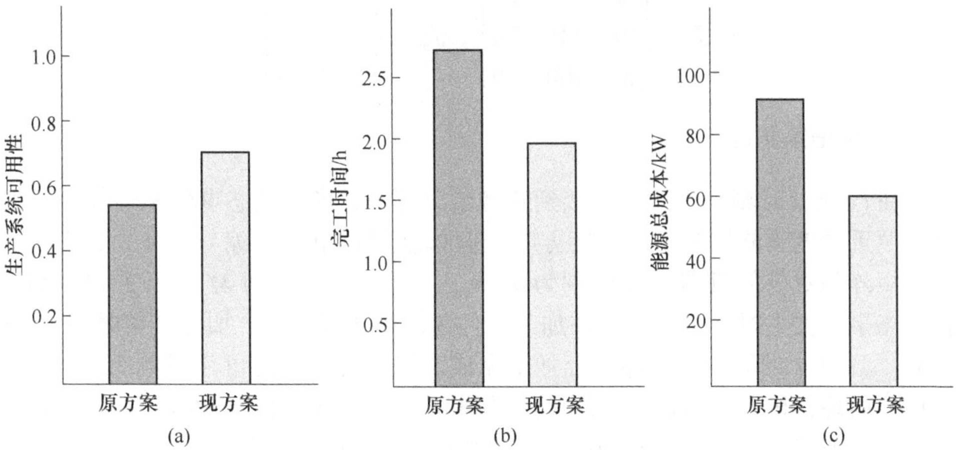

图 3.33 现调度方案与原方案多目标对比
（a）生产系统可用性；（b）完工时间；（c）能源总成本

3.9　重调度仿真

采用基于事件与周期混合驱动的重调度策略，可以及时有效地对系统发生的动态事件做出处理，下面分别对机器故障、工人休假、新工件到达时间这 3 种扰动情况进行重调度分析。本节通过 3 台加工机器构成的生产系统为例，加工 3 种工件时的动态调度进行描述应对不同动态事件的方法，其生产甘特图如图 3.34 所示，假设在 $t=65$ s 时刻发生动态事件。

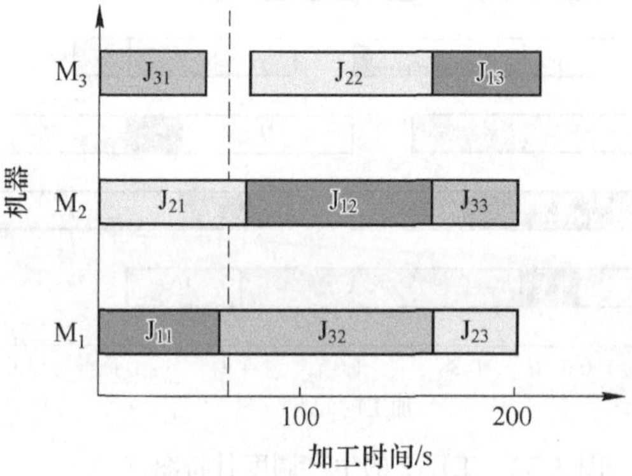

图 3.34　示例甘特图

在静态调度方案中，机器的可利用时刻矩阵为 $T=[0\ 0\ 0]$，工件的加工时间矩阵和对应的机器矩阵为：

$$\boldsymbol{J}_t=\begin{Bmatrix}60 & 90 & 50\\40 & 90 & 70\\40 & 100 & 50\end{Bmatrix},\ \boldsymbol{J}_m=\begin{Bmatrix}1 & 2 & 3\\1 & 3 & 2\\2 & 1 & 3\end{Bmatrix}$$

3.9.1　新增紧急订单

在 $t=65$ s 时刻，生产系统接到新增紧急订单，由于动态事件影响较大，需要按照重调度策略制定新的调度方案。假如新增订单工件编号为 4，工件加工时间矩阵和对应的机器矩阵分别为 $\boldsymbol{T}_4=[70\quad 60\quad 70]$ 和 $\boldsymbol{M}_4=[2\quad 1\quad 3]$。在动态事件发生时，机器 1 正在加工工件 3 的第 2 道工序，加工结束时间为 $t=160$ s，工件 1 的第 1 道工序已经加工完成。因此机器 1 的可用时刻为 $t=160$ s 之后；同理，机器 2 和机器 3 的可用时刻分别为 $t=70$ s 和 $t=65$ s，机器的可用时刻矩阵为 $\boldsymbol{T}_r=[160\quad 70\quad 65]$。此时进行重调度，对工件未加工工序和新增紧急订单制订生产调度方案，重调度的加工时间矩阵和对应的机器矩阵分别为：

$$J_t=\begin{Bmatrix}90 & 50 & 0\\90 & 70 & 0\\50 & 0 & 0\\70 & 60 & 70\end{Bmatrix},\ J_m=\begin{Bmatrix}2 & 3 & 0\\1 & 3 & 0\\3 & 0 & 0\\2 & 1 & 3\end{Bmatrix}$$

按照重新生成的加工时间矩阵、机器矩阵和机器可利用时刻矩阵，通过算法制订重调度方案。

3.9.2 订单取消

在 $t=65$ 时刻，工厂取消了对工件 2 的生产，可以在滚动窗口中直接消除工件 2 的后续生产，尽可能降低原材料浪费，此时也需要对后续的生产调度进行重新安排。在订单取消时刻，工件 2 正在机器 2 上进行加工，但由于加工不可中断原则，机器 2 的可利用时刻为 $t=70$ s，其他机器的可利用时刻与紧急订单一致，因此在订单取消下的重调度机器可利用矩阵为 $T_r=[160\quad 70\quad 65]$，加工时间矩阵和对应的机器矩阵分别为：

$$J_t=\begin{Bmatrix}90 & 50 & 0\\50 & 0 & 0\end{Bmatrix},\ J_m=\begin{Bmatrix}2 & 3 & 0\\3 & 0 & 0\end{Bmatrix}$$

3.9.3 机器故障

在 $t=65$ s 时刻，机器 1 在生产加工工件 3 时发生故障，不能再继续生产，需要进行维修，假设维修时间为 50 s，则机器 1 的可利用时间为 $t=115$s，工件 3 在机器 1 上的加工时间变为 95 s。因此机器的可用时刻矩阵为 $T_r=[115\quad 70\quad 65]$，加工时间矩阵和对应的机器矩阵分别为：

$$J_t=\begin{Bmatrix}90 & 50 & 0\\90 & 70 & 0\\40 & 95 & 0\end{Bmatrix},\ J_m=\begin{Bmatrix}2 & 3 & 0\\3 & 2 & 0\\2 & 1 & 0\end{Bmatrix}$$

3.9.4 仿真试验

前面基于实际案例，对分布式作业车间制定了作业车间调度方案。本节将在实际作业案例的基础上，依据提出的动态调度策略与企业历史数据，模拟仿真动态事件的发生，对车间调度进行重调度安排。

这里只考虑机器故障动态事件发生的情况，仍然以最大化生产系统可用性、最小化最大完工时间和最小化能源总成本作为优化目标函数。根据企业历史数据，工厂 1 在时刻 0.4 时机器 4 发生故障，修复时间为 0.4 h，工厂 2 在时刻 0.8 时机器 9 发生故障，修复时间为 0.3 h，当遇到机器故障，需要采用 DA-MOEA/D 算法对后续工件进行重调度。重调度后的甘特图如图 3.35 和图 3.36 所示，最大完工时间变为 2.0 h。

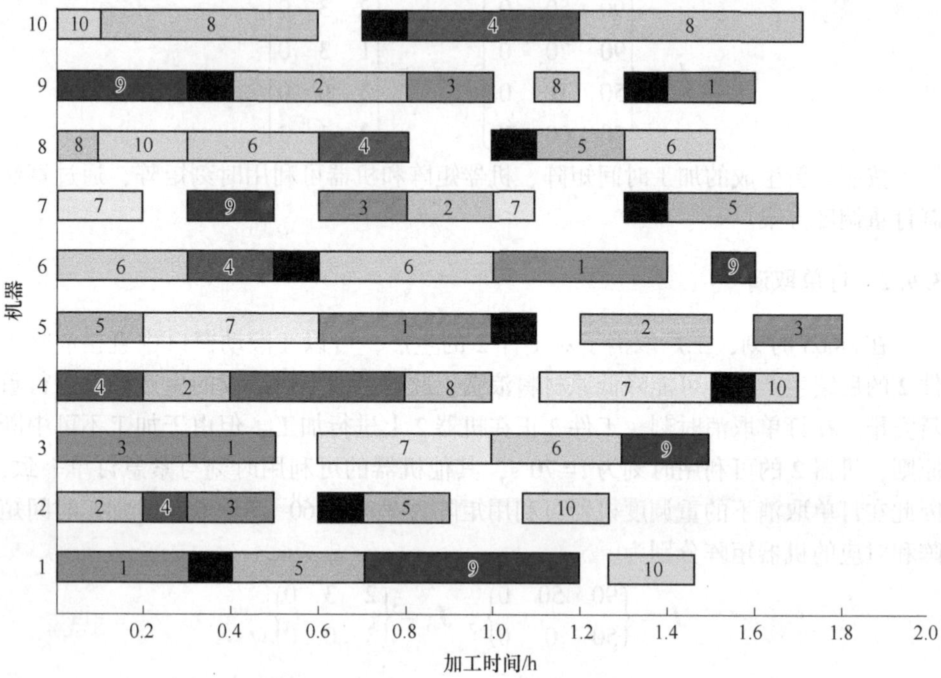

图 3.35　工厂 1 的生产重调度甘特图

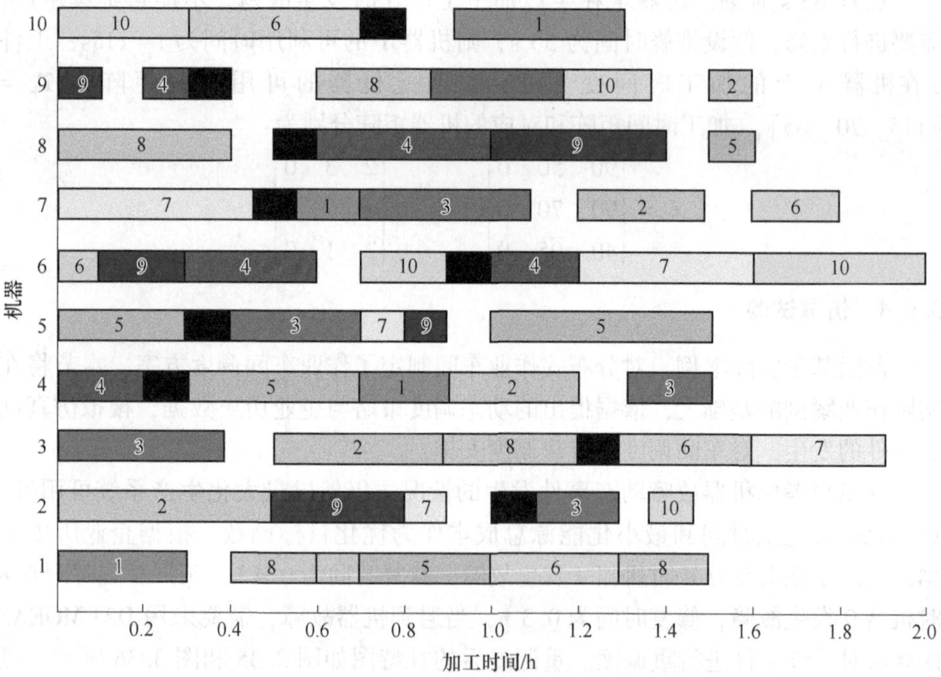

图 3.36　工厂 2 的生产重调度甘特图

在机器故障动态事件情况下，实际生产中的能源总成本、生产系统可用性和最大完工时间均会发生变化。将本书提出的动态调度方案与企业原先机器故障发生后的数据进行比较，如表 3.14 所示。从表中可以看出，动态事件发生后，动态调度方案与静态调度方案相比，能源成本和完工时间均增加了，生产系统可用性降低了。但现动态调度方案与原工厂动态调度方案相比较，在各个方面均得到提升。

表 3.14 动态调度生产数据对比

动态调度生产	能源总成本/kW	生产系统可用性	最大完工时间/h
原工厂动态调度方案	956780	0.51	2.4
现动态调度方案	797490	0.63	2.0
前后比较	−16%	12%	−20%

4 流水车间调度问题相关理论介绍

4.1 基本调度问题

4.1.1 置换流水车间调度问题

PFSP 是从实际的工厂生产车间中抽象化的问题，最接近于实际生产流水线。其可以具体描述为：每个生产车间都有 m 台相同的机器；有 n 个的工件需要在 m 台机器上按相同的顺序加工；在同一时刻，一个工件只能在一台机器上加工，每台机器一次也只能加工一个工件。图 4.1 所示为 PFSP 的约束示意图。

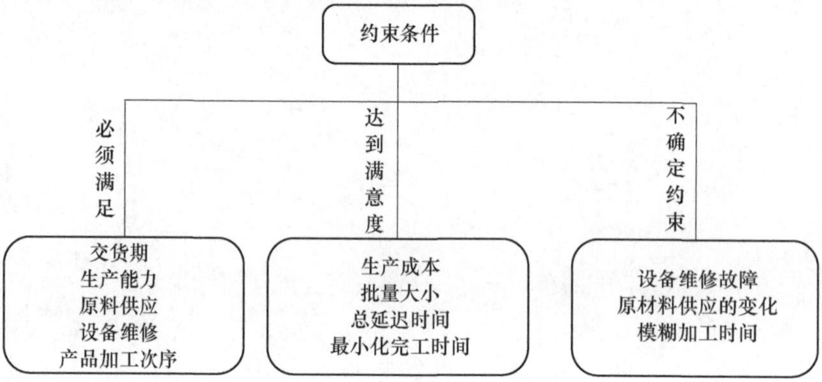

图 4.1　置换流水车间约束条件

除此之外，PFSP 还有一些假设条件：

（1）一个工件同时只能被一台机器加工处理；

（2）两道工序间工件转移时间不计；

（3）各个机器加工处理每个工件的时间已知；

（4）工件在加工过程中是连续的，一旦开始加工就必须将这道工序全部加工完毕；

（5）允许两道工序间工件的等待和机器的闲置。

组合优化问题最终实现某个目标的优化，针对 PFSP 优化目标主要集中在以下几种。

(1) 最小化最大完工时间：

$$C_{\max}(p) = \max_{i=1\cdots n} C_i(\pi) \tag{4.1}$$

(2) 最小化总完工时间：

$$C(\pi) = \sum_{i=1}^{n} C_i(\pi) \tag{4.2}$$

(3) 最小化平均完工时间：

$$C(\pi) = \frac{1}{n}\sum_{i=1} C_i(\pi) \tag{4.3}$$

(4) 最小化总拖期时间：

$$T(\pi) = \sum_{i=1}^{n} T_i(\pi) \tag{4.4}$$

4.1.2 分布式置换流水车间调度问题

在一般的流水车间调度问题中，所有的工件都在一个工厂中加工处理。然而，在全球多元化的背景下，各个企业选择建立多个工厂协同制造模式，如何合理协调各个工厂间的生产任务，达到企业总体利润最大是亟须解决的问题。因此将这种生产模式抽象化为分布式置换流水车间调度问题。其可以具体描述为：有 F 个完全相同的工厂，每个工厂内都有 m 台相同的机器，n 个工件被分配到各个工厂内进行加工。除此之外，还有一些假设约束条件：

(1) 所有工厂都有能力处理任意工件；

(2) 一个工件只能被分配到一个工厂中；

(3) 工件加工处理是连续不能中断的；

(4) 一个工件同时只能被一台机器加工处理；

(5) 两道工序间工件转移时间不计。

其加工示意图如图 4.2 所示。

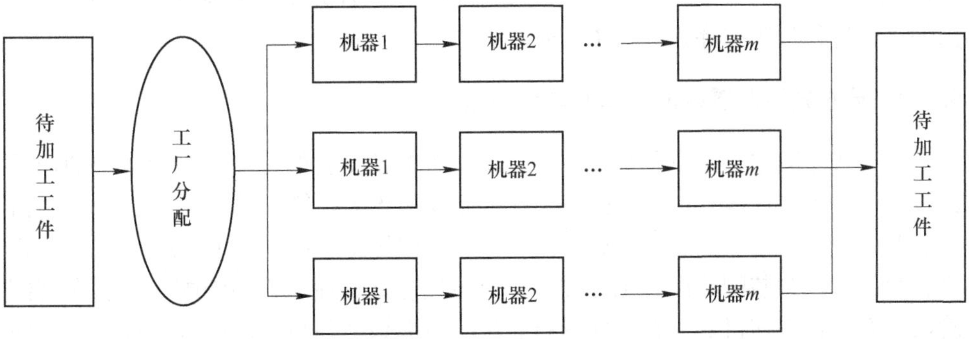

图 4.2 分布式置换流水车间调度示意图

在分布式车间置换流水车间调度中需要同时考虑工厂之间工件的分配和工厂内工件的排序两个子问题。在 DPFSP 第一阶段，所有工件被分配到 f 个加工厂；第二阶段为将工件进行工厂内的加工排序。

图 4.3 所示为一个 DPFSP 的生产甘特图，图中为 2 个相同的工厂，每个工厂内有 3 台机器。工厂 1 中为 ［J_7，J_3，J_8，J_1］ 的加工顺序，工厂 2 中为 ［J_5，J_6，J_4，J_2］ 的加工顺序。

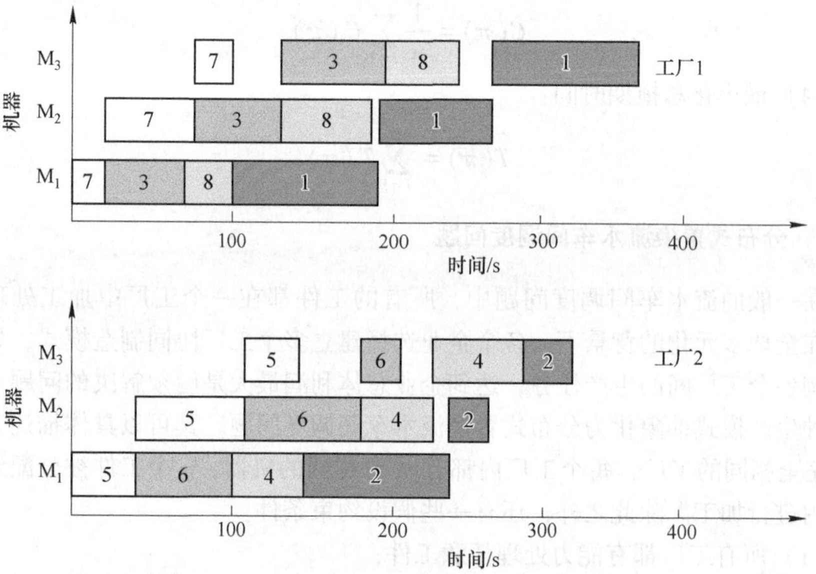

图 4.3 分布式置换流水车间调度甘特图

求解 DPFSP 的方案有很多，一般来说，没有标准计算出最优的方案，只能找到解决问题近似最优解。$F_r(r=1, 2, 3, \cdots, f)$ 是各个工厂的工件数量，工厂 1 中被分配了 F_1 个工件，总工件数为 n，共有 $C_n^{F_1}$ 种方案；其次对分配到工厂 1 内的工件进行加工排序，共有 $F_1^!$ 种方案。

4.1.3 分布式装配置换流水车间调度问题

分布式车间中装配阶段是生产调度中一个非常重要的分支，企业生产的产品由多个工件组装而成，DAPFSP 一般形式可以描述为：第一阶段为生产阶段，由 F 个平行工厂加工 n 个工件，每个工厂都能处理任意工件，每个工厂有 m 台并行机；第二阶段为装配阶段，工件在第一阶段经过处理后运输到装配工厂，在装配阶段只有一台装配机器，在上面进行装配，只有该产品所需的所有工件都加工完成后才能进行第二阶段组装装配，最后组装制造出不同的最终产品。由描述可知：所有工件在任意时刻都可以开始加工，不存在优先级，不允许抢占，每个工

件都会经过 $m+1$ 道工序处理，前 m 道工序是第一阶段在各个工厂中 m 台机器上进行，最后一道工序则是在第二阶段的装配工厂中的装配机上进行。

DAPFSP 还有一些假设约束条件：

（1）所有工厂都有能力处理任意工件；

（2）一个工件只能被分配到一个工厂中；

（3）工件加工处理是连续不能中断的；

（4）一个工件同时只能被一台机器加工处理；

（5）装配阶段有多台装配机，按照产品所有工件到达时间进行装配。

整体生产装配流程为：生产阶段由各个工厂经过 m 道工序生产出部件 A、B、K，然后运送到装配工厂在装配机器上组装成产品 1。以此类推，所有产品都先由生产工厂进行生产，然后送到装配工厂进行统一装配。图 4.4 和图 4.5 所示为生产调度和装配过程图。

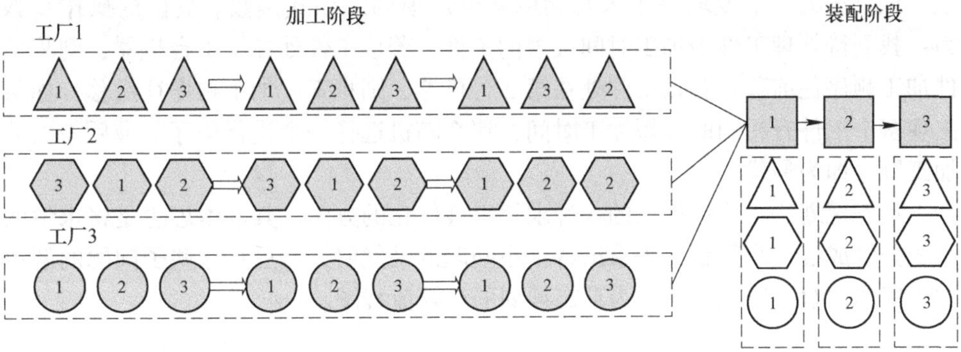

图 4.4 分布式车间加工过程

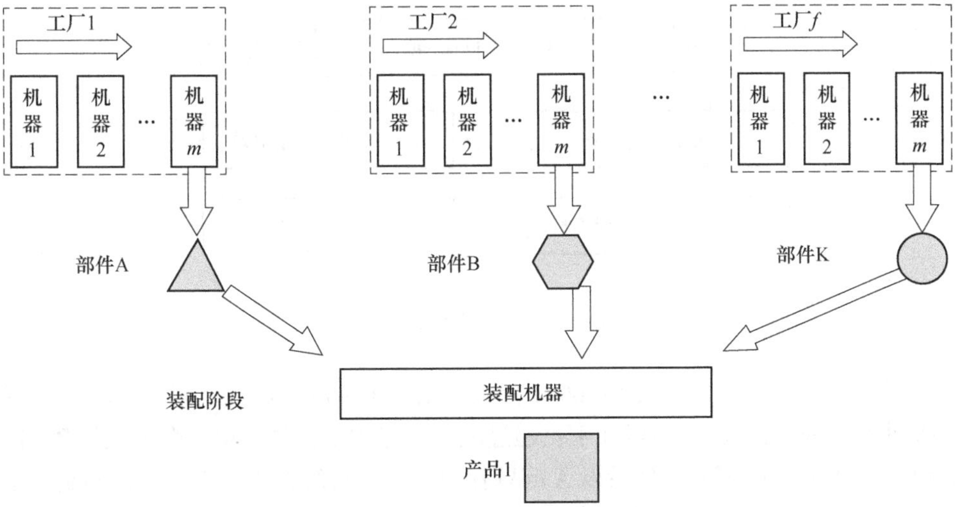

图 4.5 生产调度环境

4.2　生产调度问题的典型求解算法

求解生产调度的常用方法通常有以下三种：第一种为精确算法，通常适用于小规模问题，其通过求解数学模型得到最优解，在求解大规模问题时计算速度会变得非常慢。第二种为启发式算法，其一般是运用经验构造的算法，最后求得组合优化问题的可行解，常结合智能算法使用。最后一种为元启发式算法，是启发式算法的改进，通过运用与智能算法相联系的搜索规则，使种群通过迭代得到近似最优解。下面具体介绍三种生产调度的常用方法。

4.2.1　算法求解

Johnson 算法：其是在 1954 年被提出用以求解两机调度的最小化 Makespan 问题，该算法的复杂度取决于求解相应问题规模的多项式函数。具体的操作步骤为：找到待处理工件中加工时间最短的工件，若该工件处在第 1 台机器，则将工件加工顺序往前移；若该工件处在第 2 台机器，则将工件加工顺序往后移；如果出现多个工件有相同的最短加工时间，那么随机选择一个进行排序。最后得到的加工顺序即为最优。

动态规划法：是被提出的一种求解组合优化的方法，其基本思想是将求解的问题分解成各个小问题，先求出各个小问题的最优解，然后从这些子问题的解得到原问题的解。图 4.6 所示为动态规划的计算流程图。

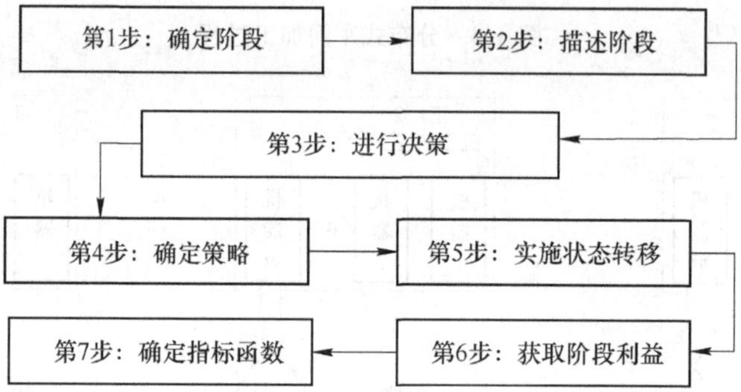

图 4.6　动态规划法计算流程图

分支定界法：是在 20 世纪 60 年代被提出用来求解整数规划问题。求解 A 问题最小化 Makespan 具体步骤如下：通过减少一些约束条件求得一个最优解 Z，以 Z 值作为 A 问题的下界，然后以 A 问题任何一个可行解作为上界。通过不断求解 A 问题的子问题，若求得最小值大于上界，则直接舍弃；若求得最小值小于上界，则保留下来。重复计算所有子问题，最终找到 A 问题的最小化 Makespan。图 4.7 所示为分支定界法的计算流程图。

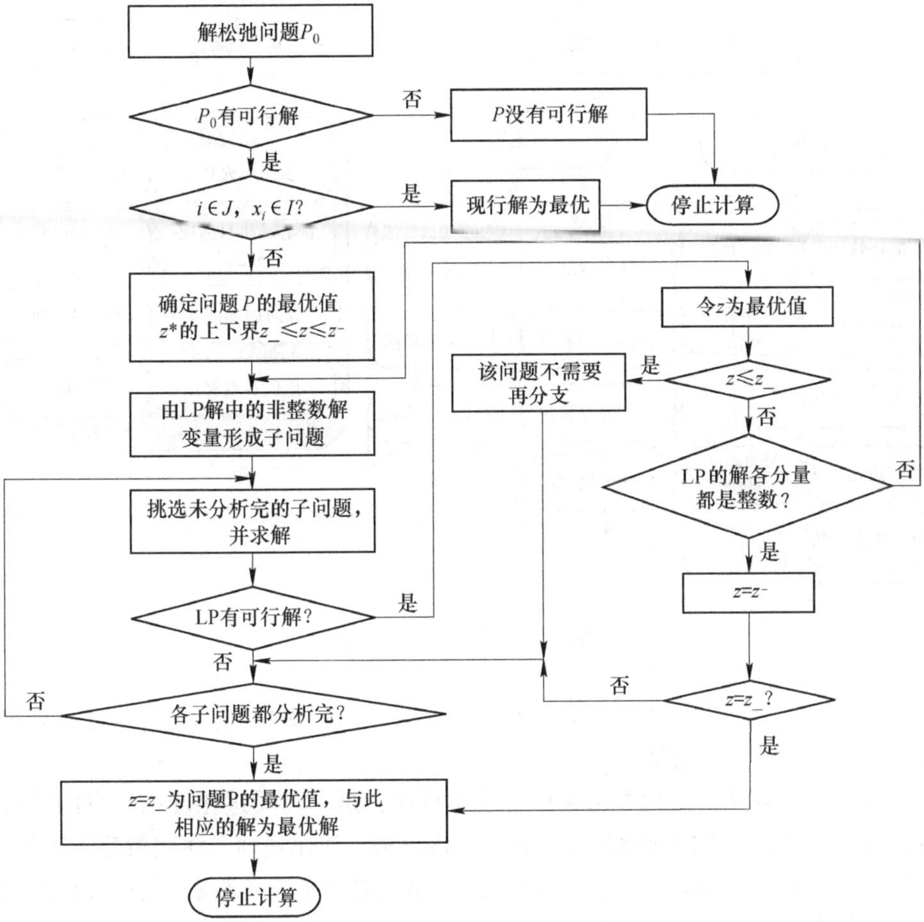

图 4.7 分支定界流程图

4.2.2 基于元启发式算法的生产调度方法介绍

元启发式算法是启发式算法的改进，其将局部搜索算法和随机算法相结合，通过一次又一次的迭代过程，结合不同的搜索策略开发和探索解空间，最后获得一个满意解。特别是对于求解大中型问题，在等质量解的情况下，求解速度比精确算法更优。20 世纪 80 年代以来，国内外学者基于自然现象的规律，研究出了许多元启发式算法求解复杂的组合优化问题。根据文献［24］的分类方法，绘制如图 4.8 所示的元启发式分类示意图。

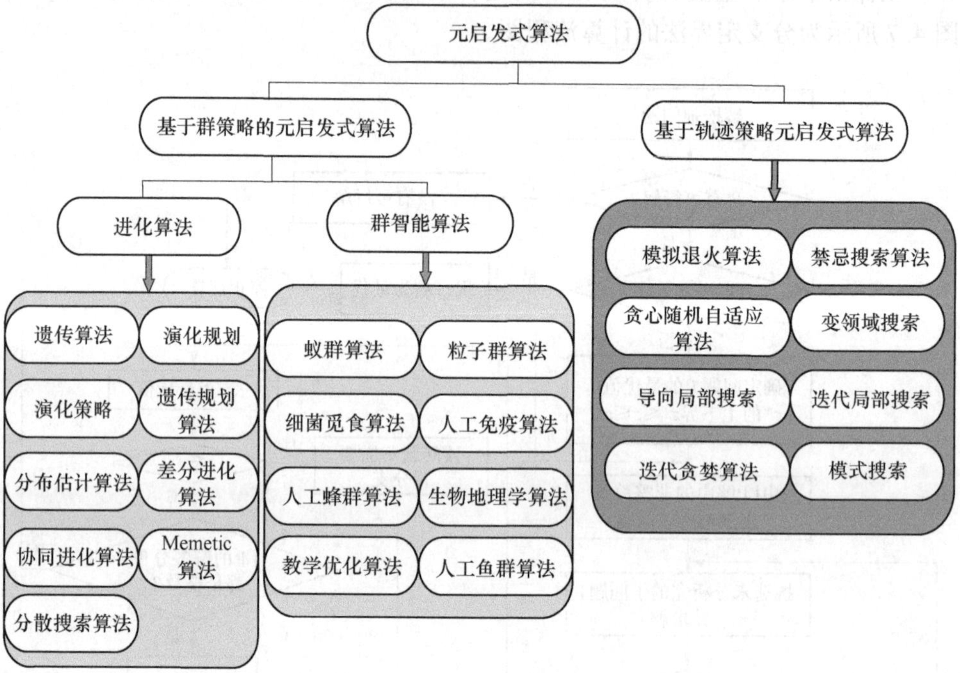

图 4.8　元启发式算法分类

首先主要介绍几种基于群策略的元启发式算法：演化算法、差分进化算法、分散搜索和粒子群优化算法。

(1) 演化算法。演化算法又称为进化算法，是一类受进化理论启发的算法。目前国内外学者提出的演化计算主要有遗传算法、演化规划和演化策略三种经典算法。美国学者 Holland 首先在 20 世纪 70 年代提出了遗传算法，通过模拟大自然中染色体的交叉、变异等存活规律而设计出该算法。德国学者 Rechenberg 和 Schwefel 首先提出了演化策略，主要用于解决连续参数优化问题，其与遗传算法不同的是，只有一个变异算子。在演化过程中，后代是通过变异算子对父代执行操作得到的，然后进行比较，若后代优于父代并且满足约束条件，则新产生的个体成为下一代种群的父代，否则不变。这种也被称为 (1+1) 演化策略。表 4.1 所示为 (1+1) 演化策略基本步骤。

表 4.1　(1+1) 演化策略

算法：Procedure (1+1) _Evolution Strategy	
1	begin：$t \Leftarrow 0$
2	Initialize $P(t) = \{x\}$ such that $G_j(x) \geqslant 0 (j = 1, 2, \cdots, m)$;

续表 4.1

算法：Procedure（1+1）_Evolution Strategy
While（not termination condition）do;
$y \leftarrow x + N(0,\ \delta)$;
if $(f(y) < f(x)$ and $G_j(x) \geq 0(j = 1,\ 2,\ \cdots,\ k))$ then$P(t+1) \leftarrow y$
else $P(t+1) \leftarrow x$;
$t \leftarrow t + 1$;
end while;
return the best solution;
end.

Fogel 在 20 世纪 60 年代首次提出了演化规划方法，通过一种模拟生物种群内部进化规律逐步实现预测其所在的环境状态。表 4.2 所示为演化规划基本步骤。

表 4.2 演化规划

算法：Procedure Evolutionary_Programming
begin：$t \leftarrow 0$;
initialize $(P(t) = \{a_1(t),\ a_2(t),\ \cdots,\ a_\mu(t)\})$; evaluate $(P(t))$;
while（not termination condition）do
for $i \leftarrow 1$ to μ do
$o_i(t)$ mutate $(a_i(t))$;
evaluate $o_i(t)$;
end for
$P(t+1) \leftarrow$survivor_select $(P(t) \cup \{o_1(t),\ \cdots o_\mu(t)\}$
$t \leftarrow t + 1$
return the best solution
end

（2）差分进化算法。美国学者 Storn R 等首先提出了差分进化算法，该算法结构简单，采用基于种群的全局搜索策略，具有很强的全局收敛能力。图 4.9 所示为差分进化算法的计算流程图。

（3）粒子群优化算法。粒子群算法最初是由美国学者 Kennedy 和 Eberthart 于 1951 年基于鸟类群体行为提出的一种方法，该算法通过粒子间的合作与竞争对解空间进行搜索。图 4.10 所示为粒子群算法的计算流程图。

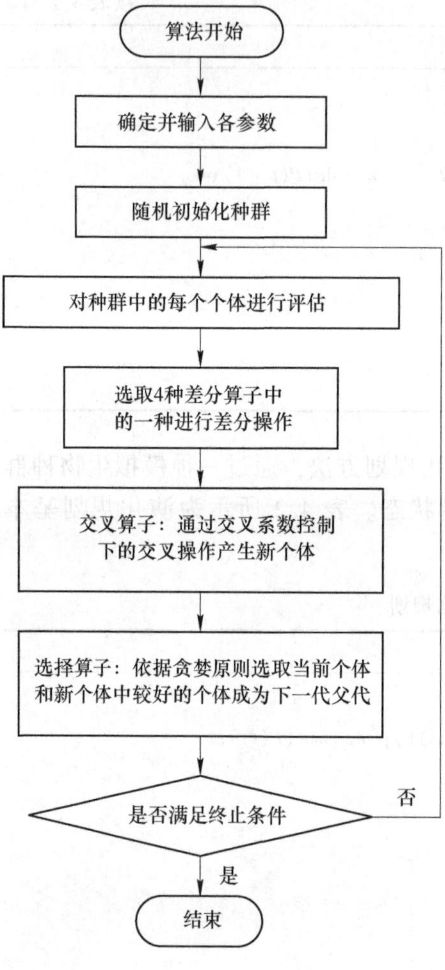

图 4.9　差分进化算法流程图

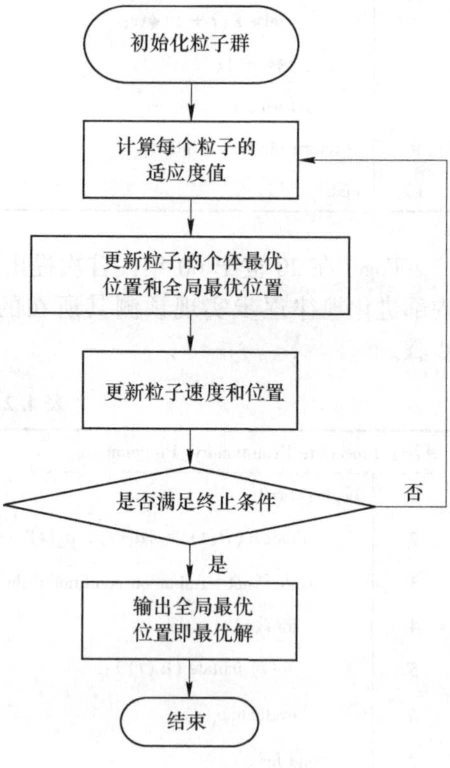

图 4.10　粒子群优化算法流程图

（4）分散搜索。Glover 在 1977 年提出一种求解整数规划问题的分散搜索算法，该算法主要基于种群的全局搜索策略，采用“分散-聚集”维护参考集。表 4.3 为分散搜索基本步骤。

表 4.3　分散搜索过程

算法：Decentralized search algorithm	
输入：相关参数	
输出：近似最优解 $x*$	
1	初始化 $k=0$ 利用参考集产生集合 H 和 D，设 $x* = \text{argming}\{g(x),\ x \in H\}$
2	通过组合方法产生新解 z'，采用解的改进方法对 z' 优化记为 z

续表 4.3

3	利用 z 采用参考集更新方法对 H 和 D 更新
4	若 $g(z) < g(x*)$，则令 $x* = z$
5	令 $k = k + 1$，若 $k < L$，则转到步骤 2
6	否则输出近似最优解 $x*$

基于轨迹策略的元启发式算法主要介绍模拟退火算法、禁忌搜索算法和迭代贪婪算法。

（1）模拟退火。模拟退火最早由 Metropolish 在 1953 年提出，是一种适合解决大规模组合优化问题的方法。该算法模拟了固体物质的退火过程，采用 Metropolis 准则，旨在较短时间内求得最优近似解。图 4.11 所示为模拟退火算法计算流程图。

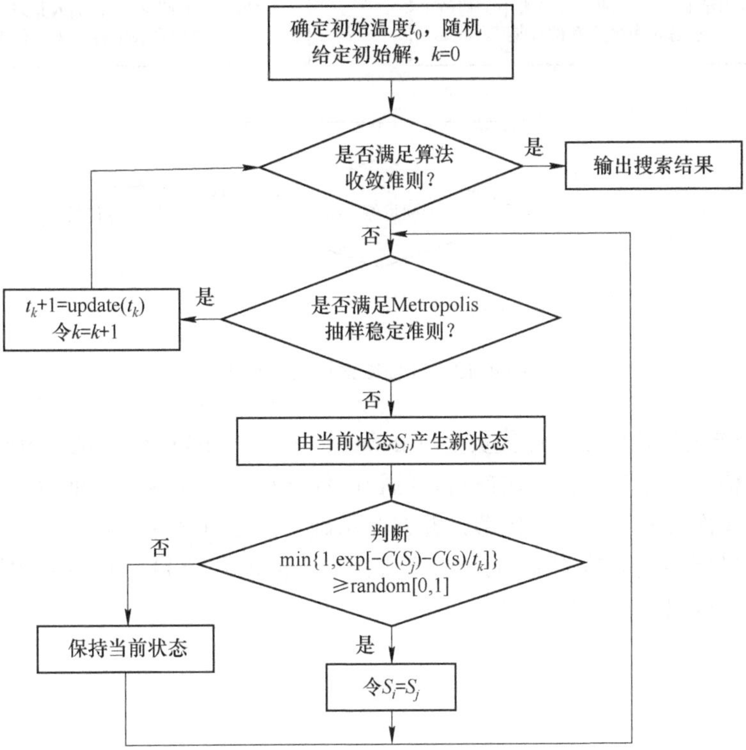

图 4.11　模拟退火算法流程图

（2）禁忌搜索。1986 年 Glover 首次提出禁忌算法的思想，该算法是对局部邻域搜索的一种扩展，是对人类思维搜索过程的一种模拟。图 4.12 所示为禁忌搜索算法的基本流程图。

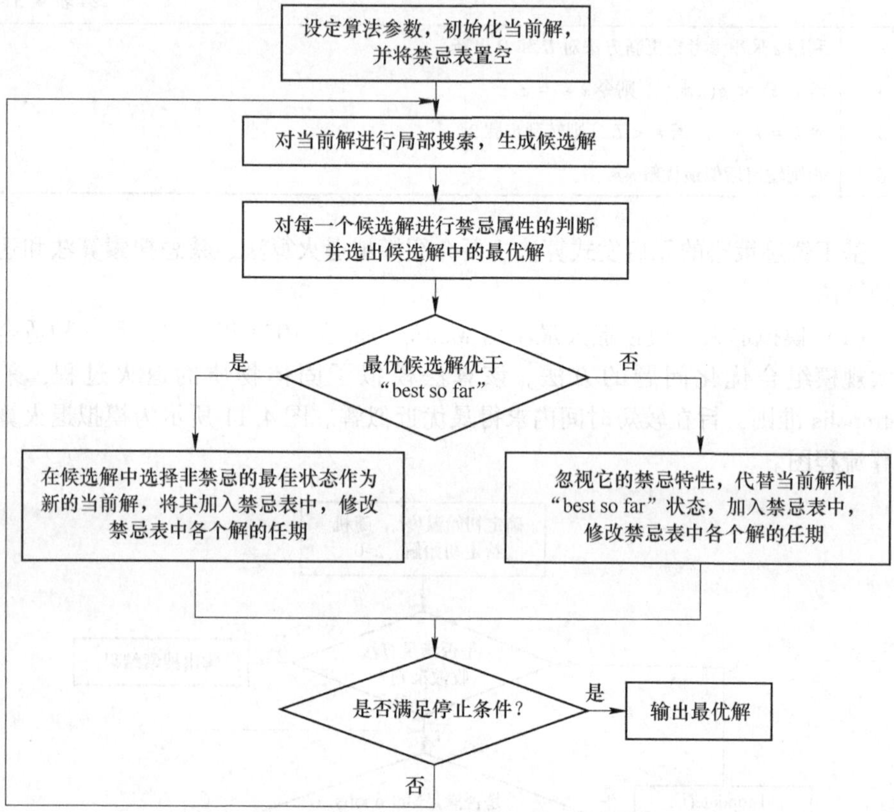

图 4.12　禁忌搜索算法流程图

（3）迭代贪婪算法。迭代贪婪（Iterated Greedy，IG）算法是由 Ruiz 等提出的一种结构简单、参数少、快速有效的智能优化算法，通常在当前解的邻域内不断地进行局部搜索来获得最优解，并在此基础上，通过破坏和重构策略加强对较好解所在局部邻域的搜索能力，IG 算法针对不同的优化目标和不同的流水线调度问题都展现出其优异的性能。

5 考虑订单约束的分布式装配置换流水车间调度模型构建

5.1 问题描述与参数符号

5.1.1 问题描述

考虑订单分配约束的 DAPFSP 优化模型与 DAPFSP 优化模型基本相同，且该问题可以看作为三个分阶段问题：订单中不同产品在工厂间的分配、工件在工厂内的加工顺序和装配机器上的装配顺序。

在生产阶段，有 n 个工件、r 个相同的工厂和 q 个客户订单。工件 $j \in \{1, 2, \cdots, n\}$ 需要分配给任意工厂 $f \in \{1, 2, \cdots, r\}$ 进行处理；每个工厂都配有 m 台相同的机器，根据机器的顺序，任一工件都需要根据机器 $i \in \{i_1, i_2, \cdots, i_m\}$ 的顺序依次在相同的路径中加工；每个订单都有预先定义的一定数量的工件；在装配阶段有多个装配机器，所有的工件在加工完后都会运输到装配工厂进行产品的组装；在装配阶段，产品均具有已定义的组装程序；产品的装配只能在其包含的作业完成且装配机空闲时开始；属于同一产品的作业是连续处理的，下一个产品的操作只能在属于同一产品所有作业处理完毕后才能执行，从生产阶段到装配阶段收集和运输所需的时间忽略不计。解决 DAPFSP 的关键是确定任务分配给工厂、每个工厂中任务生产顺序以及产品装配顺序，从而使整个操作的加工时间最小化。

5.1.2 参数符号及含义

为了方便建立数学模型，对参数定义如表 5.1 所示。

表 5.1 参数和决策变量

符号	说 明
j	工件下标
i	机器下标
f	工厂下标
h	产品下标
H	订单下标

续表 5.1

符号	说　明
q	订单数量
F	工厂数量
n	工件数量
m	机器数量
s	产品数量
K	工件在序列中的位置, $k = 1, 2, \cdots, n$
$\pi_{(j)}$	工厂内处理工件的调度顺序集合
$P_{i,j}$	工件 j 在机器 i 的加工时间
$O_{i,j}$	工件 j 在机器 i 上的加工操作
$Y_{j,f}$	工件 j 在分布式工厂 f 中处理，则设置为 1；否则为 0
O_h	组装产品 h 的加工时间
M	足够大的正数
$O_{j,h,f}$	分布式工厂 f 被分配到了订单 h 中的工件 j，则设置为 1；否则为 0
$C_{k,i}$	机器 i 上第 k 个工件的完工时间
$O_{k,h,f}$	订单 h 中第 k 个位置的工件
$X_{j,k,f}$	工件 j 在分布式工厂 f 中的 k 位置，则设置为 1；否则为 0

5.2 模型的构建

5.2.1 置换流水车间模型的构建

该问题的数学模型如下：$\pi = \{\pi_1, \pi_2, \cdots, \pi_n\}$ 是工件在机器上加工的一个排列顺序，令 $C_{k,i}$ 为机器 i 上第 k 个工件的完工时间。令决策变量为：

$$X_{j,k} = \begin{cases} 1, \text{工件 } j \text{ 是序列 } \pi \text{ 的第 } k \text{ 个工件，其中 } j, k \in \{1, 2, \cdots, n\} \\ 0, \text{其他} \end{cases}$$

式 (5.1) 表示第一个工件在第一台机器上的完工时间：

$$C_{1,1} \geqslant \sum_{j=1}^{n} X_{j,1} \cdot p_{j,1} \tag{5.1}$$

式 (5.2) 和式 (5.3) 表示每个作业必须只有一个前置作业和一个后续作业：

$$\sum_{\substack{j=0 \\ j \neq k}}^{n} X_{j,k} = 1, \ j \in \{1, 2, \cdots, n\} \tag{5.2}$$

$$\sum_{\substack{k=1 \\ k \neq j}}^{n} X_{j,k} = 1,\ k \in \{1,\ 2,\ \cdots,\ n\} \tag{5.3}$$

式（5.4）表示机器在同时只能加工一个工件：

$$C_{k,i+1} \geqslant C_{k,i} + \sum_{j=1}^{n} X_{j,k} \cdot p_{j,i+1},\ k \in \{1,\ 2,\ \cdots,\ n\},\ i \in \{1,\ 2,\ \cdots,\ m-1\} \tag{5.4}$$

式（5.5）表示一个作业不能同时是另一个作业的前置作业和后续作业：

$$C_{k+1,i} \geqslant C_{k,i} + \sum_{j=1}^{n} X_{j,k+1} \cdot p_{j,1},\ k \in \{1,\ 2,\ \cdots,\ n-1\},\ i \in \{1,\ 2,\ \cdots,\ m\} \tag{5.5}$$

式（5.6）表示工件的完工时间都大于零：

$$C_{k,i} \geqslant 0,\ k \in \{1,\ 2,\ \cdots,\ n\},\ i \in \{1,\ 2,\ \cdots,\ m\} \tag{5.6}$$

式（5.7）表示了决策变量 $X_{j,k}$ 的取值范围：

$$X_{j,k} \in \{0,\ 1\},\ j,\ k \in \{1,\ 2,\ \cdots,\ n\} \tag{5.7}$$

5.2.2 分布式置换流水车间模型的构建

本节以最小化 Makespan 为优化目标建立 DPFSP 数学模型，该问题可描述如下：有 n 个工件和 F 个相同的工厂，工件 $j \in \{1,\ 2,\ \cdots,\ n\}$，工厂 $f \in \{1,\ 2,\ \cdots,\ F\}$，每个工厂都配有 m 台相同的机器，机器 $i \in \{1,\ 2,\ \cdots,\ m\}$，所有工件都需要根据机器 $i \in \{i_1,\ i_2,\ \cdots,\ i_m\}$ 的顺序依次在相同的路径中加工，经过分析研究，给出了求 $C_{\max}$ 的方法，包含 5 个步骤，具体如下。

步骤 1：$C_{\pi^f(1),1} = p_{\pi^f(1),1},\ f \in \{1,\ 2,\ \cdots,\ F\}$；

步骤 2：$C_{\pi^f(j),1} = C_{\pi^f(j-1),1} + p_{\pi^f(j),1},\ f \in \{1,\ 2,\ \cdots,\ F\},\ j \in \{2,\ 3,\ \cdots,\ n_f\}$；

步骤 3：$C_{\pi^f(1),i} = C_{\pi^f(1),i-1} + p_{\pi^f(1),i},\ f \in \{1,\ 2,\ \cdots,\ F\},\ i \in \{2,\ 3,\ \cdots,\ m\}$；

步骤 4：$C_{\pi^f(j),i} = \max\{C_{\pi^f(j-1),i},\ C_{\pi^f(j),i-1}\} + p_{\pi^f(j),i},\ f \in \{1,\ 2,\ \cdots,\ F\}$，$j \in \{2,\ 3,\ \cdots,\ n_f\},\ i \in \{2,\ 3,\ \cdots,\ m\}$；

步骤 5：$C_{\max} = \max(C_{nf,m})$。

如图 5.1 所示为用甘特图表示 DPFSP 中的各个工件加工时间关系，图中所示为 2 个完全相同的工厂，各有 3 台相同的机器，处理 6 个工件。工厂 1 处理 J_2 后需要等待一段时间才能处理 J_3，因此在分布式车间中最小化 Makespan 是使各个工厂中完工时间最长工厂的完工时间最小化。

针对上述描述参考文献［25］建立分布式置换流水车间的调度的数学模型如下。

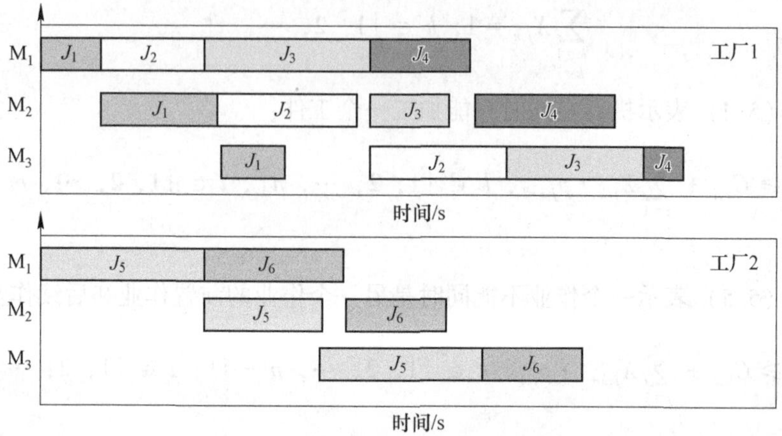

图 5.1　分布式车间调度甘特图

令决策变量为：

$$X_{j,k} = \begin{cases} 1, & \text{工件 } j \text{ 在位置 } k \text{ 上} \\ 0, & \text{其他} \end{cases}$$

$$X_{k,f} = \begin{cases} 1, & \text{位置 } k \text{ 上的工件在工厂 } f \text{ 中加工} \\ 0, & \text{其他} \end{cases}$$

式（5.8）和式（5.9）表示每个作业必须只有一个前置作业和一个后续作业：

$$\sum_{k=1}^{n} X_{j,k} = 1,\ j \in \{1,\ 2,\ \cdots,\ n\} \tag{5.8}$$

$$\sum_{k=1}^{n} X_{j,k} = 1,\ k \in \{1,\ 2,\ \cdots,\ n\} \tag{5.9}$$

式（5.10）表示工件 j 只能在一个工厂加工：

$$\sum_{f=1}^{F} Y_{k,f} = 1,\ k \in \{1,\ 2,\cdots,\ n\} \tag{5.10}$$

式（5.11）表示一个作业不能同时是另一个作业的前置作业和后续作业：

$$C_{k,i} \geqslant C_{k,i-1} + \sum_{j=1}^{n} X_{j,k} \times p_{j,i},\ k \in \{1,\ 2,\ \cdots,\ n\},\ i = \{1,\ 2,\ \cdots,\ m\} \tag{5.11}$$

式（5.12）表示在机器 m 上加工的相邻工件的约束关系和作业 j 在机器 i 上处理后，只能在机器 i 上处理：

$$C_{k,i} \geqslant C_{l,i} + \sum_{j=1}^{n} X_{j,k} \times p_{j,i} - M(1 - Y_{k,f}) - M(1 - Y_{l,f}),$$
$$k \in \{2,\ 3,\ \cdots,\ n\},\ l < k,\ i = \{1,\ 2,\ \cdots,\ m\},\ f \in \{1,\ 2,\ \cdots,\ F\} \tag{5.12}$$

式（5.13）表示工件的完工时间都大于零：

$$C_{j,k} \geqslant 0,\ k \in \{1,\ 2,\ \cdots,\ n\},\ i \in \{1,\ 2,\ \cdots,\ m\} \tag{5.13}$$

式（5.14）和式（5.15）分别定义了决策变量取值范围：

$$X_{j,k} \in \{0,\ 1\},\ k \in \{1,\ 2,\ \cdots,\ n\},\ j \in \{1,\ 2,\ \cdots,\ m\} \tag{5.14}$$

$$Y_{k,f} \in \{0,\ 1\},\ k \in \{1,\ 2,\ \cdots,\ n\},\ f \in \{1,\ 2,\ \cdots,\ F\} \tag{5.15}$$

5.2.3 带订单约束的分布式装配置换流水车间模型

在 DPFSP 的基础上，又添加了订单约束和装配环节，目标是最小化最大完工时间，图 5.2 所示为模型示意图，假设不同的区域中分布了 f 个相同的工厂，有 n 个工件需要在 F 个工厂内进行加工，工件集合记作 $\{1,\ 2,\ \cdots,\ n\}$，工厂集合记作 $\{1,\ 2,\ \cdots,\ F\}$，每个工厂内都包含相同的 m 台机器，机器集合记作 $\{1,\ 2,\ \cdots,\ m\}$，针对问题结构建立如式（5.16）~式（5.33）所示的数学模型。

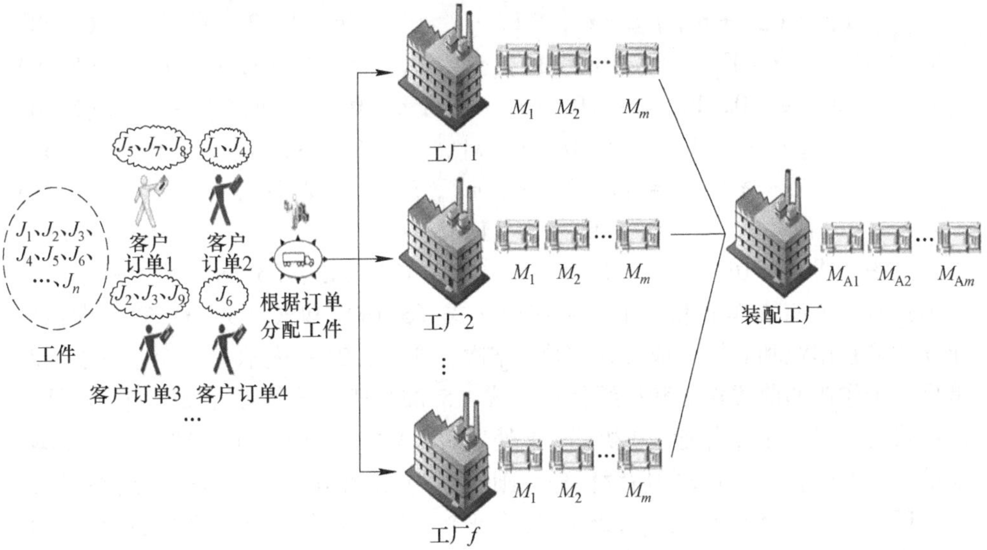

图 5.2 订单分配问题示意图

$$\min C_{\max} \tag{5.16}$$

$$\sum_{j=0,\ j\neq k}^{n} X_{j,k} = 1,\ k \in \{1,\ 2,\ \cdots,\ n\} \tag{5.17}$$

$$\sum_{k=0,\ k\neq j}^{n} X_{j,k} = 1,\ j \in \{1,\ 2,\ \cdots,\ n\} \tag{5.18}$$

$$\sum_{k=1}^{n} X_{0,k} = f \tag{5.19}$$

$$\sum_{j=1}^{n} X_{j,0} = f \tag{5.20}$$

$$X_{j,k} + X_{k,j} \leqslant 1,\ k \in \{1, 2, \cdots, n-1\},\ k > j \tag{5.21}$$

$$\sum_{j=0}^{z_{r-1}} \sum_{k=z_{r-1}+1}^{z_r} X_{j,k} + \sum_{j=z_r+1}^{z_r} \sum_{k=z_{r-1}+1}^{z_r} X_{j,k} = 1,\ r \in \{1, 2, \cdots, s\},\ z_r = \sum_{t=0}^{r} n_t \tag{5.22}$$

$$C_{i,j} \geqslant C_{i-1,j} + p_{i,j},\ i \in \{1, 2, \cdots, m\},\ j \in \{1, 2, \cdots, n\} \tag{5.23}$$

$$C_{i,j} \geqslant C_{i-1,j} + p_{i,j} + (X_{j,k} - 1)g,\ i \in \{1, 2, \cdots, m\},\ j \in \{1, 2, \cdots, n\},\ k \in \{0, 1, 2, \cdots, n\},\ j \neq k \tag{5.24}$$

$$\sum_{r=0,\ r\neq t}^{s} Y_{r,t} = 1,\ t \in \{1, 2, \cdots, s\} \tag{5.25}$$

$$\sum_{t=1,\ t\neq r}^{s} Y_{r,t} = 1,\ r \in \{1, 2, \cdots, s\} \tag{5.26}$$

$$Y_{r,t} + Y_{t,r} \leqslant 1,\ r \in \{1, 2, \cdots, s-1\},\ t > r \tag{5.27}$$

$$C_r \geqslant C_{m,j} + p_r,\ j \in \{z_{r-1}+1, \cdots, z_r\},\ r \in \{1, 2, \cdots, s\} \tag{5.28}$$

$$C_r \geqslant C_t + p_r + (Y_{r,t} - 1)g,\ r \in \{1, \cdots, s\},\ t \in \{0, \cdots, s\},\ r \neq t \tag{5.29}$$

$$X_{j,k} \in \{0, 1\},\ j \in \{0, \cdots, n\},\ k \in \{0, \cdots, n\},\ j \neq k \tag{5.30}$$

$$Y_{r,t} \in \{0, 1\},\ r \in \{0, \cdots, s\},\ t \in \{0, \cdots, s\},\ r \neq t \tag{5.31}$$

$$C_{i,j} \geqslant 0,\ i \in \{1, 2, \cdots, m\},\ j \in \{1, 2, \cdots, n\} \tag{5.32}$$

$$C_r \geqslant 0,\ r \in \{1, 2, \cdots, s\} \tag{5.33}$$

其中，式（5.16）表示优化目标；式（5.17）和式（5.18）表示每个作业必须只有一个前置作业和一个后续作业；式（5.19）和式（5.20）表示虚拟作业 0 的前置作业和后续作业被强制执行 f 次；式（5.21）表示一个作业不能同时是另一个作业的前置作业和后续作业；式（5.22）表示连续处理属于同一产品作业；式（5.23）表示作业 j 在机器 i 上处理后，只能在机器 i 上处理；式（5.24）表示如果作业 j 是作业 k 的后续任务，则作业 j 只能在作业 k 处理完成后在机器 i 上处理；式（5.25）和式（5.26）表示每个产品只能有一个前置产品和一个后续产品；式（5.27）表示一个产品不能同时是另一个产品的前置产品和后续产品；式（5.28）表示每个产品所包含的作业部分在尚未生产之前，产品无法进入装配阶段；式（5.29）表示如果产品 t 是产品 r 的前置任务，则产品 r 在产品 t 完成之前无法开始装配操作；式（5.30）~式（5.33）定义决策变量的域。

6 改进迭代贪婪算法的设计与流程

6.1 改进迭代贪婪算法

迭代贪婪（iterated greedy，IG）算法是由 Ruiz 等提出的一种结构简单、参数少、快速有效的智能优化算法，通常在当前解的邻域内不断地进行局部搜索来获得最优解，并在此基础上，通过破坏和重构策略加强对较好解所在局部邻域的搜索能力，IG 算法针对不同的优化目标和不同的流水线调度问题都展现出其优异的性能。

6.1.1 算法流程

Ruiz 提出的 IG 算法主要包括初始化种群，破坏重建，局部搜索以及接受准则等过程。

迭代贪婪算法自提出以来已在各种调度环境中获得了许多成功的应用，本章提出一种解决 DAPFSP 的改进 IG 算法，与传统的 IGA 不同，该算法首先使用所提出的初始化过程生成一组解的集合 ϑ，并对集合 ϑ 中的最优解进行局部搜索；然后算法进入迭代阶段，在迭代过程中，使用选择机制在集合 ϑ 中选择解 φ；将破坏阶段应用于解 φ 获得两个部分序列，一个是被移除的产品和工作所组成的序列 φ^D，另一个 φ^R 是解的剩余部分；对 φ^R 进行产品的本地搜索，生成次优解 $\varphi^{R'}$，将移除的产品和作业重新插入 $\varphi^{R'}$，该过程称为构造阶段，并重新生成完整的解 φ'，对 φ'执行作业的本地搜索生成解 φ''；最后，使用接受准则来判断新解 φ''是否符合标准。根据上述描述，IG 算法流程图如图 6.1 所示。

6.1.2 初始化方法

本章中解决方案分为两部分内容，产品序列和作业序列，每一部分都对应一个产品。只有当一个产品中包含的所有作业都生产完成后，才能进行下一个产品作业的生产。当产品中包含的所有作业完成时，允许产品进入装配阶段进行加工。假设一个解表示为 φ，其中产品序列记录为 $\Delta=\{\Delta_1, \Delta_2, \cdots, \Delta_s\}$，以及产品 Δ_r 中包含的作业序列 $\pi_r=\{\pi_{r1}, \pi_{r2}, \cdots, \pi_{rn}\}$，其中 n 指产品 Δ_r 中包含的作业数量。

初始解的质量可能会影响 IGA 的性能，因此本节将部分序列优化的方法扩展

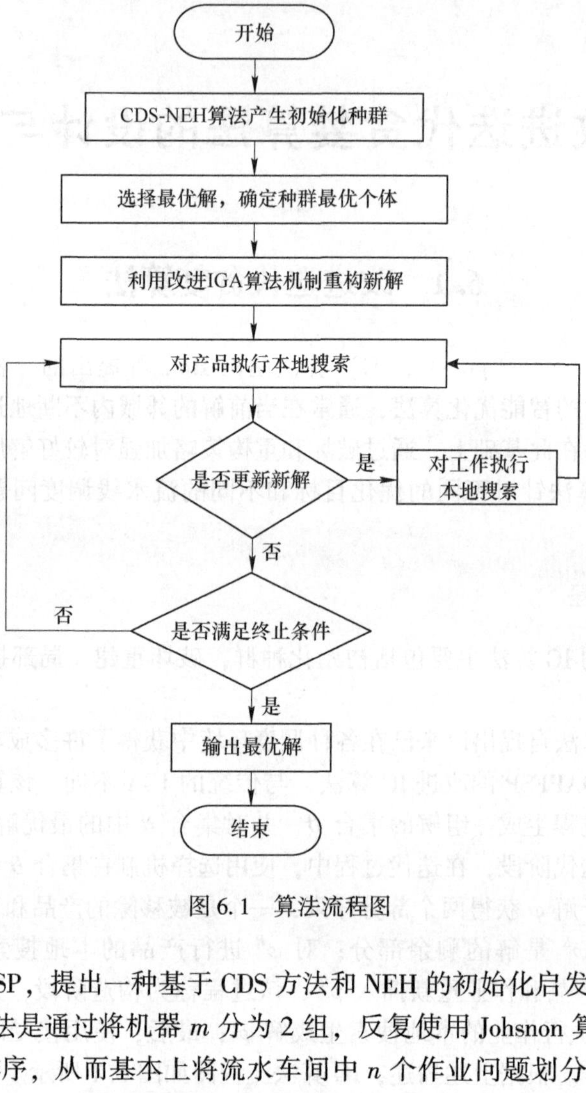

图6.1 算法流程图

用于解决 DAPFSP，提出一种基于 CDS 方法和 NEH 的初始化启发式方法（CDS-NEH）。CDS 方法是通过将机器 m 分为 2 组，反复使用 Johsnon 算法对 2 台机器上的作业进行排序，从而基本上将流水车间中 n 个作业问题划分为 $m-1$ 个两台机器作业问题的集合，得到尽可能多的替代作业序列，然后以最小化最大完工时间排序，选取最佳序列，具体步骤如下所示。

（1）使用 CDS 方法初始化每个产品的作业序列，找到最佳序列 $\pi^{\text{origin}} = \{\pi_1, \pi_2, \cdots, \pi_m\}$；

（2）计算每个产品的装配时间和其包含的所有作业的总处理时间 $P_r = e_r + \sum_{j \in \Delta_r} \sum_{i=1}^{m} p_{i,j}$，$r \in \{1, 2, \cdots, s\}$；

（3）按照 P_r 对各工件进行降序排序，得到初始序列 $\Delta^{\text{origin}} = \{\Delta_1, \Delta_2, \cdots, \Delta_s\}$；

(4) 随机取产品 Δ_u 将其插入到 Δ 中所有可能位置并测试其 TF 值，最终将产品插入到使 TF 最小的位置 p_t 处；

(5) 从 Δ 中抽取位置 p_{t-1} 或 p_{t+1} 的产品 h，重复执行步骤 (4)，直到所有工件都被考虑。

该启发式算法具有一定的随机性质，在初始化步骤中需要重复使用 CDS-NEH 算法生成多个初始解。

6.1.3 邻域变换

为了解决 FSP，常用插入、交换和可变邻域搜索进行邻域变换。目前，针对不同的调度问题，已经提出了许多邻域移动方式。本章在文献［26］基础上改进 4 种针对 DAPFSP 的邻域搜索方法，图 6.2 和图 6.3 给出了这 4 种邻域结构的示例图，通过随机选择 4 种邻域结构中的其中一种进行插入或交换。

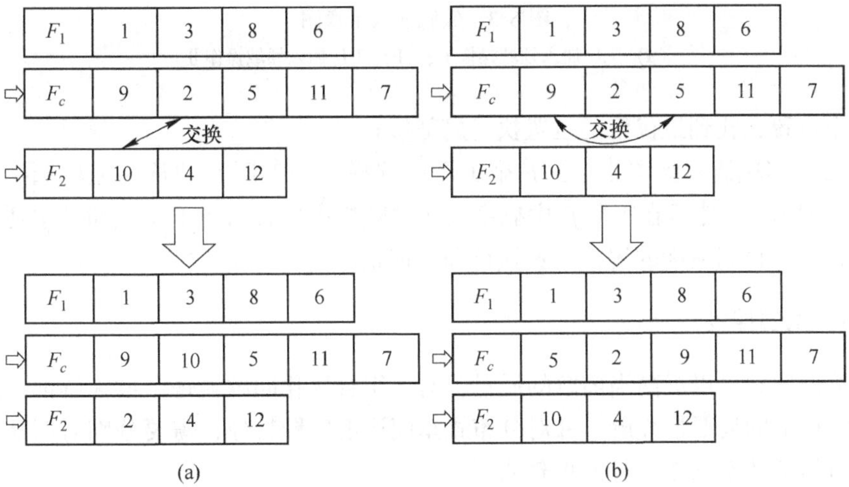

图 6.2 邻域交换示意图

(a) 工厂交换邻域操作Ⅰ；(b) 工厂交换邻域操作Ⅱ

领域交换操作如下所示。

(1) 邻域交换操作Ⅰ：在 F 个工厂中随机选出一个工厂 f_c，在工厂 f_c 中随机选择两个待加工工件，并互相交换两个工件位置。

(2) 邻域交换操作Ⅱ：在 F 个工厂中随机选出一个工厂 f_c 和 f_d，分别在工厂内随机选择两道待加工工序，并互相交换两个位置。

邻域插入操作如下所示。

(1) 邻域插入操作Ⅰ：在 F 个工厂中选择一个工厂 f_c 并从中随机选择一道工序，记为 j'，然后在剩余 $F-1$ 个工厂中分别随机选取一个位置，将 j' 插入到

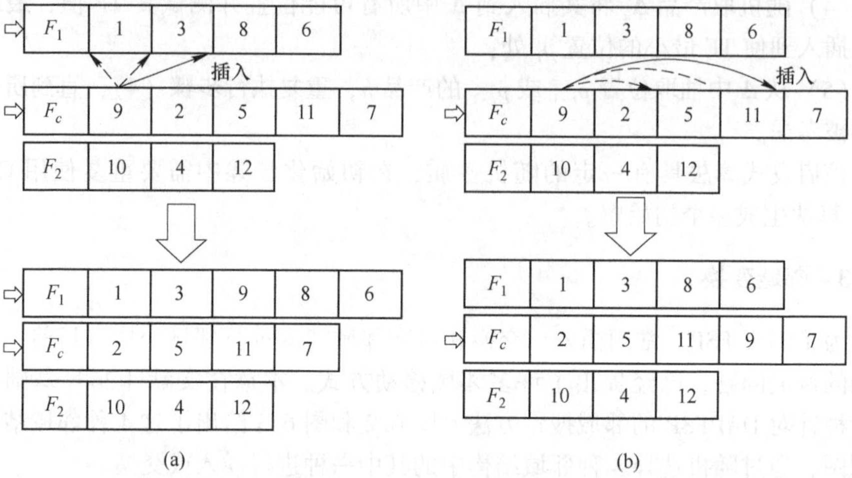

图 6.3　邻域插入示意图

（a）工厂插入领域操作Ⅰ；（b）工厂插入领域操作Ⅱ

$F-1$ 个位置，找到最优解的位置执行局部搜索。

（2）邻域插入操作Ⅱ：在 F 个工厂中选择一个工厂 f_c 并从中随机选择一道工序，记为 j'，然后在工厂 f_c 中剩余工序中随机产生 $m-1$ 个位置，插入 j' 到 $m-1$ 个位置中，找到最优的解的位置执行局部搜索。

6.1.4　局部搜索

局部搜索可以提高当前解的质量，对于组合优化问题，每个最优解都是所有邻域结构下的局部最优解，针对分布式车间调度问题特性，需要分别对产品和作业进行局部搜索操作，具体步骤如下。

（1）假设 φ 代表当前解，其产品序列为 $\Delta=\{\Delta_1, \Delta_2, \cdots, \Delta_s\}$，随机且不重复抽取一个产品 Δ_r，将其插入 Δ 中所有可能的位置，若所生成的邻域解中的最优解优于当前解（$\varphi^* < \varphi$），则将当前解替换为最佳邻域解，重复这一过程，直到所有产品都被考虑，且没有更好的新解决方案生成。

（2）根据产品序列 Δ 对每个产品的作业执行本地搜索操作，假设 Δ_r 中的作业序列为 $\pi_r=\{\pi_{r1}, \pi_{r2}, \cdots, \pi_{rn}\}$。随机且不重复抽取 π_r 中一道工序，将其插入所有可能位置并计算 $C_{\max}$ 值，找到使 $C_{\max}$ 最小所生成的新序列，重复这一过程，直到所有工序都被考虑。本节采用如下 4 种局部搜索方法，图 6.4 所示为 4 种局部搜索插入交换结构。

局部搜索操作Ⅰ：随机从 F 个工厂中选择一个工厂 f_c，从 f_c 中逐一选择一道工件序，插入到剩余 $F-1$ 个工厂中所有位置，若所生成的邻域解中的最优解优

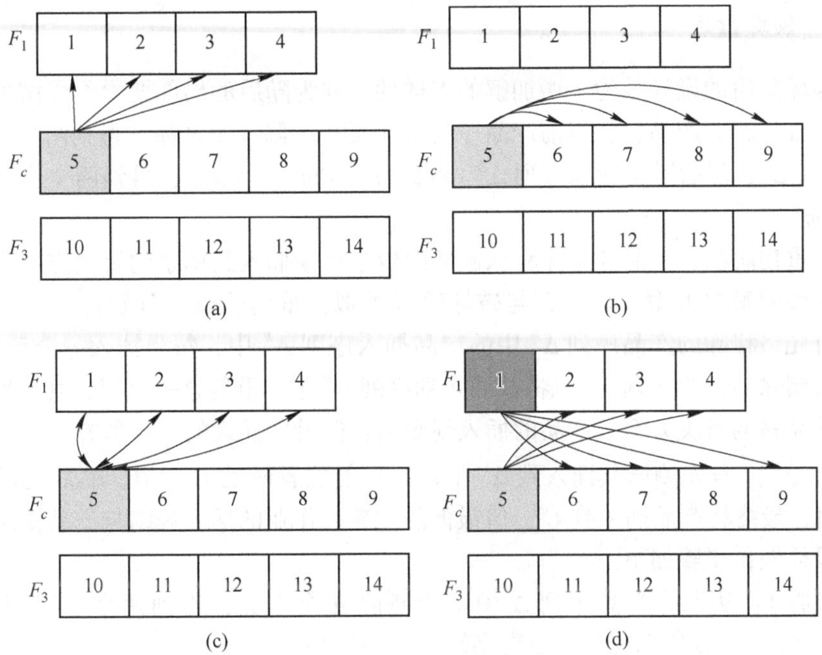

图 6.4 局部搜索方法

（a）局部搜索操作Ⅰ；（b）局部搜索操作Ⅱ；
（c）局部搜索操作Ⅲ；（d）局部搜索操作Ⅳ

于当前解，则将当前解替换为最佳邻域解，重复这一过程，直到所有产品都被考虑，且没有更好的新解决方案生成。

局部搜索操作Ⅱ：随机从 F 个工厂中选择一个工厂 f_c，从 f_c 中逐一选择一道工件序，插入到工厂 f_c 中剩余所有位置，若所生成的邻域解中的最优解优于当前解，则将当前解替换为最佳邻域解，重复这一过程，直到所有产品都被考虑，且没有更好的新解决方案生成。

局部搜索操作Ⅲ：随机从 F 个工厂中选择一个工厂 f_c，将工厂 f_c 中所有工件分别与剩余 $F-1$ 个工厂中工件逐一交换，若所生成的邻域解中的最优解优于当前解，则将当前解替换为最佳邻域解，重复这一过程，直到所有产品都被考虑，且没有更好的新解决方案生成。

局部搜索操作Ⅳ：随机从 F 个工厂中选择一个工厂 f_c，从工厂 f_c 中逐一选择一个工件，同时从剩余 $F-1$ 个工厂中逐一选择一个工件，互相插入到对方所在工厂的所有位置，若所生成的邻域解中的最优解优于当前解，则将当前解替换为最佳邻域解，重复这一过程，直到所有产品都被考虑，且没有更好的新解决方案生成。

6.1.5　破坏重建

破坏阶段的设计是为了增加解的多样性，并为随后的局部搜索阶段增加搜索空间。首先针对产品，从当前产品序列 Δ 中随机删除 d 个产品，得到两个产品序列 Δ^D 和 Δ^R，然后随机删除序列 Δ^D 中每个产品的 α 个作业，得到两个作业序列 π_r^D 和 π_r^R 。

在重构阶段，产品和工作将从破坏阶段被重新插入到剩余的解决方案中，以生成完整的解决方案。因此，与破坏阶段类似，重构阶段也分别针对产品和工作。首先将移除的产品序列 Δ^D 中的产品插入序列 Δ^R 中，每当插入一个产品时，该产品删除的作业序列 π_r^D 也将被插入到序列 π_r^R 中。重复这一过程，直到生成一个新的完整的解决方案。产品的插入规则为：假设要插入的产品是 D_r，$r \in \{1, 2, \cdots, d\}$，首先测试其插入到 Δ^R 中每个可能位置时的 $C_{\max}$ 值，然后比较这些 $C_{\max}$ 值，最终将产品插入到 $C_{\max}$ 值最低的位置，作业的插入规则与产品相同。

具体操作步骤如下。

步骤 1：从当前产品序列 Δ 中随机删除 d 个产品，得到两个子序列 $\Delta^D = \{\Delta_1^D, \Delta_2^D, \cdots, \Delta_d^D\}$ 和 $\Delta^R = \{\Delta_1^R, \Delta_2^R, \cdots, \Delta_{s-d}^R\}$；

步骤 2：随机删除序列 Δ^D 中每个产品的 α 个作业，得到每个产品的两个作业序列 $\pi_r^D = \{\pi_{r1}^D, \pi_{r2}^D, \cdots, \pi_{ra}^D\}$ 和 $\pi_r^R = \{\pi_{r1}^R, \pi_{r2}^R, \cdots, \pi_{nr-a}^R\}$；

步骤 3：将产品逐个插入序列 Δ^R 中，每次插入产品 Δ_r^D 时，该产品被移除的作业 π_r^D 也逐个插入序列 π_r^R 中；

步骤 4：每次插入后检测其 $C_{\max}$ 值，产品最终将插入到 $C_{\max}$ 值最低的位置，持续执行步骤 3，直到生成一个完整的解决方案。

如图 6.5 所示为 1 个长度为 5 的完整方案随机取出 2 个工件，得到一个长度

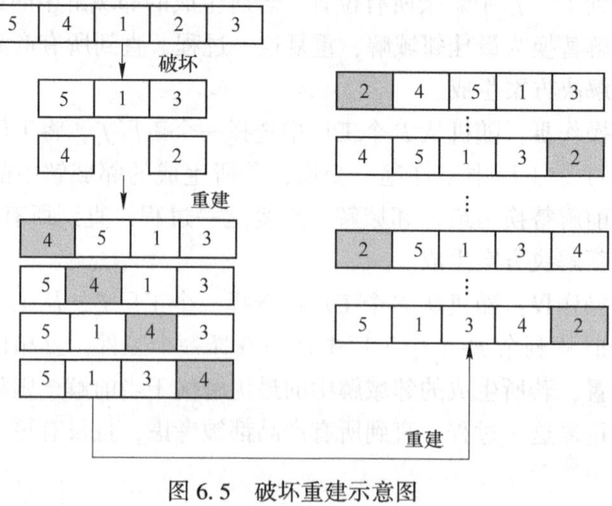

图 6.5　破坏重建示意图

为 3 的部分序列，将取出的工件逐个重新插入到序列中，插入过程中同时检验其 C_{max} 值，重复这一过程，直到得到完整的解决方案。

图 6.6 给出了一个示例，说明如何将工件插入到序列中，将工件重新分配到每个工厂，工件的最终插入位置可以获得最优调度方案的位置，因此每个工厂都能获得 C_{max}。

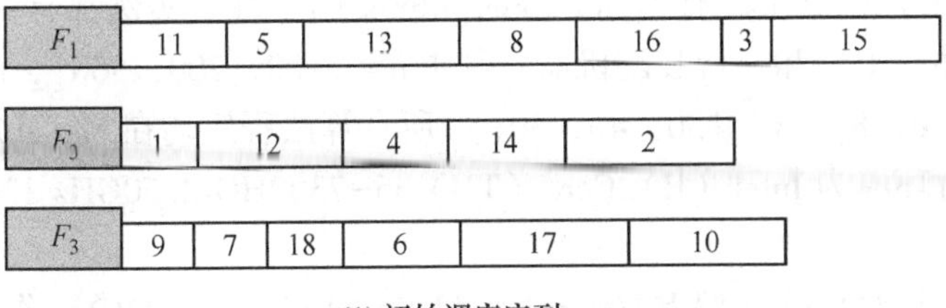

(1) 初始调度序列

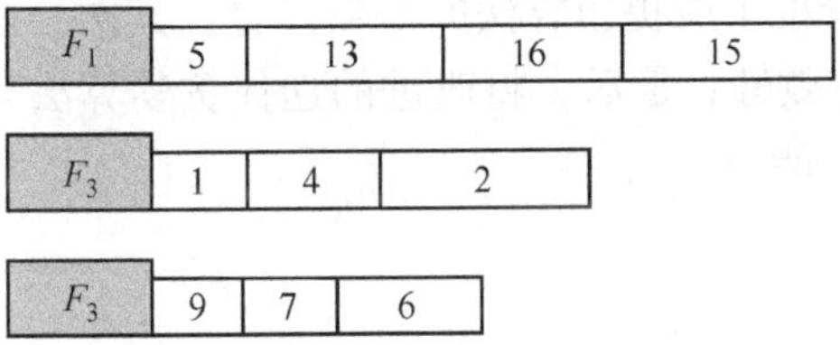

(2) 毁坏阶段删除工件(18，12，14，11，8，10，3，17)

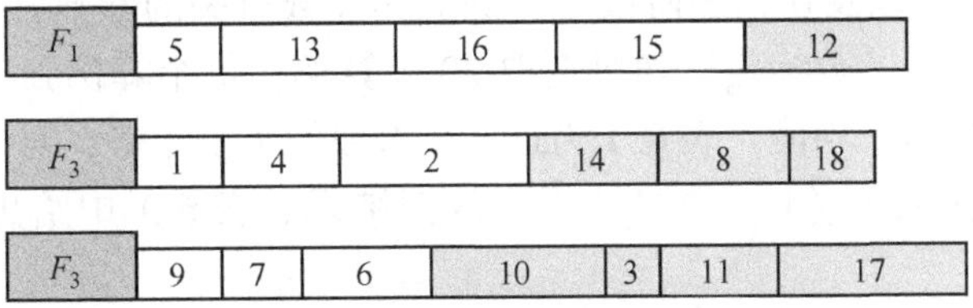

(3) 重构阶段

图 6.6 破坏重构阶段

6.1.6 选择和接受准则

选择机制每次在迭代开始时从解集 ϑ 中选择一个解 φ，然后对其进行破坏，重构阶段，C_{max} 值和迭代次数经常被用作选择因子。因此，提出一种新的选择机制：在集合 ϑ 中随机选择两个解，然后选择 C_{max} 值比较低的解或者选择迭代次数较小的解。

接受准则是用于判断算法通过局部搜索后生成的解是否可以进入集合 ϑ。比较集合中最差的解决方案和新的解决方案的 C_{max} 值。如果新的解决方案的 C_{max} 值较低，并且与当前集合中的所有个体不同，那么旧的方案将被替换，并将其迭代次数增加 1。

6.2 试验分析

为了进一步评估本章所提出算法在求解 DAPFSP 的有效性，参照文献［27］，本章选取 Hatami 等人提出的用于解决 DAPFSP 的仿真测试算例，共包含 81 组实例，每组实例包含 10 个具有不同处理时间的实例。每个实例都有一定数量的生产机器、工件、工厂和一台装配机器。其中 $n=\{100, 200, 500\}$，$m=\{5, 10, 20\}$，$f=\{4, 6, 8\}$，$s=\{30, 40, 50\}$。所有算法程序均在 Matlab2018b 进行编程，试验运行环境为 Intel（R） Core（TM） i5-7300HQ 2.50GHz 12GB 内存的计算机。

采用平均相对百分比偏差（average relative deviation，ARD）作为评价指标。在以下的仿真结果中，首先校准了所提出算法的参数设置；其次，验证了所提出的 CDS-NEH 启发式算法的有效性；最后，将改进的迭代贪婪算法与其他四种经典算法深入比较，验证了其性能。

6.2.1　参数设置

该算法需要确定三个重要参数，即一组初始化生成种群中解数 ω，在销毁阶段移除的产品数 d，以及在销毁阶段与移除的作业数有关的参数 β。本章采用正交试验设计方法进行参数标定，随机选取 20 个算例，每个算例独立运行 10 次，计算出最大完工时间平均值。表 6.1 为这三个参数的水平趋势，对于所有参数组合，构造一组正交表 $L_{16}(4^3)$ 并记录所有数据结果。表 6.1 中给出了正交试验 $L_{16}(4^3)$ 的结果。

表 6.1　正交试验因素和水平值

参数	等级			
	1	2	3	4
d	3	5	7	9
ω	6	8	10	12
β	1	2	3	4

根据表 6.2 进行分析，计算出 d 在四个水平下的均值分别为 451.54、451.15、450.35 和 448.95；ω 均值分别为 449.71、450.69、450.78 和 450.81；β 均值分别为 450.2、450.08、451.08 和 450.63。

运用极差分析法分别对三种参数进行重要性分析，d、ω、β 的差值分别为 2.59、1.1 和 1.72，因此对应的重要程度分别为 1、3 和 2，具体如表 6.3 所示。这表明 d 对所提出算法的结果影响最大，其次是 β，ω 对算法结果影响最小。

表 6.2 正交试验表以及试验结果

试验	因素水平			
	d	ω	β	均值
1	1	1	1	451.33
2	1	2	2	451.85
3	1	3	3	452.7
4	1	4	4	450.28
5	2	1	2	447.88
6	2	2	1	451.69
7	2	3	4	452.02
8	2	4	3	452.99
9	3	1	3	450.54
10	3	2	4	451.13
11	3	3	1	448.76
12	3	4	2	450.95
13	4	1	4	449.08
14	4	2	3	448.08
15	4	3	2	449.63
16	4	4	1	449.02

表 6.3 三个参数的重要性分析

水平	d	ω	β
1	451.54	449.71	450.2
2	451.15	450.69	450.08
3	450.35	450.78	451.08
4	448.95	450.81	450.63
差值	2.59	1.1	1.72
排名	1	3	2

根据表 6.3 绘制三种因素的变化趋势图，如图 6.7 所示。图中显示横坐标为三个参数的四个因素水平，纵坐标显示为最小化最大完工时间。可以清楚地看出，当 d 逐渐增大的时候，纵轴的最大完工时间在减小，因此 d 取第四等级值，即为 9；随着 β 的值增加，最大完工时间随着上下波动，考虑到随着 β 的增加，算法复杂度也会增加，因此本次试验取 β 第二等级值，即为 2；随着 ω 的值增加，最大完工时间随之增加，最后趋于稳定，因此取 ω 第一等级值，即为 6。

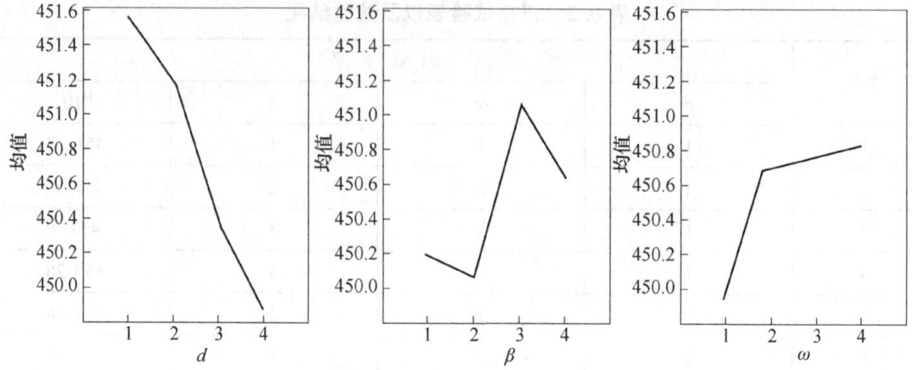

图 6.7　参数水平趋势图

6.2.2　CDS-NEH 性能分析

为了验证 CDS-NEH 的性能，本节将其与 Naderi 在 2010 年提出的 NEH2 方法进行比较。表 6.4 为 NEH2 和 CDS-NEH 计算结果，表中对比包括平均相对百分比偏差、运行时间和平均改善率。图 6.8 所示为 CDS-NEH 和 NEH2 计算结果的 95%置信区间下的均值图。

表 6.4　NEH2 和 CDS-NEH 计算结果

F	ARD		运行时间		平均提升
	NEH2	CDS-NEH	NEH2	CDS-NEH	
2	0.072	0.065	0.004	0.046	12.5%
3	0.091	0.085	0.006	0.021	6.6%
4	0.115	0.095	0.007	0.009	15.7%
5	0.131	0.118	0.009	0.007	9.9%
平均值	0.102	**0.091**	**0.007**	0.021	11.18%

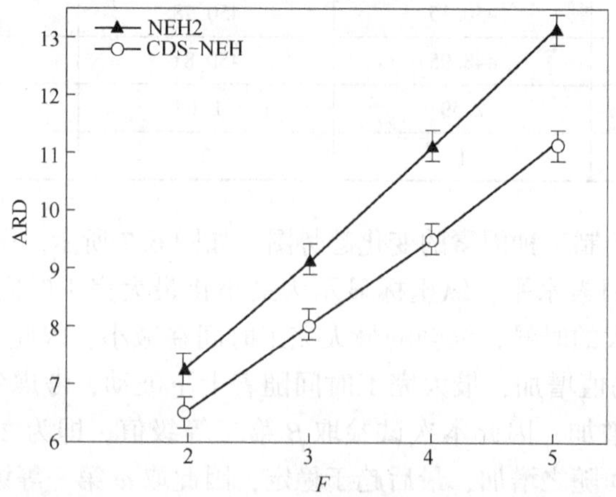

图 6.8　不同工厂数量下 NEH2 和 CDS-NEH 计算结果 95%置信区间均值图

从表6.4中可以看出，CDS-NEH 的平均相对偏差值的平均值为0.091，小于NEH2 的0.102；同时也可以看出在所有不同规模工厂下，平均改善率均为正数，因此表明 CDS-NEH 的 ARD 值均要小于 NEH2，说明 CDS-NEH 在性能上要优于NEH2。在运行时间方面，NEH2 随着工厂数量 F 的增加，运行时间有着明显的增长，但 CDS-NEH 的运行时间增长幅度较小，说明改进的部分并没有增加太多的计算时间，也可从图6.8中明显看出 CDS-NEH 比 NEH2 表现得更好。

因为该启发式算法具有一定的随机性质，为了更明显看出两种初始化方法的区别，使用 CDS-NEH 算法和 NEH2 进行多次不同的试验生成多个初始解进行比较，如图6.9所示。

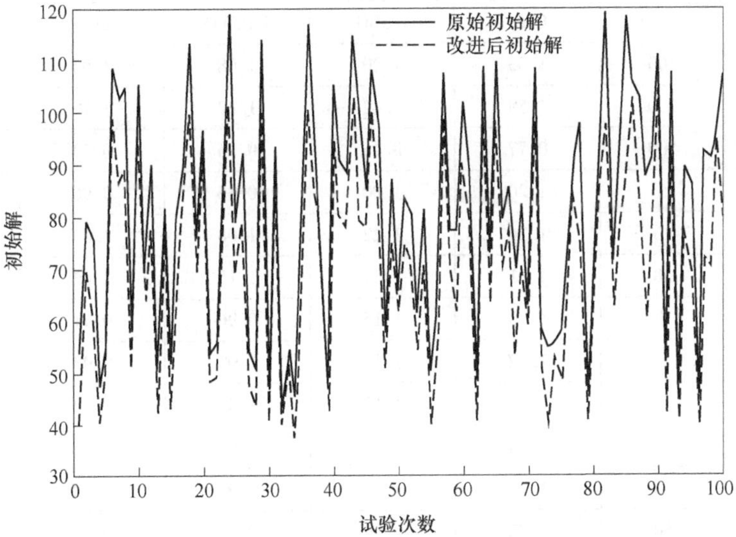

图6.9 初始解对比图

从图6.9可以看出，使用多组 DAPFSP 标准实例，采用 NEH2 和 CDS-NEH 方法的对比图，从图中可以明显看出改进后的初始解表现得更优。

6.2.3 改进迭代贪婪算法与相关算法比较

为了验证改进 IG 算法在求解所研究问题上的有效性，选择了另外四种经典算法做对比分析，分别为竞争模因算法（competitive memetic algorithm，CMA）、混合生物地理学算法（hybrid biogeography-based ptimization，HBBO）、混合搜索的离散入侵杂草优化算法（hiscrete invasive weed optimization with hybrid search，HDIWO）和种群迭代局部搜索算法（group iterated local search，gILS），每种算法都在相同的时间下进行性能比较，即运行停止标准设为 $n \times m \times C$ 毫秒，设置了3种最大运行时间：$C = \{20, 40, 60\}$。在文献[27]中的81组（每组10个）

实例均进行 20 次独立试验取均值。

表 6.5 所示为 $C=20$ 时的试验比较结果，如表 6.5 所示，平均 ARD 值越小，算法表现性能越优，每组实例最佳结果用粗体标出，从表 6.5 中可以看出，$C=20$ 时 IIG 算法的平均 ARD 仅在 $n=100$ 时大于 gILS，$n=500$ 时与 HBBO 和 HDIWO 算法相等，$m=5$ 时大于 HDIWO，$m=20$ 时大于 gILS，$s=30$ 时与 HDIWO 相等，其余表现均为最好。根据表 6.5 中数据对比，绘制如图 6.10 所示算法均值在 $C=20$ 的 95%置信区间。

表 6.5　$C=20$ IIG 算法与其他算法比较计算结果

变量		算法				
		CMA	HBBO	HDIWO	gILS	IIG
n	100	1.33	1.20	1.08	**1.02**	1.04
	200	1.59	1.42	1.22	1.19	**1.11**
	500	0.77	**0.26**	**0.26**	0.33	**0.26**
m	5	1.20	1.00	**0.85**	0.96	0.89
	10	1.26	1.22	1.08	1.03	**0.94**
	20	1.31	1.29	1.15	**1.05**	1.08
f	4	1.28	1.15	0.96	0.91	**0.82**
	6	1.22	1.11	1.03	0.93	**0.86**
	8	1.35	1.13	1.08	1.02	**0.86**
s	30	1.65	1.58	**1.02**	1.11	**1.02**
	40	1.15	1.06	0.96	1.02	**0.92**
	50	1.02	0.94	0.81	0.84	**0.78**
平均		1.26	1.11	0.96	0.95	**0.88**

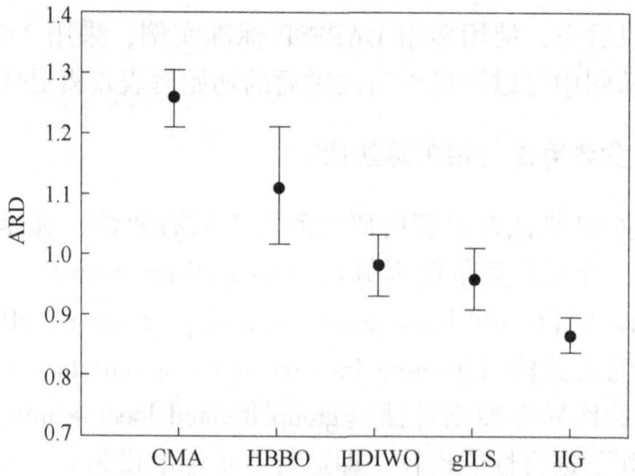

图 6.10　$C=20$ 各算法置信区间比较

从结果中可以看出，本章所提出的算法与 CMA、HBBO、HDIWO 和 gILS 有显著差异，其中所提出的 IIG 算法明显优于其他四种算法。在 $C=20$ 时，通过比较结果得知，IIG 算法在三组结果比较中表现得略差，在两组比较中与其他算法表现一样好，其余表现均为最好。

表 6.6 为 $C=40$ 时的试验比较结果，从该表中可以看出，$C=40$ 时 IIG 算法的平均 ARD 在 $n=100$ 时大于 gILS 算法，$n=200$ 时与 gILS 算法相等，$n=500$ 时与 HBBO 和 HDIWO 相等，$m=20$ 时大于 gILS 算法，$f=6$ 时与 HDIWO 和 gILS 算法相等，$s=30$ 时与 HDIWO 相等，其余表现均为最好。根据表 6.6 中数据对比，绘制图 6.11，算法均值在 $C=40$ 的 95%置信区间。

表 6.6 $C=40$ IIG 算法与其他算法比较计算结果

变量		算法				
		CMA	HBBO	HDIWO	gILS	IIG
n	100	1.28	1.15	1.02	**0.94**	0.95
	200	1.53	1.38	1.18	**1.03**	**1.03**
	500	0.71	**0.26**	**0.26**	0.31	**0.26**
m	5	1.12	0.96	0.83	0.92	**0.81**
	10	1.21	1.18	1.05	1.00	**0.89**
	20	1.28	1.20	1.08	**1.00**	1.02
f	4	1.16	1.06	0.93	0.88	**0.78**
	6	1.12	0.98	**0.81**	**0.81**	**0.81**
	8	1.35	1.13	1.08	1.02	**0.86**
s	30	1.58	1.33	**0.99**	1.07	**0.99**
	40	1.09	1.20	0.93	0.91	**0.87**
	50	0.89	0.82	0.74	0.71	**0.68**
平均		1.18	1.05	0.89	0.88	**0.83**

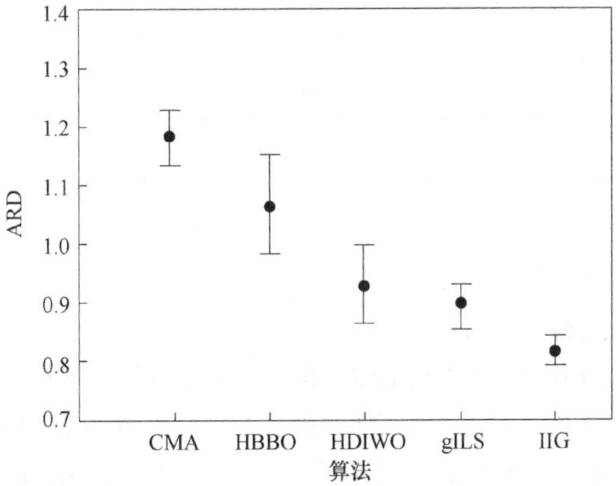

图 6.11 $C=40$ 各算法置信区间比较

从表 6.6 结果中可以看出，本书所提出的算法与 CMA、HBBO、HDIWO 和 gILS 有显著差异，IIG 算法明显优于其他四种算法，在 $C=40$ 时，IIG 算法在两组比较中表现略差，在四组比较中与其他算法表现一样好，其余表现均为最好。

表 6.7 所示为 $C=60$ 时的试验比较结果，可以看出，$C=60$ 时 IIG 算法的平均 ARD 在 $n=100$ 时大于 gILS，$n=200$ 时与 gILS 相等，$n=500$ 时与 HBBO、HDIWO 和 gILS 相等，$m=20$，$f=6$ 时与 gILS 相等，$s=30$ 时与 HDIWO 相等，其余表现均为最好。

表 6.7　$C=60$ IIG 算法与其他算法比较计算结果

变量		算法				
		CMA	HBBO	HDIWO	gILS	IIG
n	100	1.21	1.09	0.96	**0.85**	0.89
	200	1.45	1.31	1.12	**0.96**	**0.96**
	500	0.68	**0.26**	**0.26**	**0.26**	**0.26**
m	5	1.08	0.92	0.76	0.87	**0.75**
	10	1.17	1.13	0.93	0.93	**0.85**
	20	1.22	1.14	1.02	**0.90**	**0.90**
f	4	1.11	0.99	0.89	0.83	**0.74**
	6	1.06	0.91	0.81	**0.76**	**0.76**
	8	1.17	1.01	0.92	0.86	**0.81**
s	30	1.46	1.25	**0.93**	1.00	**0.93**
	40	1.03	1.13	0.88	0.86	**0.80**
	50	0.77	0.76	0.70	0.68	**0.61**
平均		1.12	0.99	0.85	0.81	**0.77**

根据表 6.7 中数据对比，绘制图 6.12，各个算法均值在 $C=60$ 的 95%置信区间。从结果中可以看出，IIG 算法与 CMA、HBBO、HDIWO 和 gILS 有显著差异，在 $C=60$ 时，IIG 算法只在一组比较差于 gILS 算法，在五种结果中与其他算法相等，其余表现均最优秀。

为了更详细地分析各算法特征之间的关系，根据表 6.5～表 6.7，确定如表 6.8 各算法类型与 n、m、f 和 s 之间的关系，并绘制各算法类型与 C、n、m 和 s 之间的 95%置信水平显著差异的交互图，如图 6.13～图 6.16 所示。

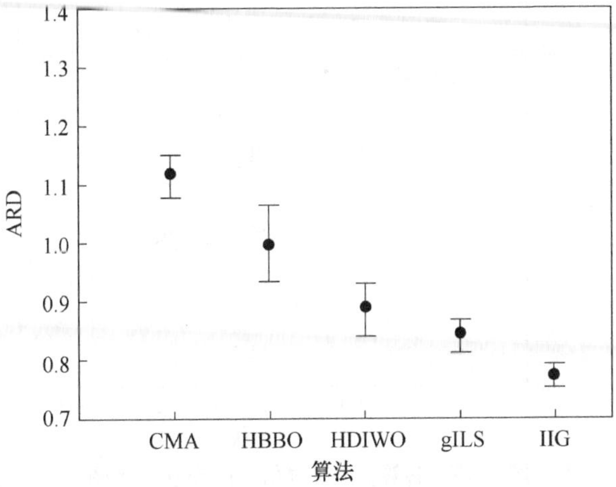

图 6.12 $C=60$ 各算法置信区间比较

表 6.8 不同算法与 *n*、*m*、*f*、*s* 和 *C* 之间比较结果

因素		算法类型				
		CMA	HBBO	HDIWO	gILS	IIG
n	100	1.27	1.15	1.02	0.98	0.96
	200	1.52	1.37	1.17	1.12	1.03
	500	0.72	0.26	0.26	0.31	0.26
m	5	1.13	0.96	0.81	0.92	0.82
	10	1.21	1.18	0.96	0.97	0.90
	20	1.27	1.21	1.08	0.98	1.00
f	4	1.18	1.09	1.01	0.87	0.78
	6	1.14	1.00	0.88	0.84	0.81
	8	1.23	1.09	1.02	0.96	0.84
s	20	1.56	1.39	1.18	1.22	1.18
	40	1.09	1.13	0.92	1.00	0.94
	60	0.89	0.84	0.75	0.89	0.69

从上述计算结果得出，所提出的改进算法能够进行更加深入的搜索，同时搜索性能优于其他四种算法，从图 6.13～图 6.16 中可以清楚地看到，所提出的算法仅在与 n 和 m 相比较的试验中，在 $n=500$ 时与 HBBO 和 HDIWO 表现一样好，在 $m=20$ 时表现略差于 gILS，在其他试验中都表现得更好。

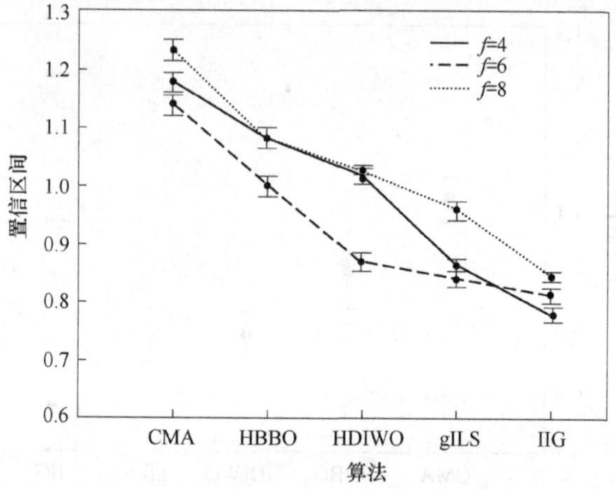

图 6.13　各算法与 f 置信区间交互关系图

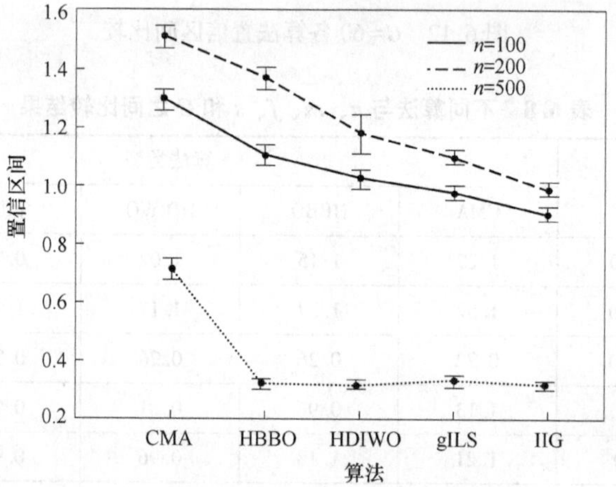

图 6.14　各算法与 n 置信区间交互关系图

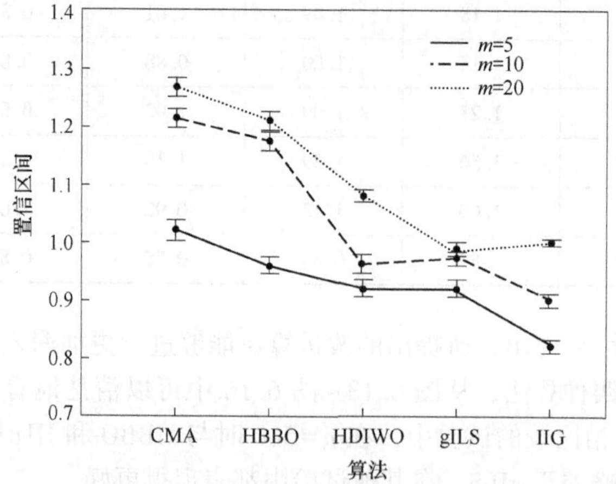

图 6.15　各算法与 m 置信区间交互关系图

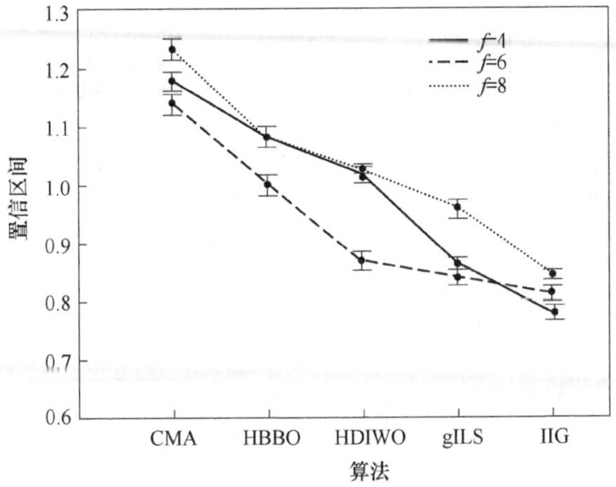

图 6.16 各算法与 f 置信区间交互关系图

最后，为了比较所提出算法与其他四种算法在求解精度和求解速度的差异是否明显，随机选取 5 个算例，绘制如图 6.17 所示的各个算法性能收敛曲线图，由图中可以明显看出，所提出的 IIG 算法在收敛速度和性能均为最优。

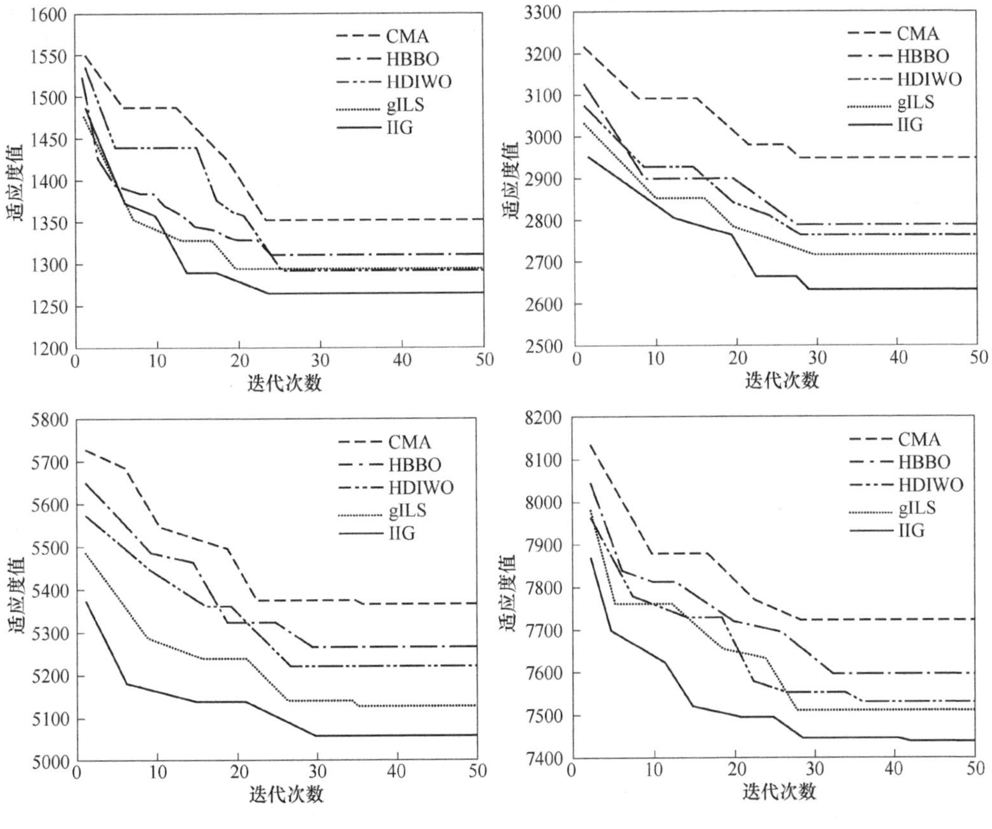

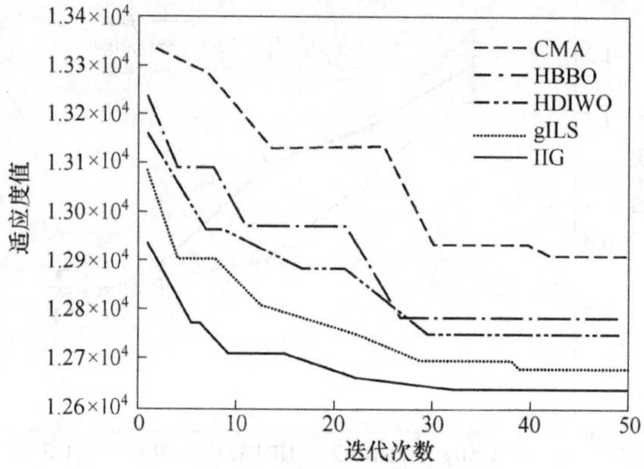

图 6.17　各算法迭代收敛图

7 分布式置换流水车间调度分析

7.1 案例背景

7.1.1 案例描述

本章以某制药生产企业为例，制药产业原料药生产一般集中于少数几个生产点，规模较大，但制药产业的制剂厂生产大多是规模较小，散布在全国各地。基于原料药和制剂的生产特点，原料药厂宜选择在接近原材料和能源供应地、交通运输方便、有充足水源以及有利于三废治理的地方。制剂厂则接近销售市场，其生产规模应与市场需求相适宜，这种生产模式正是符合分布式车间基本结构。以制药生产调度应用数据为基准案例，通过图 7.1 所示的药剂生产主要工艺过程，分析所提出改进的迭代贪婪算法的有效性。

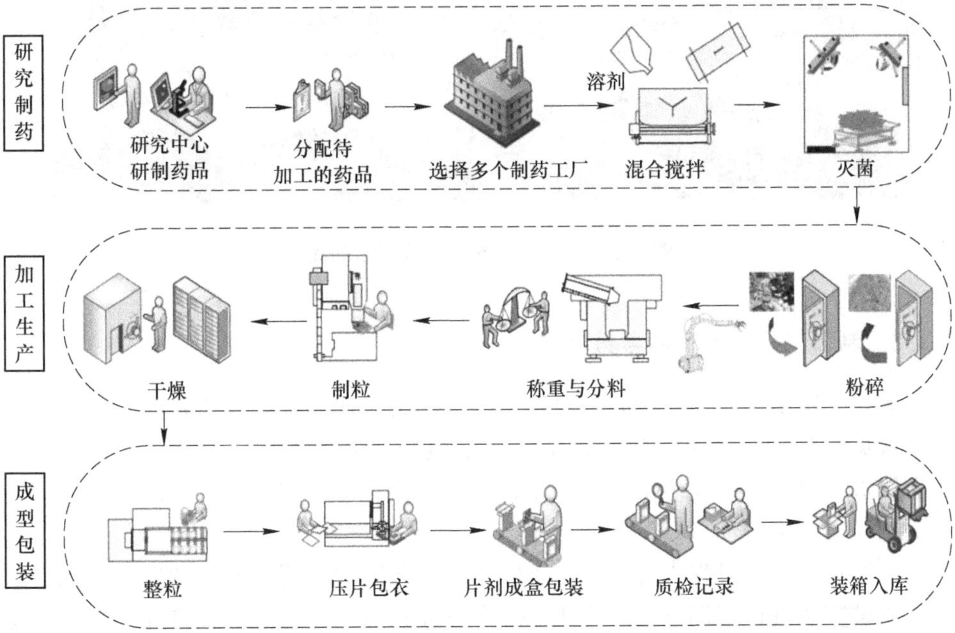

图 7.1 药剂生产的主要工艺过程

药剂生产中某些片剂的主要工艺为：将原料和溶剂搅拌，在工厂机器上进行灭菌、粉碎、称重与分离、制粒、整粒包装等工艺处理，这些加工顺序不能颠倒，符合置换流水车间的假设条件，每台机器都有相应的工艺操作。原料药厂一般是技术密集型的精细化工生产，原料药产品的品种多、生产过程长、工艺复杂。药品的年需求量不等，多达几千吨，少则几千克，因此生产规模大小不一。

图 7.2 所示是一个实际的生产案例，在这个案例中，制药厂负责对上述步骤进行操作生产。这家企业是医药市场的重要参与者，有多家智能工厂分布在全国各地，通过整体调度协调各个工厂生产任务，以某几个生产工厂为例。

图 7.2　制药工厂的生产调度车间场景

7.1.2　制药工厂生产车间参数设定

表 7.1 所示为制药车间几种机器的生产能力。比如盐酸左氧氟沙星是生活中比较常见的药物，其一般包装规格为铝塑包装，0.2 g/片，12 片/板，4 板/盒，因为盐酸左氧氟沙星在生活中需求量较大，生产企业会将需要生产的订单分配给各个制药工厂生产加工。

依据药剂生产过程中各种药品不同生产工艺时间、调度所需的装配时间，构建了测试实例进行案例分析，应用 IIG 算法对实例进行仿真试验得到各个工厂最大完工时间最小化的最佳调度序列。表 7.1 所示为企业生产车间中主要机器的生产能力。

表 7.1　生产工厂中机器生产能力

机器型号	生产能力
WF-30 粉碎机	40～300 kg/h
ZS-350 搅拌机	80～360 kg/h
FL-30 型筛分机	15～1000 kg/h
FH-310 整粒机	30～300 kg/h
GZM26B1 压片机	4 万～15 万片/h
DQR-260 型提取包装机	400 板/h

表 7.2 是根据制药工厂车间生产盐酸左氧氟沙星等药品所需要的工艺过程和原材料所需要的调度时间。

表 7.2　工厂车间内某些制备工序所需时间

药品名称	工序时间/s						所需数量/片
	粉碎	搅拌	筛分	制粒	压片	调度	
	M_1	M_2	M_3	M_4	M_5	装配	
盐酸环丙沙星片	10	15	43	18	15	2	8000
阿司匹林片	4	9	1	23	10	3	6000
醋酸氢化可松片	12	10	24	17	14	6	3000
复方磺胺甲恶唑片	8	14	22	11	16	3	5000

7.2　带装配约束的分布式置换流水车间调度问题实例分析

针对带装配约束的 DPFSP 实际问题，本节以某制药生产车间为例进行实例应用。制药环节主要完成工厂内 5 道工序，包括粉碎、搅拌、筛分、制粒和压片。这 5 道工序通过置换流水车间的流水线方式进行生产与传递，而最后的装配工序根据药物所需要的不同药品进行组装装配。所以前 5 道工序可以看作置换流水线调度，最后的装配工序可以看作是装配调度。本节对该生产环节进行调度，选择药品厂部分产品及生产设备作为应用实例对象，生产环节的设备信息如表 7.3 所示，生产机器加工时间表如表 7.4 所示。

表 7.3　生产设备信息表

设备号	工艺	所属区域	设备号	工艺	所属区域
WF-30-01	粉碎	工厂 1	WF-30-03	粉碎	工厂 3
WF-30-02	粉碎	工厂 2	ZS-350-01	搅拌	工厂 1

续表 7.3

设备号	工艺	所属区域	设备号	工艺	所属区域
ZS-350-02	搅拌	工厂 2	FH-310-03	整粒	工厂 3
ZS-350-02	搅拌	工厂 3	GZM26B1-01	压片	工厂 1
FL-30-01	筛分	工厂 1	GZM26B1-02	压片	工厂 2
FL-30-02	筛分	工厂 2	GZM26B1-03	压片	工厂 3
FL-30-03	筛分	工厂 3	DQR-260-01	包装	工厂 1
FH-310-01	整粒	工厂 1	DQR-260-02	包装	工厂 2
FH-310-02	整粒	工厂 2			

表 7.4　生产设备加工时间表

药品序号	各机器加工时间				
	M_1	M_2	M_3	M_4	M_5
1	108	33	85	42	52
2	35	28	33	26	28
3	44	39	21	26	52
4	66	48	62	64	51
5	43	84	50	79	46
6	68	59	62	31	47
7	47	52	60	61	31
8	33	21	46	44	48
9	52	55	54	53	31
10	51	22	46	20	39
11	40	53	26	30	28
12	31	56	48	22	19
13	48	51	43	50	47
14	22	49	58	37	68
15	58	26	41	39	62
16	36	40	52	66	29
17	56	43	48	42	43
18	93	22	62	70	35
19	49	51	24	36	33
20	36	50	48	32	46

将实际生产数据导入到所提出的算法中，根据 6.2 节设置相关参数，CPU 为 40 时，$d=9$、$\beta=2$、$\omega=6$，分别迭代 20 次得到最优解，根据最优解利用 MATLAB 做出 $C_{\max}$ 的收敛图，如图 7.3 所示，从图中可以看出，随着迭代次数的

增加，优化目标不断减小并慢慢趋于平稳，得到最优解为 809 s。通过分析迭代图的变化，利用 IIG 算法得到如图 7.4 所示的最优解甘特图，其中，每个方块代表一个工件，图中最上方表示装配环节，M_{A_1} 和 M_{A_2} 代表两台装配机，相同颜色的方块代表由多个工件组成的产品。从甘特图中可以看出，算法在进行排序生产中会把同属同一产品的工件集中在同一时间段进行生产，以保证所有工件生产完成后迅速转移到装配工厂进行统一装配，在装配机工作中可以看出，四种产品先后在装配机上进行装配，几乎没有等待时间，因此 IIG 算法在求解该问题方面是有效的。

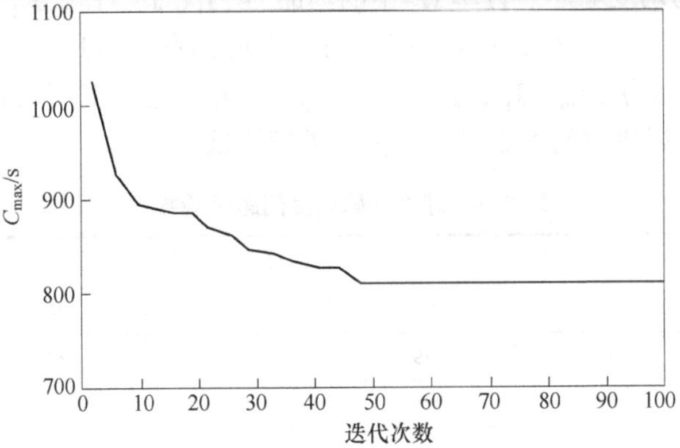

图 7.3 优化目标收敛图

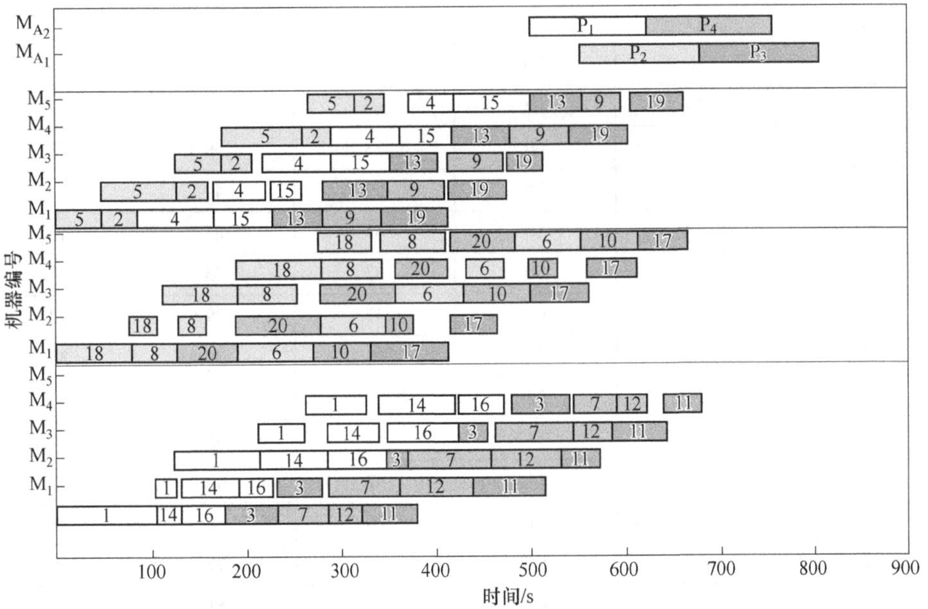

图 7.4 最优解甘特图

7.3 带订单和装配约束的分布式置换流水车间调度问题实例分析

订单管理系统在制药行业的应用，提高了企业的生产效率，订单是根据客户的需求指定不同药品和数量生成的，因此，为了快速交付订单将同一个订单中需要的药品在同一时间段进行分配生产，在工厂内经过一系列的工序加工为成品。如表 7.5 和表 7.6 所示，4 个订单 20 种药品分配给 3 个工厂加工，每种药剂在生产中都有相应的调度顺序。订单 H_1 中的药品为 $\{J_1, J_3, J_{11}, J_{12}, J_{13}\}$，订单 H_2 中药品为 $\{J_2, J_3, J_7, J_{14}, J_{15}\}$，订单 H_3 中的药品为 $\{J_4, J_5, J_8, J_9, J_{10}\}$，订单 H_4 中的药品为 $\{J_{16}, J_{17}, J_{18}, J_{19}, J_{20}\}$，为了达到工厂的最小化最大完工时间，通过 IIG 算法中的策略对工件位置进行测试。

表 7.5　订单分配调度问题试验数据

药品序号	各机器加工时间/s				
	M_1	M_2	M_3	M_4	M_5
J_1	54	79	26	66	58
J_2	83	36	89	58	56
J_3	15	11	49	31	20
J_4	71	99	15	68	85
J_5	77	56	89	78	53
J_6	36	70	45	91	35
J_7	53	99	60	13	53
J_8	38	60	23	59	41
J_9	27	35	57	49	69
J_{10}	87	56	64	85	13
J_{11}	76	30	37	85	86
J_{12}	91	61	47	39	72
J_{13}	14	73	63	39	38
J_{14}	29	75	41	41	49
J_{15}	12	47	63	55	47
J_{16}	77	14	47	40	87
J_{17}	32	21	26	54	58
J_{18}	87	86	75	77	18
J_{19}	68	45	77	51	68
J_{20}	94	77	40	31	28

表 7.6 订单信息

产品号	订单号	产品号	订单号
1	H_1	11	H_1
2	H_2	12	H_1
3	H_2	13	H_1
4	H_3	14	H_2
5	H_3	15	H_2
6	H_1	16	H_4
7	H_2	17	H_4
8	H_3	18	H_4
9	H_3	19	H_4
10	H_3	20	H_4

将上述数据导入到 IIG 并利用该算法进行求解，选择 MATLAB R2016b 作为算法运行软件，设置相关参数 $C=40$、$d=9$、$\beta=2$、$\omega=6$，设置每次试验最大迭代次数为 100，同时设置试验运行次数为 20 次，计算 20 次试验数据的平均 C_{max}，图 7.5 所示为以 C_{max} 为评价指标的收敛曲线图，从图中可以看出 20 次试验运行结果，C_{max} 最优值为 1288 s。其最优解调度甘特图如 7.6 所示，图中每个方块表示某一产品在相应机器的加工操作，相同颜色的方块表示了同属为同一笔订单，最后上方的装配环节由两台装配机器组成，同一订单的所有产品生产完成后由装配机器进行包装。从实例甘特图中可以看到，各种产品生产时间块没有重合，而且获得了最佳调度序列，并求解出了工厂的最小化最大完工时间，因此所提出的改进迭代贪婪算法在求解带订单和装配约束的 DPFSP 方面是有效的。

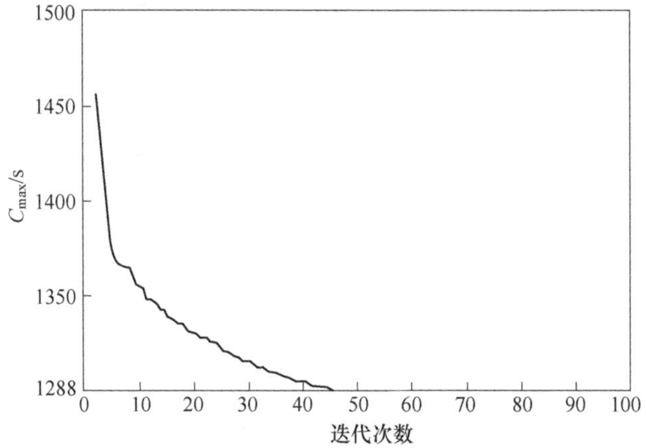

图 7.5 优化目标收敛图

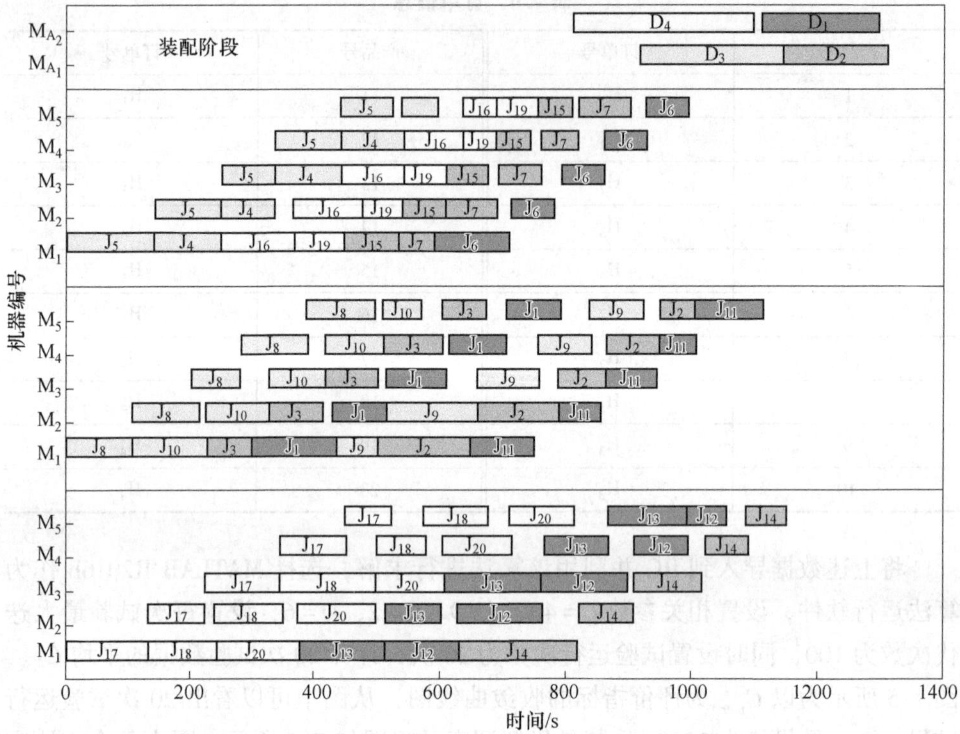

图 7.6 最优解调度甘特图

8 柔性作业车间生产调度与机器 PM 协同优化模型

8.1 问题描述与假设

8.1.1 问题描述

FJSP 可以描述为 m 台机器分配 n 个工件，每个工件的工序不完全相同且都大于等于 1，对每一台选定机器上的所有工序进行排序，以实现调度。维护计划和调度被认为是生产过程中具有挑战性的问题。当机器突然故障时，有必要重新规划受影响的任务。在调度计划中引入维护策略可以降低因机器故障导致工序意外中断的频率，然而频繁的维护会降低机器的性能。因此，在寻找可靠的维修计划时，准确预测维修时间至关重要。

对柔性作业车间预维护与调度的节能优化做出如下约束。

（1）当机器在加工工件的某一道工序没有完成时，不能进行除了此道工序外的其他操作；

（2）一个工序只能由一台机器来完成；

（3）工件只有在上一个工序完成后，才能进行下一个工序；

（4）工件被机器加工后不能中断；

（5）不同工件的工序间没有优先级；

（6）同一工件的加工工序顺序不能改变，不同工件之间的加工工序顺序可以改变；

（7）每个工件的所有工序都是已知的；

（8）当最后一道工序完成后，所有机器才可以停机；

（9）当某两道工序之间存在空闲时间，当待机能耗大于开机能耗，则进行关闭机器，否则保持待机状态；

（10）在机器需要停机更换工件时，在下一个工件开始装夹前进行开关机操作；

（11）机器的历史故障数据已知；

（12）机床故障发生情况服从麦克斯韦分布，采用的维护时间和成本是已知的。

8.1.2 参数符号及含义

模型涉及的参数及其含义如表 8.1 所示。

表 8.1 符号及含义

参数	含义	参数	含义
C_{time}	最大完工时间	pi_k	机器 M_k 的预维护次数
$ZOME$	机器总能耗	b	权重系数
OC	加工成本	POT_{ijk}	P_{ij} 在机器 M_k 上的加工时间
OQ	加工质量	MWE	机器总待机能耗
n	加工工件个数	ST_k	机器 M_k 开机时间
M	加工机器台数	WE_k	机器 M_k 待机时的待机能耗
R_i	工件 i 的工序个数	ao_{ijk}	当 P_{ij} 在机器 M_k 上加工时，$ao_{ijk}=1$，否则 $ao_{ijk}=0$
P_{ij}	工件 i 的第 j 道工序	$ast_{i-i'jk}$	当机器 M_k 更换工件需要停机时，$ast_{i-i'jk}=1$，否则 $ast_{i-i'jk}=0$
F_{ijk}	P_{ij} 在机器 M_k 上的最后完工时间	$P(x)$	在时间 x 发生故障的概率
AS_{ijk}	P_{ij} 在机器 M_k 上的装夹时间	FFT_k	机器 k 的平均故障时间
DU_{ijk}	P_{ij} 在机器 M_k 上的卸夹时间	$\alpha_{k,o}$	麦克斯韦分布参数
SME	机器总开机能耗	o	观测机器故障的组数
sme_k	机器 M_k 的平均开机能耗	$x_{k,o,uko}$	机器 M_k 在时间段 $[(o-1)T,\ oT]$ 内，第 uko 次无故障时间
MCB_k	机器 M_k 加工成本	U_{ko}	机器 M_k 在时间段 $[(o-1)T,\ oT]$ 内，故障的次数
q_{ijk}	P_{ij} 在机器 M_k 上加工的不合格率	$R(t)$	t 时刻以后的可靠度
NCB_i	工件 i 的材料成本	PMC	机器的预维护成本
ME	机器加工能耗	pmc_k	机器 M_k 的单次预维护成本
OE_k	机器 M_k 加工时的平均能耗	G	适应度

8.2 调度优化模型构建

建立多目标优化调度函数，工件最大完工时间的公式如式（8.1）所示

$$C_{time}=\max F_{ijk}=\max(S^k+AS_{ij'k}+POT_{ij'k}+DU_{ij'k}) \tag{8.1}$$

式中，C_{time} 为工件最大完工时间；S^k 为机器 M_k 最后一次执行加工任务的开始时

刻；$AS_{ij'k}$ 为工件 i 的最后一道工序在机器 M_k 上的装夹时间；$POT_{ij'k}$ 为工件 i 的最后一道工序在机器 M_k 上的加工时间；$DU_{ij'k}$ 为工件 i 的最后一道工序在机器 M_k 上的卸夹时间；$i=1, 2, \cdots, n$；$k=1, 2, \cdots, m$。

加工成本的公式如式（8.2）所示

$$OC = \sum_{i=1}^{n}\sum_{j=1}^{R_i} ao_{ijk} \times [(AS_{ijk} + POT_{ijk} + DU_{ijk}) \times MCB_k] + \sum_{i=1}^{n} NCB_i \quad (8.2)$$

式中，OC 为加工成本；NCB_i 为工件 i 的材料成本，$i=1, 2, \cdots, n$；MCB_k 为机器 M_k 的加工成本；ao_{ijk} 为当工件 i 的第 j 道工序在机器 M_k 上加工时，$ao_{ijk}=1$，否则 $ao_{ijk}=0$；AS_{ijk} 为工件 i 的第 j 道工序在机器 M_k 上的装夹时间，POT_{ijk} 为工件 i 的第 j 道工序在机器 M_k 上的加工时间；DU_{ijk} 为工件 i 的第 j 道工序在机器 M_k 上的卸夹时间；n 为工件数量；R_i 为工件 i 的工序数量；$i=1, 2, \cdots, n$；$k=1, 2, \cdots, m$；$j=1, 2, \cdots, R_i$。

一台机器的性能由该机器加工工件的不合格率反映，不合格率越高，其加工质量越不稳定。故不合格产品发生的费用关于加工质量的公式如式（8.3）所示

$$OQ\sum_{j=1}^{R_i}\sum_{i=1}^{n} ao_{ijk} \times \left[\sum_{j=1}^{R_i}(AS_{ijk} + POT_{ijk} + DU_{ijk}) \times MCB_k + NCB_i\right] \times q_{ijk} \quad (8.3)$$

式中，OQ 为加工质量（即机器加工出不合格品造成的费用）；q_{ijk} 为工件 i 的第 j 道工序在机器 M_k 上加工的不合格率；$i=1, 2, \cdots, n$；$k=1, 2, \cdots, m$；$j=1, 2, \cdots, R_i$。

机器加工能耗的公式如式（8.4）所示

$$ME\sum_{i=1}^{n}\sum_{j=1}^{R_i}\sum_{k=1}^{m}(OE_k \times POT_k \times ao_{ijk}) \quad (8.4)$$

式中，ME 为加工能耗；OE_k 为机器 M_k 的平均加工能耗；$k=1, 2, \cdots, m$。

机器总待机能耗的公式如式（8.5）所示

$$MWE = \sum_{k=1}^{m} WE_k \quad (8.5)$$

式中，MWE 为机器总待机能耗；WE_k 为机器 M_k 的待机能耗；$k=1, 2, \cdots, m$。

机器开机能耗的公式如式（8.6）所示

$$SME = \sum_{k=1}^{m}\sum_{i=1}^{n}\sum_{j=1}^{R_i}(ST_k \times ast_{i-i'jk} \times sme_k) + \sum_{k=1}^{m}(ST_k \times sme_k) \quad (8.6)$$

式中，SME 为机器开机总能耗；sme_k 为机器 M_k 的开机平均能耗；ST_k 为机器 M_k 的开机时间；$ast_{i-i'jk}$ 为机器 M_k 上加工工件由工件 i 变成工件 i' 时需要停机换件，则 $ast_{i-i'jk}=1$，否则 $ast_{i-i'jk}=0$；$i=1, 2, \cdots, n$；$k=1, 2, \cdots, m$；$j=1, 2, \cdots, R_i$；$i'=1, 2, \cdots, n$；$i \neq i'$。

机器总能耗等于机器加工总能耗、机器待机总能耗、机器开机总能耗的和，

其对应的公式如式（8.7）所示。

$$ZOME = SME + ME + MWE \tag{8.7}$$

式中，$ZOME$ 为机器总能耗。

8.3　PM 模型构建

机器 M_k 在 L 个连续的时间段 $[0, T]$，$[T, 2T]$，…，$[(L-1)T, LT]$ 关于检测到的故障次数或无故障时间的信息是已知的。为下一个调度周期 $[LT, (L+1)T]$ 建立生产系统行为的预测。假设无故障时间 $x_{k,o,1}$，…，$x_{k,o,uko}$ 在时间段 $[(o-1)T, oT](o=1, 2, \cdots, L, L+1)$ 内。具有参数 $\alpha_{k,o}$ 的麦克斯韦分布定义如式（8.8）所示。

$$f(x) = 4\pi\left(\frac{M}{2\pi KT}\right)^{3/2} \exp^{-\frac{Mx^2}{2KT}} x_{k,o,uko}^2 = \frac{4}{\sqrt{\pi}\alpha_{k,o}^{3/2}} x_{k,o,uko}^2 \exp^{-x_{k,o,uko}^2/\alpha_{k,o}}, \quad x > 0 \tag{8.8}$$

式中，$f(x)$ 为概率密度函数；M 为分子质量；K 为玻耳兹曼常量；T 为气体热力学温度；$a_{k,o}$ 为机器 M_k 在时间段 $[(o-1)T, oT]$ 内的故障频率麦克斯韦分布参数；$x_{k,o,uko}$ 为机器 M_k 在时间段 $[(o-1)T, oT]$ 内第 uko 次无故障时间；$uko = 1, 2, \cdots, U_{ko}$；$k = 1, 2, \cdots, m$；$o = 1, 2, \cdots, L, L+1$。

假设机器 M_k 在每个时间段 $[0, T]$，$[T, 2T]$，…，$[(L-1)T, LT]$ 内，无故障时间 $x_{k,o,1}$，…，$x_{k,o,uko}$ 可以被观测。观测结果如下：$(x_{k,1,1}, x_{k,1,2}, \cdots, x_{k,1,uk1})$，$(x_{k,2,1}, x_{k,2,2}, \cdots, x_{k,2,uk2})$，…，$(x_{k,L,1}, x_{k,L,2}, \cdots, x_{k,L,ukL})$。首先考虑机器 k 区间 $[0, T]$ 的 $x_{k,1,1}$，$x_{k,1,2}$，…，$x_{k,1,uk1}$ 是独立且分布相同的随机变量，可以应用最大似然原理来估计机器故障频率麦克斯韦分布的未知参数 $a_{k,1}$。极大似然函数可以定义如式（8.9）所示。

$$L(a_{k,1}) = L(x_1, x_2, \cdots, x_{uk1}; a_{k,1}) = \prod_{uk1=1}^{U_{k1}} f(x_{k,1,uk1}; a_{k,1}) = \prod_{uk1=1}^{U_{k1}} \frac{4}{\sqrt{\pi} a_{k,1}^{3/2}} x_{k,1,uk1}^2 \exp^{-x_{k,1,uk1}^2/a_{k,1}} \tag{8.9}$$

式中，$L(a_{k,1})$ 为机器 M_k 故障频率麦克斯韦分布参数 $a_{k,1}$ 的极大似然函数；$x_{k,1,uk1}$ 为机器 M_k 在区间 $[0, T]$ 内，第 $uk1$ 次无故障时间；U_{k1} 为机器 M_k 在时间段 $[0, T]$ 内故障的次数；$k = 1, 2, \cdots, m$；$uk1 = 1, 2, \cdots, U_{k1}$。

取式（8.9）的对数，对变量 $\alpha_{k,1}$ 进行微分，可以得到以下似然方程：

$$\frac{\mathrm{d}\ln L}{\mathrm{d}a_{k,1}} = \frac{\mathrm{d}}{\mathrm{d}a_{k,1}}\left\{U_{k1} \times \ln\frac{4}{\sqrt{\pi}} - \frac{3U_{k1}}{2}\ln a_{k,1} + 2\sum_{uk1=1}^{U_{k1}} \ln x_{k,1,uk1} - \frac{1}{a_{k,1}}\sum_{uk1=1}^{U_{k1}} \ln x_{k,1,uk1}\right\} = 0 \tag{8.10}$$

进行转换：

$$-\frac{3U_{k1}}{2\alpha_{k,1}}+\frac{1}{a_{k,1}^{2}}\sum_{uk1=1}^{U_{k1}}x_{k,1,uk1}^{2}=0 \tag{8.11}$$

因此 $\alpha_{k,1}$ 的极大似然值 $\hat{a}_{k,1}$ 为：

$$\hat{a}_{k,1}=\frac{2}{3U_{k,1}}\sum_{uk1=1}^{U_{k,1}}x_{k,1,uk1}^{2} \tag{8.12}$$

根据式（8.12）计算得到连续的极大似然值 $\hat{a}_{o}$，$o=1$，2，…，L，对于没有观测到的时间段［LT，$(L+1)T$］，可以使用线性回归方法进行推算。$\hat{a}_1$ 对应 $z_1=1$，$y_1=\hat{a}_1$；$\hat{a}_2$ 对应 $z_2=2$，$y_2=\hat{a}_2$；以此类推 $\hat{a}_o$。先求出 z，y 的平均值，代入式（8.13）求解出 b；后把 z，y 的平均值和 b 代入式（8.14）求解出 c；把求解出的 b 和 c 代入式（8.15），设 $z=L+1$ 计算得到 y 的值，即得到周期［LT，$(L+1)T$］的极大似然值 $\hat{a}_{L+1}$。

$$b=\frac{\sum_{o=1}^{L}(z_o-\bar{z})(y_o-\bar{y})}{\sum_{o=1}^{L}(z_o-\bar{z})^2}=\frac{\sum_{o=1}^{L}z_o\times y_o-i\times\bar{z}\times\bar{y}}{\sum_{o=1}^{L}z_o^2-i\times\bar{z}^2} \tag{8.13}$$

$$c=\bar{y}-b\times\bar{z} \tag{8.14}$$

$$y=b\times z+c \tag{8.15}$$

$$S^2=\frac{1}{L}\sum_{L=1}^{L}(y_L-\bar{y})^2 \tag{8.16}$$

$$\hat{a}_{L+1}=b\times(L+1)+c \tag{8.17}$$

式中，b 为回归系数；c 为回归常数；z 为回归方程自变量；$\bar{z}$ 为回归方程自变量的期望值；y 为回归方程因变量；$\bar{y}$ 为 y 的期望值；o 为观察故障时间的组数；S^2 为回归方程的方差，如式（8.16）所示；$\hat{a}_{L+1}$ 为［LT，$(L+1)T$］时间段内机器故障频率麦克斯韦分布参数的极大似然值，如式（8.17）所示。

在时间段［LT，$(L+1)T$］内，在时刻机器 M_k 从 t 时刻开始发生故障的概率如式（8.18）所示。

$$R(t)=P\{X_{k,L+1,1}>t>0\}=\frac{4}{\sqrt{\pi}\hat{a}_{k,L+1}^{3/2}}\int_{t}^{\infty}x_{k,L+1}^{2}\exp^{-x_{k,L+1}^{2}/\hat{a}_{k,L+1}}\mathrm{d}x \tag{8.18}$$

式中，$R(t)$ 为 t 时刻以后的可靠度；$P\{X_{k,L+1,1}>t\}$ 为机器 M_k 在时间段［LT，$(L+1)T$］内，第一次发生故障时间大于 t 时刻的概率；$x_{k,L+1}$ 为机器 M_k 在时间段［LT，$(L+1)T$］内，无故障时间；$k=1$，2，…，m。

机器 k 的故障平均时间如式（8.19）所示。

$$FBT_k=\frac{4}{\sqrt{\pi}\hat{a}_{k,L+1}^{3/2}}\int_{0}^{\infty}\mathrm{d}t\int_{t}^{\infty}x_{k,L+1}^{2}\exp^{-x_{k,L+1}^{2}/\hat{a}_{k,L+1}}\mathrm{d}x \tag{8.19}$$

式中，FBT_k 为机器 M_k 在时间段 $[LT, (L+1)T]$ 内的故障平均时间，$k=1, 2, \cdots, m$。

在区间 $[q, w]$ 中 $\in [LT, (L+1)T]$ 至少发生一次故障的概率如式（8.20）所示。

$$P\{q \leqslant X_{k,L+1,1} \leqslant w\} = \frac{4}{\sqrt{\pi}\,\hat{a}_{k,L+1}^{3/2}} \int_q^w x_{k,L+1}^2 \exp^{-x_{k,L+1}^2/\hat{a}_{k,L+1}} \mathrm{d}x \tag{8.20}$$

机器故障概率周期为 $[q, w]$，其中 q 是机器发生故障时刻，在假设由麦克斯韦分布和参数描述的机器故障时刻概率值大于等于 40%；w 是机器发生故障时刻，在假设由麦克斯韦分布和参数描述的机器故障时刻概率值小于等于 70%，对应公式如式（8.21）、式（8.22）所示。

$$\begin{aligned} F(0.4) &= \frac{4}{\sqrt{\pi}\,a_{k,L+1}^{3/2}} \int_0^q x_{k,L+1}^2 \times e^{-x_{k,L+1}^2/a_{k,L+1}} \mathrm{d}x \\ &= \frac{2 + (2 \times q \times \mathrm{e}^{q^2/2}/\sqrt{\pi}) - \sqrt{2} \times \left(2 \times \dfrac{1}{1 + \mathrm{e}^{-1.702 \times q}}\right)}{\hat{a}_{k,L+1}^{3/2}} \end{aligned} \tag{8.21}$$

$$F(0.7) = \frac{2 + (2 \times w \times \mathrm{e}^{w^2/2}/\sqrt{\pi}) - \sqrt{2} \times \left(2 \times \dfrac{1}{1 + \mathrm{e}^{-1.702 \times w}}\right)}{\hat{a}_{k,\ L+1}^{3/2}} \tag{8.22}$$

式中，q 为机器发生故障时刻的概率值，$q=0.4$；w 为机器发生故障时刻的概率，$w=0.7$；F 为机器故障时刻概率值，$F(0.4)=0.4$，$F(0.7)=0.7$。

机器的预维护成本如式（8.23）所示。

$$PMC = \sum_{k=1}^{m} (pmc_k \times pi_k) \tag{8.23}$$

式中，PMC 为机器的预维护成本；pi_k 为机器 M_k 的预维护次数；pmc_k 为机器 M_k 的单次预维护成本；$k=1, 2, \cdots, m$。

8.4　协同优化策略

机器发生故障后才进行修护操作，会导致正在加工工件的质量降低，后续加工任务无法按照原定生产计划进行加工，使加工任务完成时间延长，推迟交货时间，给企业带来损失。在调度计划中引入维护策略可以降低因机器故障导致工序意外中断的概率，但安排过多的维护会导致在加工过程中瓶颈资源冲突，延长生产时间。由上述分析可知，缺少或不合理 PM 计划都会降低生产效率，合理地优化安排车间预维护计划和调度方案，则可以提高车间加工效率。

故本章整体优化目标表达式如式（8.24）所示。

$$\min G = b_1 \times ZOME + b_2 \times OQ + b_3 \times OC + b_4 \times C_{\text{time}} + b_5 \times PMC \quad (8.24)$$

式中，G 为目标值即适应度；b 为权重系数。

8.4.1 机器 PM 策略

在 FJS 生产过程中，机器进行 PM 会使工件被加工的时间延后，之前没有考虑机器故障而制订的生产计划难以进行，导致生产计划和机器 PM 计划相互冲突。生产计划和机器 PM 计划进行协同优化的基础是如何平衡两者之间的关系。制订 PM 计划是协同优化的关键，因此本章将基于时间的三种情况进行 PM。

（1）定周期 PM：根据机器平均故障时间 FBT_k，在 FBT_k 时刻对机器进行 PM。

（2）左移 PM：根据机器平均故障时间 FBT_k，如果机器在 FBT_k 时刻是处于加工状态，则将 PM 计划提前到装夹该工件前对机器进行维护操作。

（3）弹性时间窗 PM：根据机器故障概率周期 $[q, w]$，在 $[q, w]$ 区间内确定机器的 PM 时刻，定义如下。

1）预维护策略 1（PMS1）：如果 w 时刻是机器空闲时间段，q 时刻是机器加工时间段，则在 w 时刻前、机器加工工件的卸夹时间结束时，对机器进行 PM 操作。

2）预维护策略 2（PMS2）：如果 w 时刻是机器加工时间段，则在装夹该工件前对机器进行 PM 操作。

3）预维护策略 3（PMS3）：如果机器在 $[q, w]$ 区间内是关机状态，则在距离 q 时刻最近的一道工序卸夹结束后，对机器进行 PM 操作。

8.4.2 柔性作业车间调度与 PM 协同优化策略

合理安排车间 PM 计划和调度方案，有助于企业实现对车间的机器全生命周期进行有效管理，保证生产线机器发生较低的故障率，降低机器维护期间对生产的不利影响，实现以较低的成本生产出产品，提高加工效率。

柔性作业车间调度与 PM 协同优化策略定义如下：

（1）柔性作业车间调度与 PM 协同优化策略 1，即固定周期维护（COS1）：基于一个没有预维护操作的初始调度方案，根据式（8.19）确定机器进行 PM 操作的时刻，每完成一次 PM 操作后，将剩余的未加工工件的工序重新进行排序，更新调度方案，生成新的包括工件加工顺序和预维护的甘特图。

（2）柔性作业车间调度与 PM 协同优化策略 2，即预维护计划左移（COS2）：基于一个没有预维护操作的初始调度方案，根据式（8.19）确定机器进行 PM 操作的时刻，如果机器平均故障时间在初始调度方案内有工件在加工，则维护时间提前到该工件还没有加工前，更新调度方案，生成新的包括工件加工顺序和预维护的甘特图。

(3) 柔性作业车间调度与 PM 协同优化策略 3（COS3）：基于一个没有预维护操作的初始调度方案，根据式（8.21）、式（8.22）确定机器故障概率周期 $[q, w]$，进行预维护策略 MPS1、MPS2 或 MPS3 确定机器预维护时间，每完成一次 PM 操作后，将剩余的未加工工件的工序重新进行排序，更新调度方案，生成新的包括工件加工顺序和预维护的甘特图。

柔性作业车间调度与 PM 协同优化步骤如图 8.1 所示，其具体协同优化步骤如下。

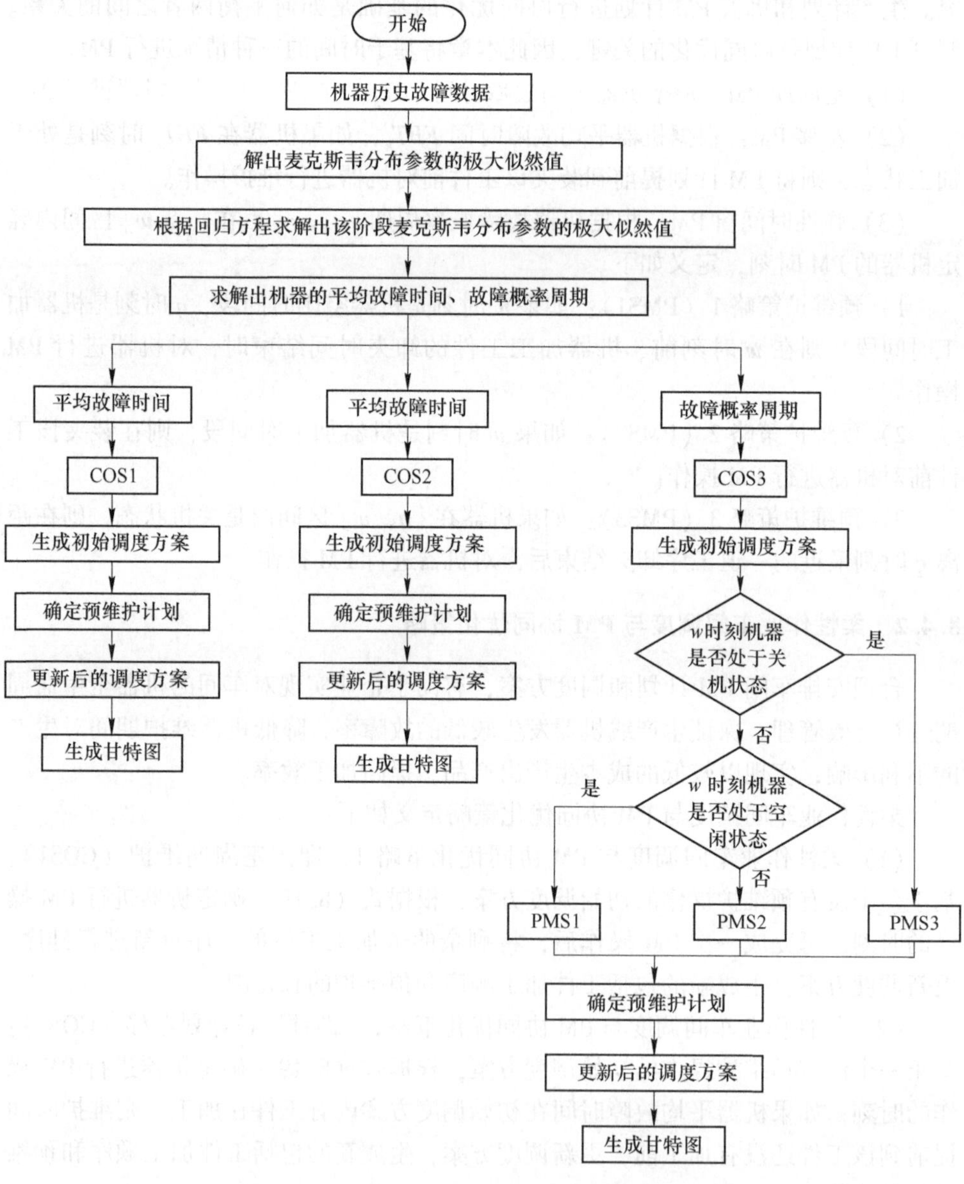

图 8.1　柔性作业车间调度与预维护协同优化步骤

Step1：根据观测到的机器历史故障时间，采用式（8.12）求解出历史阶段机器故障频率麦克斯韦分布参数的极大似然值；

Step2：对于现阶段机器故障频率麦克斯韦分布参数的极大似然值，采用式（8.13）~式（8.17）求解；

Step3：根据式（8.19）、式（8.21）和式（8.22），求解出现阶段的 FFT_k、$[q, w]$；

Step4：采用 ISOA 算法求解调度模型生成初始调度方案；

Step5：根据求解出的 FFT_k、$[q, w]$，执行柔性作业车间调度与预维护协同优化策略 1、2、3；

Step6：采用改进的 SOA 算法生成对应的调度方案和包括工件加工顺序和预维护的甘特图。

9 改进的 SOA 算法设计与仿真分析

9.1 海鸥优化算法

海鸥优化算法是一种新的仿生元启发式算法，用于优化约束问题。在自然界中，海鸥的迁徙和攻击行为是其生存之道，海鸥的迁徙行为被定义为从某一处地方迁徙到另一个食物更富饶的地方，并在迁徙过程中，可以在进攻时做出自然的螺旋形运动，这些行为的概念模型如图 9.1 所示。

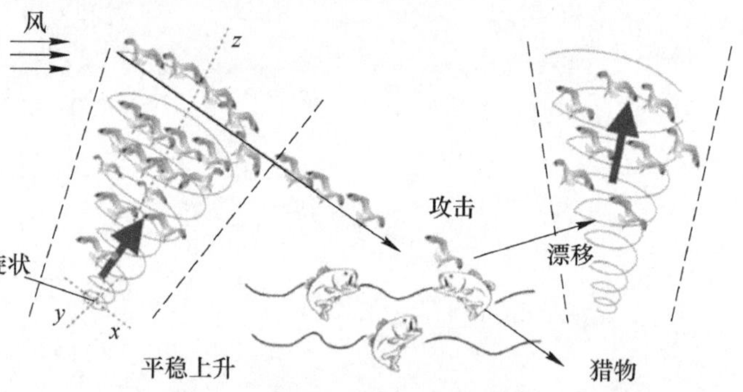

图 9.1　海鸥的迁徙和攻击行为

9.1.1　迁移（探索）

在迁徙行为中，海鸥优化算法是模拟一群海鸥从一个坐标移动到另外的坐标。在迁徙过程中，海鸥需要满足以下几个条件。

（1）避免海鸥之间的碰撞，如图 9.2 所示，具体公式如式（9.1）、式（9.2）所示。

$$C_s = A \times CAP_s(x) \tag{9.1}$$

$$A = f_c - [x \times (f_c \div Mit)] \tag{9.2}$$

式中，C_s 为不与相邻海鸥碰撞的位置；$CAP_s(x)$ 为代理搜索（其他海鸥）当前位置；f_c 为被引入来控制参数 A 的频率，$f_c = 2$；A 为参数，A 根据当前迭代次数从 2 线性减少到 0；x 为当前已经迭代的次数；Mit 为最大迭代次数。

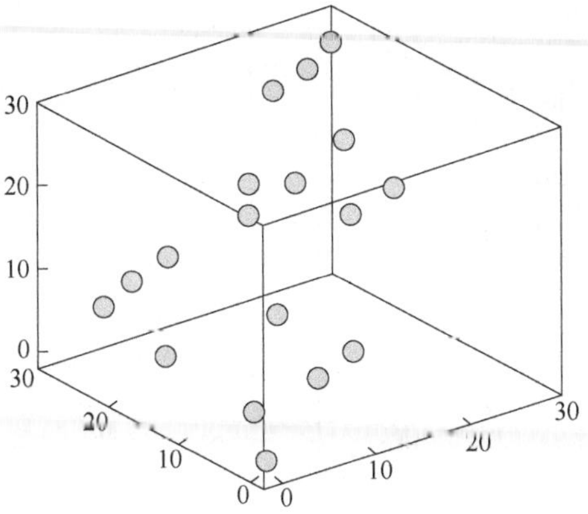

图 9.2 海鸥之间的避免碰撞

(2) 在避免碰撞后，海鸥向最优海鸥位置移动，如图 9.3 所示，具体公式如式 (9.3)、式 (9.4) 所示。

$$M_s = B \times [AP_{bs}(x) - CAP_s(x)] \tag{9.3}$$

$$B = 2 \times A^2 \times rand \tag{9.4}$$

式中，M_s 为代理搜索与当前最优代理搜索（即适应度最小的海鸥位置）的相对位置；$AP_{bs}(x)$ 为最优代理搜索的位置；B 表示随机参数。

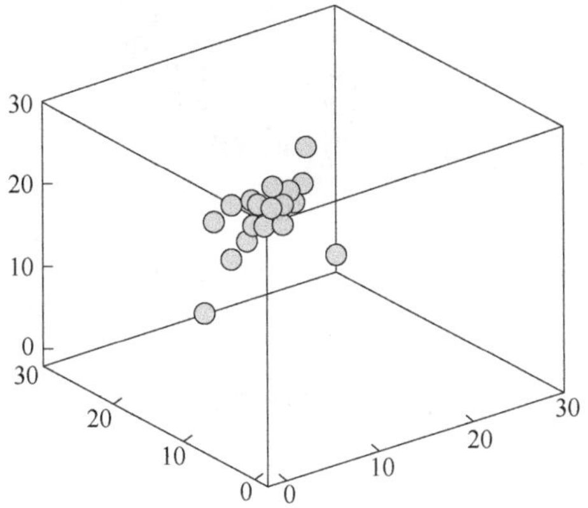

图 9.3 海鸥向最佳海鸥位置移动

(3) 同时更新其相对于最优海鸥位置，如图 9.4 所示，相关公式如式 (9.5) 所示。

$$D_s = |C_s + M_s| \tag{9.5}$$

式中，D_s 为代理搜索与最优代理搜索之间的距离。

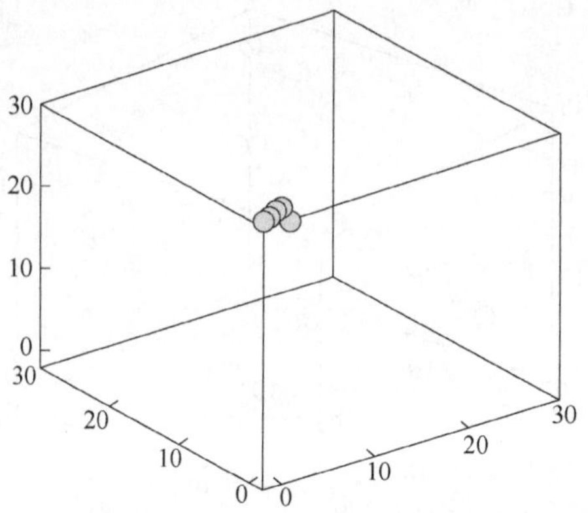

图 9.4　收敛到最好的海鸥位置

9.1.2　攻击（开发）

海鸥在 x、y 和 z 三维空间中做出螺旋形运动进行位置更新，如图 9.5 所示，其公式如式（9.6）~式（9.9）所示。

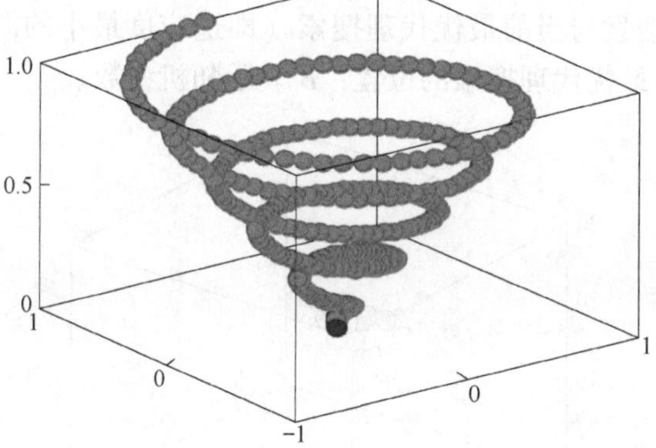

图 9.5　海鸥的自然攻击行为

$$x' = r \times \cos(\theta) \tag{9.6}$$

$$y' = r \times \sin(\theta) \tag{9.7}$$

$$z' = r \times \theta \tag{9.8}$$

$$r = u \times e^{h \times \theta} \tag{9.9}$$

式中，r 为海鸥攻击时每圈螺旋线的半径；θ 为 0~2π 之间的随机数；u 和 h 为定义螺旋形状的常数。

海鸥攻击猎物后，新海鸥位置公式如式（9.10）所示。

$$CAP(x) = (D_s \times x' \times y' \times z') + AP_{bs}(x) \tag{9.10}$$

9.1.3 SOA 算法的步骤

SOA 算法具体步骤如下。

Step1：输入参数；

Step2：随机初始化种群；

Step3：计算种群内各只海鸥的适应度；

Step4：根据式（9.10）更新海鸥位置，迭代次数加 1；

Step5：如果 $x > Mit$，则跳转至 Step6，否则跳转至 Step3；

Step6：输出最优结果。

9.2 改进 SOA 算法设计

9.2.1 Circle 混沌映射初始化种群

在算法迭代前，随机生成初始化位置，由于不能获得最优解的位置，会导致可行解范围增大和收敛速度变慢等问题，影响算法的搜索性能。学者张达敏等利用 Circle 混沌映射生成初始种群，有效地加快算法的收敛速度和提高初始个体的多样性。因此，本章引用 Circle 混沌映射初始化海鸥种群坐标信息，Circle 混沌映射的公式如式（9.11）所示。

$$C_{i+1} = \mathrm{mod}[C_i + 0.2 - (0.5/2\pi) \times \sin(2\pi \times C_i),\ 1] \tag{9.11}$$

式中，C_i 为经过 Circle 混沌映射后的值，C_1 为 [0, 1] 之间的随机数。

经过 Circle 混沌映射海鸥种群初始化位置的公式如式（9.12）所示。

$$X_i = (ub - lb) \times C_i + lb \tag{9.12}$$

式中，X_i 为海鸥种群坐标信息；ub 为全局解取值范围的最大值；lb 为全局解取值范围的最小值。假设 $ub=1$，$lb=0$，种群规模等于 100，对比随机初始化种群空间分布如图 9.6 所示，Circle 混沌映射初始化种群空间分布如图 9.7 所示。

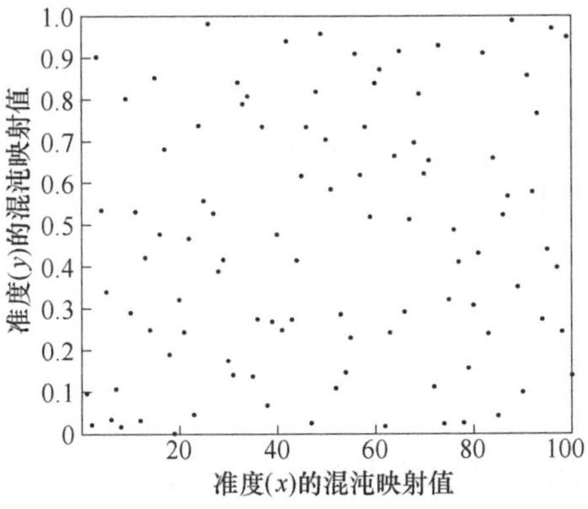

图 9.6 随机种群分布图

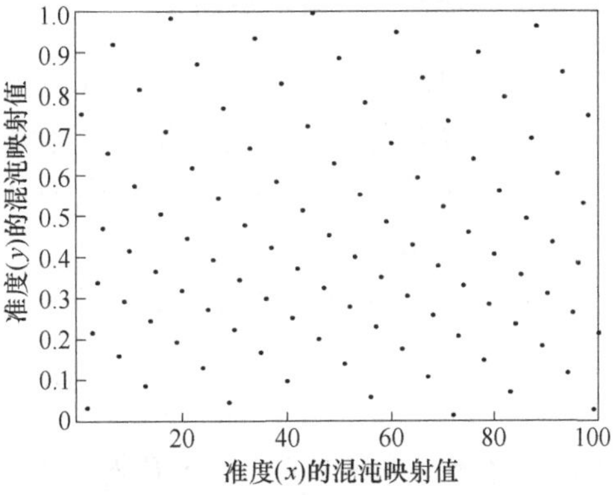

图 9.7 Circle 映射种群分布图

比较图 9.6 和图 9.7 可知，Circle 映射初始化种群分布可以使海鸥位置更加均匀，对解空间的覆盖率更广泛，提高初始个体的多样性。

9.2.2　迁移

在迁徙过程中，海鸥优化算法模拟一群海鸥怎样从一个坐标移动到另外的坐标。其公式如式（9.13）所示。

$$D_s = \{f_c - [x \times (f_c \div M)]\} \times CAP_s(x) + 2 \times \{f_c - [x \times (f_c \div M)]\}^2 \times rd \times [AP_{bs}(x) - CAP_s(x)],\ x = 0,\ 1,\ 2,\ \cdots,\ M \tag{9.13}$$

式中，D_s 为代理搜索与最优代理搜索（适合度值较小的最佳海鸥坐标）之间的距离；$CAP_s(x)$ 为代理搜索当前坐标；x 为当前已经迭代的次数；$AP_{bs}(x)$ 为最优的搜索代理坐标；f_c 为被引入来控制 D_s 的频率，f_c 设定为 2；rd 为 0~1 之间的随机数；M 为最大迭代次数。

9.2.3　攻击

海鸥在 x、y 和 z 三维空间中做出螺旋形运动进行位置更新，其公式如式（9.14）~式（9.17）所示。

$$x' = r \times \cos(\theta) \tag{9.14}$$

$$y' = r \times \sin(\theta) \tag{9.15}$$

$$z' = r \times \theta \tag{9.16}$$

$$r = u \times e^{h \times \theta} \tag{9.17}$$

式中，r 为海鸥攻击时每圈螺旋线的半径；θ 为 0~2π 之间的随机数；u 为调控螺旋形状运动的初始规模参数；h 为调控螺旋形状的动态变化参数。

海鸥攻击猎物后，新代理搜索坐标公式如式（9.18）所示。

$$CAP(x) = (D_s \times x' \times y' \times z') + AP_{bs}(x) \tag{9.18}$$

9.2.4　Lévy 飞行策略更新位置

Lévy 飞行是一种随机游走方式，已被学者们广泛应用于改进多种元启发式算法，使算法性能得到一定的提升。本章采用 Lévy 飞行代替螺旋运动，扩大搜索范围，增强算法位置多样性，增强 SOA 算法跳出局部最优能力。Lévy 随机路径如图 9.8 所示。

$Levi(\beta)$ 为海鸥通过 Lévy 飞行产生的相对距离。

$$Levi(\beta) = \frac{g}{|v|^{-\beta}} \tag{9.19}$$

式中，g 和 v 服从正态分布；β 为［0，2］的随机数；Γ 为 Gamma 函数。

$$g \sim N(0,\ \sigma_g^2),\ v \sim N(0,\ 1) \tag{9.20}$$

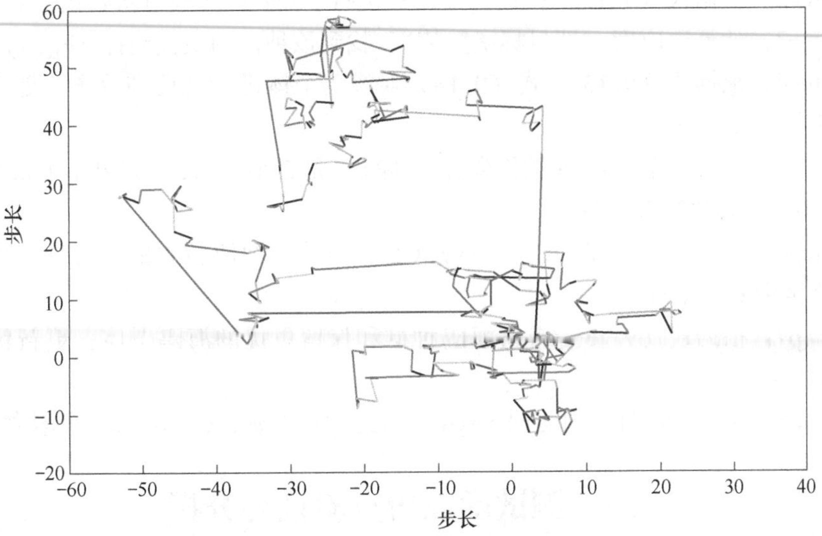

图 9.8　Lévy 随机路径

$$\sigma_g = \left[\frac{\Gamma(1+\beta) \times \sin\left(\frac{\pi \times \beta}{2}\right)}{\Gamma\left(\frac{1+\beta}{2}\right) \times \beta \times 2^{\frac{\beta-1}{2}}} \right]^{\frac{1}{\beta}} \tag{9.21}$$

通过 Lévy 飞行策略更新代理搜索坐标公式如下：

$$CAP(x) = [D_s \times Levi(\beta)] + AP_{bs}(x) \tag{9.22}$$

9.2.5　贪婪选择策略

采用贪婪选择策略中的"适者生存"概念，通过两个随机数体现，具体如式（9.23）所示。通过该策略，可以使下一次迭代中海鸥位置更优，种群更丰富，具有很好的随机性，保留更优位置的海鸥，增强 SOA 的探索能力：

$$CAP(x) = \begin{cases} CAP(x'),\ f[CAP(x)] > f[CAP(x')],\ p_1 < p_2 \\ CAP(x),\ \text{其他} \end{cases} \tag{9.23}$$

式中，$f[CAP(x')]$ 为上一次迭代的海鸥的适应度；$f[CAP(x)]$ 为当前迭代的海鸥的适应度；$CAP(x)$ 为当前迭代的海鸥的位置；$CAP(x')$ 为上一次迭代的海鸥的位置；p_1、p_2 为［0，1］之间的随机数。

9.2.6　改进 SOA 算法流程

ISOA 具体实现步骤如下。

Step1：输入参数；

Step2：根据式（9.11）和式（9.12）进行 Circle 混沌映射初始化种群；

Step3：计算适应度（即目标函数值），找到该种群的最优坐标 $AP_{bs}(x)$；

Step4：根据式（9.13）~式（9.18）对海鸥个体进行迁徙和攻击，更新代理搜索坐标 $CAP_s(x)$；

Step5：生成一个 0~1 的随机数 r_1，判断 r_1 是否小于 0.5，如果小于 0.5 则执行 Step6，否则执行 Step7；

Step6：根据式（9.22）通过 Lévy 飞行策略增加海鸥位置的多样性，更新代理搜索坐标 $CAP_s(x)$；

Step7：根据式（9.23）丰富海鸥种群和保留更优的海鸥个体，更新代理搜索坐标 $CAP_s(x)$；

Step8：当 $x<Mit$ 时，则返回 Step4 进行迭代；否则，输出结果，算法结束。

9.3　测试函数仿真验证与分析

9.3.1　基准测试函数介绍

为了检验改进海鸥优化算法的性能，分析改进算法的求解精度、稳定性和寻优能力，引入文献［28］中的 18 个经典基准测试函数来验证改进海鸥优化算法的有效性，其函数编号、函数名、定义域、维度、理论最优值如表 9.1 所示，其中 F_1~F_6 是单峰测试函数，用于验证算法的收敛速度和收敛精度；F_7~F_{11} 是复杂多峰测试函数，用于验证算法的全局探索能力、跳出局部最优能力；F_{12}~F_{18} 是固定维度多峰测试函数，用于考察算法的综合搜索能力。为了更直观判断准测试函数的功能以及最优值，所有测试函数的搜索空间如图 9.9~图 9.26 所示。

表 9.1　测试函数介绍

函数	函数名	定义域	维度	理论最优值
F_1	Sphere	[-100, 100]	30	0
F_2	Schwefel'problem 2.22	[-10, 10]	30	0
F_3	Schwefel'problem 2.21	[-100, 100]	30	0
F_4	Generalized Rosenbrock's Function	[-30, 30]	30	0
F_5	Step Function	[-100, 100]	30	0
F_6	Quartic Function	[-1.28, 1.28]	30	0
F_7	Generalized Rastrigin's Function	[-5.12, 5.12]	30	0
F_8	Ackley's Function	[-32, 32]	30	0
F_9	Generalized Griewank Function	[-600, 600]	30	0

续表 9.1

函数	函数名	定义域	维度	理论最优值
F_{10}	Generalized Penalized Function 1	[-50, 50]	30	0
F_{11}	Generalized Penalized Function 2	[-50, 50]	30	0
F_{12}	Shekel's Foxholes Function	[-65.536, 65.536]	2	0.998
F_{13}	Kowalik's Function	[-5, 5]	4	0.0003075
F_{14}	Six-Hump Camel-Back Function	[-5, 5]	2	-1.0316285
F_{15}	Branin Function	[-5, 5]	2	0.398
F_{16}	Goldstein—Price Function	[-2, 2]	2	3
F_{17}	Hatman's Function 1	[0, 1]	3	-3.86
F_{18}	Hatman's Function 2	[0, 1]	6	-3.32

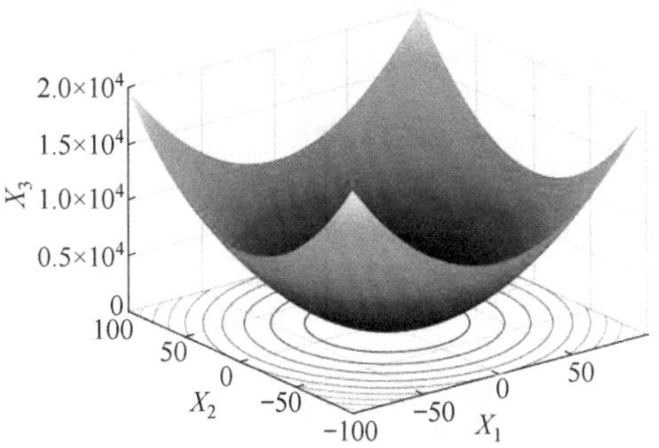

图 9.9 F_1 搜索空间

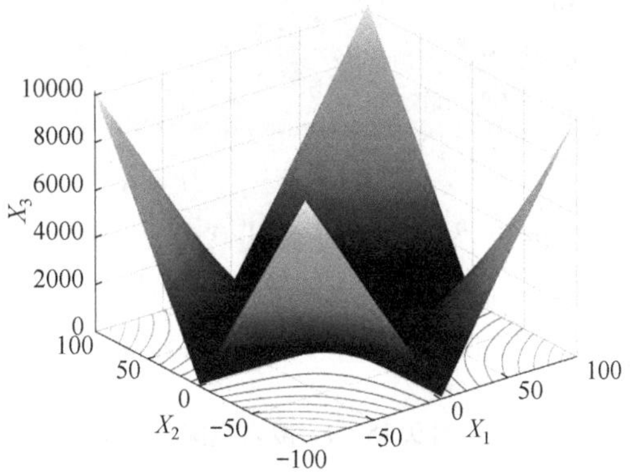

图 9.10 F_2 搜索空间

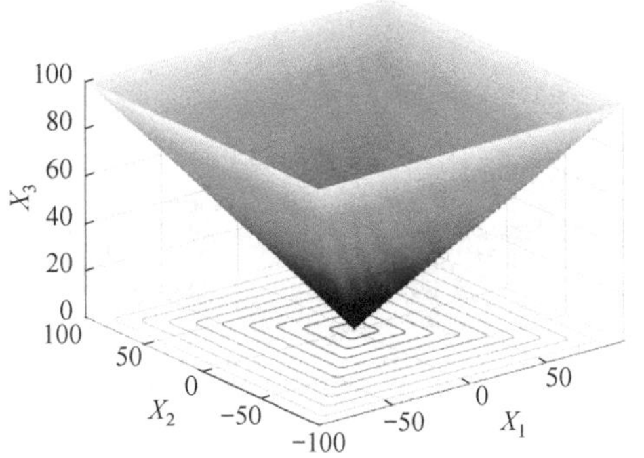

图 9.11 F_3 搜索空间

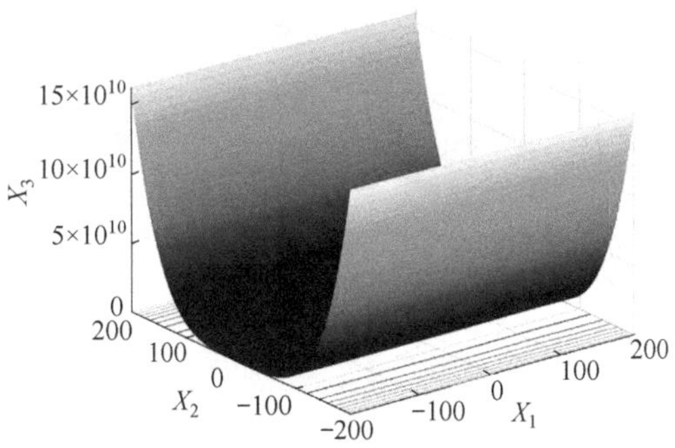

图 9.12 F_4 搜索空间

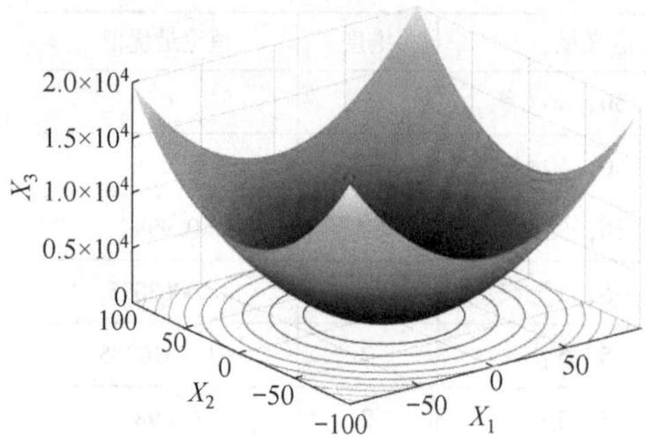

图 9.13　F_5 搜索空间

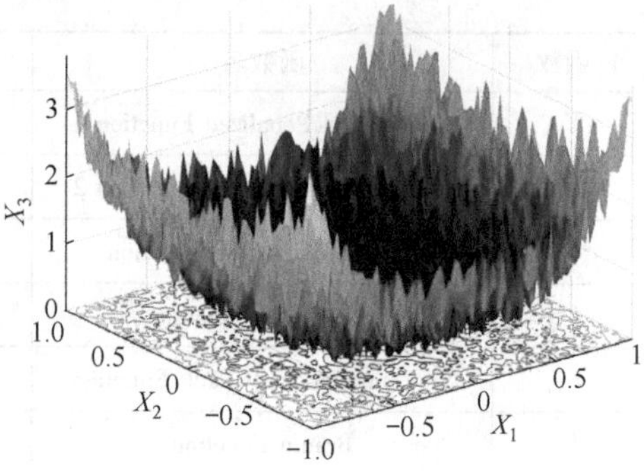

图 9.14　F_6 搜索空间

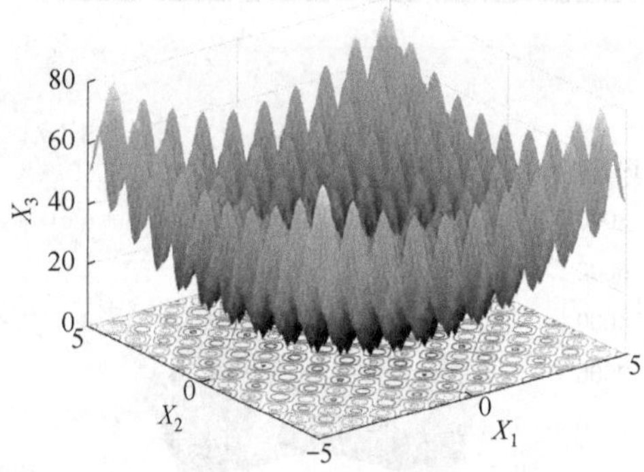

图 9.15　F_7 搜索空间

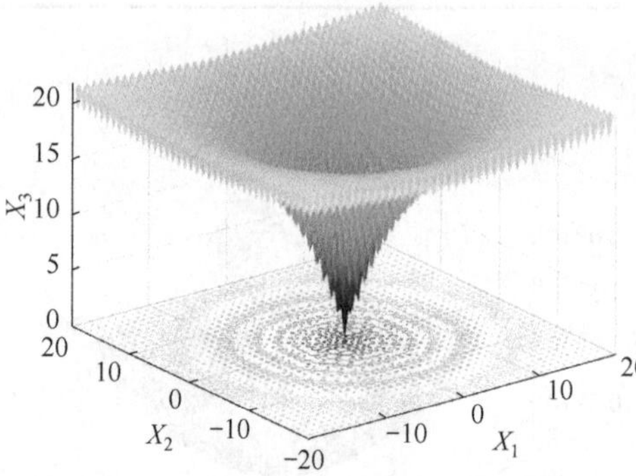

图 9.16　F_8 搜索空间

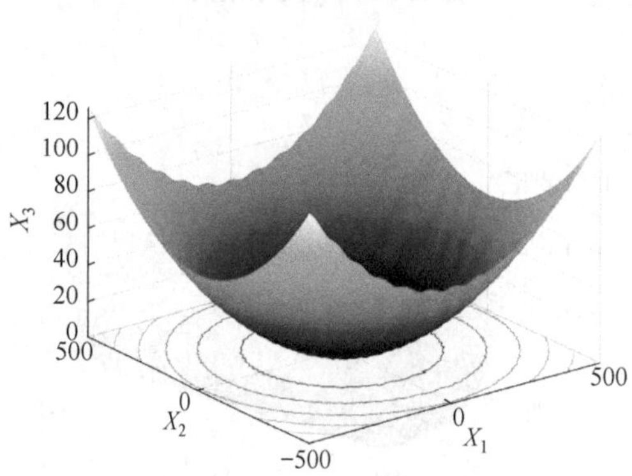

图 9.17　F_9 搜索空间

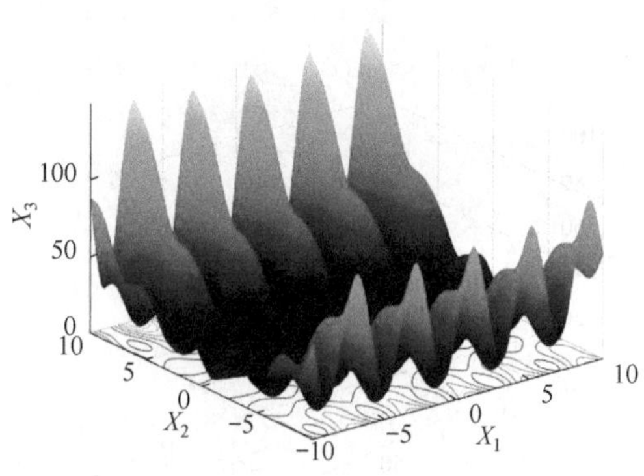

图 9.18　F_{10} 搜索空间

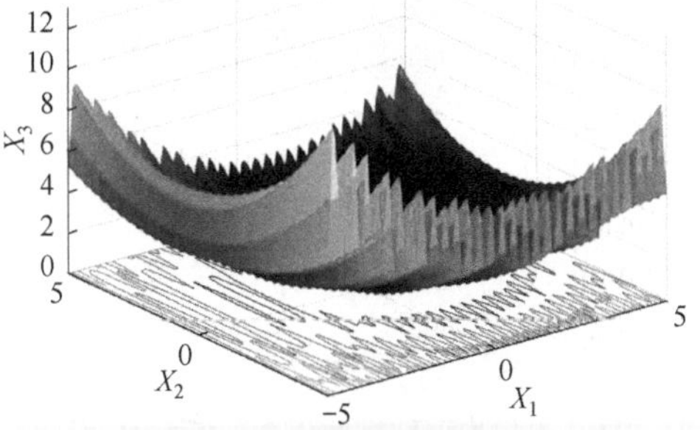

图 9.19 F_{11} 搜索空间

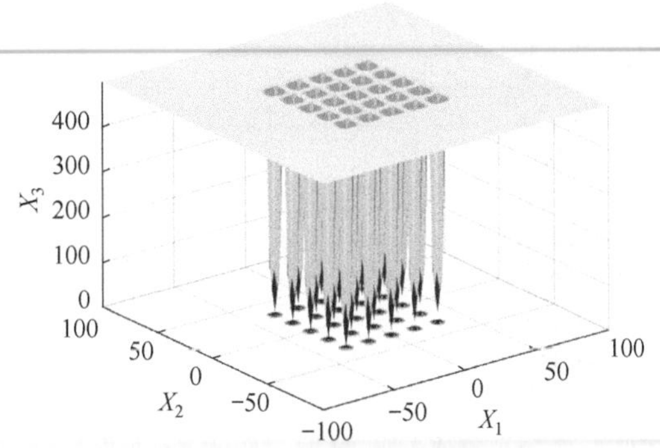

图 9.20 F_{12} 搜索空间

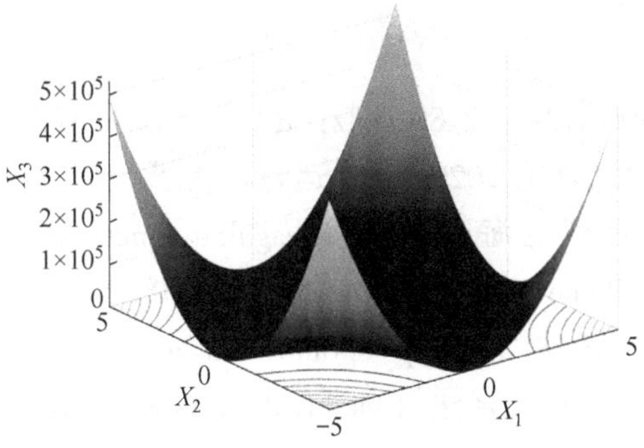

图 9.21 F_{13} 搜索空间

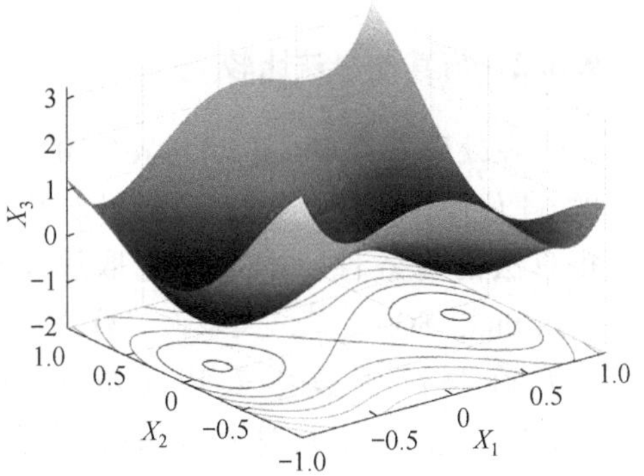

图 9.22 F_{14} 搜索空间

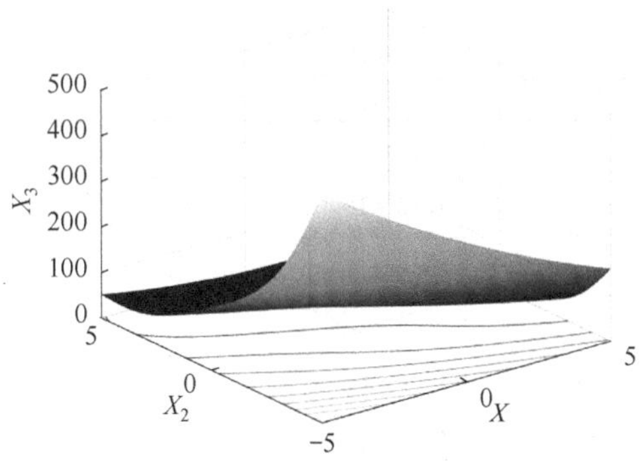

图 9.23 F_{15} 搜索空间

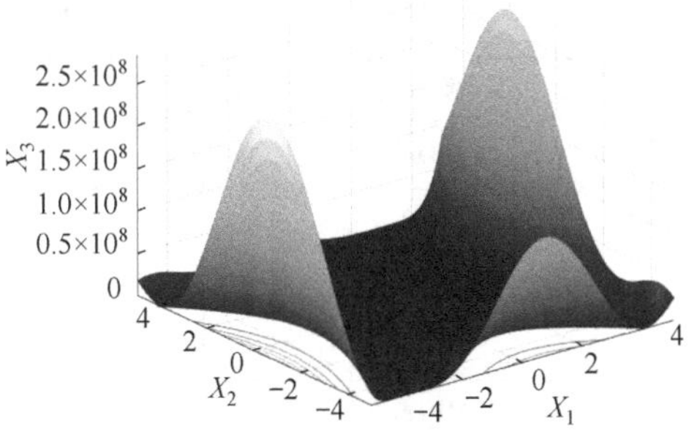

图 9.24 F_{16} 搜索空间

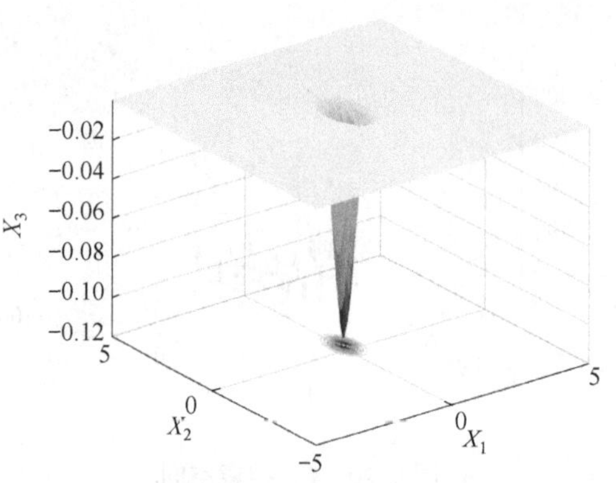

图 9.25　F_{17} 搜索空间

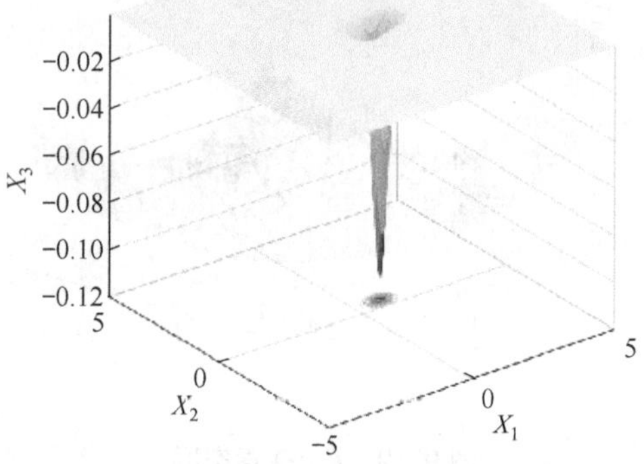

图 9.26　F_{18} 搜索空间

9.3.2　与其他算法比较

在处理器为 Intel(R)Core(TM) i5-8400 CPU@ 2.80 GHz，RAM 为 8.00 GB 的 64 位操作系统 Windows 10 计算机中的 MATLAB2020a 软件运行。为了验证所提算法的有效性，本章将选取属于经典算法的海鸥算法（seagull optimization algorithm，SOA）[28]、飞蛾火焰算法（moth-flame optimization algorithm，MFO）[29]，以及在测试函数中表现优异的黑猩猩算法（chimp optimization algorithm，ChOA）[30]、基于自适应策略的改进粒子群优化算法（modified particle swarm optimization，MPSO）[31] 作为对比算法，与改进的海鸥优化算法（ISOA）进行仿真试验。为确保各种优化算法在初始化时具有相同的搜索能力，设置所有算法的种群大小为 30，迭代次数为 500 次，运行 30 次，取平均值、标准差和最优值，各算法内置参数如表 9.2 所示。

表 9.2　算法参数设置

算法	参数
ISOA	$f_c=2$，$u=1$，$h=1$
MFO	$b=1$
SOA	$f_c=2$，$u=1$，$h=1$
ChOA	m=chaos（3，1，1）
MPOS	$w_{max}=0.9$，$w_{min}=0.4$，$c_1=c_2=2$

在算法求解精度方面根据求解基准测试函数的平均值判断，在算法稳定性方面根据求解基准测试函数的标准差判断，在算法寻优能力方面根据求解基准测试

函数的最优值判断。将各算法求解基准测试函数得到的平均值、标准差、最优值绘制成表9.3。引入Friedman[32]秩均值检测，算法的秩均值越小，其性能越好。对表9.3进行分析可知，ISOA在求解测试函数中，取得13个最优平均值结果比其他算法更优，而MFO、SOA、ChOA、MPSO分别取得5个、6个、2个、6个最优平均值结果，说明ISOA的求解精度更好。ISOA在求解测试函数中，取得17个最优值结果比其他算法更优，而MFO、SOA、ChOA、MPSO分别取得6个、8个、6个、6个更优的最优值结果，其中ISOA是取得最优值最多的算法，说明ISOA的寻优能力更好。基于各算法取得最优均值结果的条件下，ISOA在求解测试函数中，获得了5个最优标准差比其他算法更优，而MFO、SOA、ChOA、MPSO分别获得了2个、1个、0个、3个最优标准差，说明ISOA的算法稳定性更优。对于ISOA取得的更优平均值和最优值，但是求解得出对应测试函数的标准差大，表明ISOA能取得比均值更好的解，而在运行30次内出现了个别次数没有找到最优解，使平均值和标准差增大。根据Friedman排名，可以看出ISOA的秩均值为1.8333，为上述算法中最小的，进一步验证了ISOA综合性能优于其他算法。

表9.3　测试函数对比结果

函数	评价指标	ISOA	MFO	SOA	ChOA	MPSO
F_1	平均值	**5.68E-30**	9.70E+00	6.80E-18	1.32E-05	6.73E-01
	标准差	**1.81E-29**	1.61E+01	2.32E-17	3.06E-05	1.44E+00
	最优值	**6.01E-39**	2.26E-01	2.44E-20	2.47E-10	6.60E-03
F_2	平均值	**1.04E-17**	2.64E+01	6.00E-12	2.84E-05	2.42E+01
	标准差	**2.58E-17**	1.66E+01	8.21E-12	3.08E-05	1.50E+01
	最优值	**1.50E-22**	1.48E-01	6.32E-13	1.01E-08	4.70E-01
F_3	平均值	**1.81E-07**	7.44E+01	6.39E-02	2.56E-01	1.76E+01
	标准差	**9.22E-07**	5.56E+00	2.00E-01	3.58E-01	6.23E+00
	最优值	**5.04E-25**	6.36E+01	2.82E-07	2.38E-02	9.39E+00
F_4	平均值	**2.64E+01**	2.80E+06	2.85E+01	2.89E+01	2.46E+04
	标准差	5.73E-01	1.46E+07	4.43E-01	**2.19E-01**	4.02E+04
	最优值	**2.50E+01**	2.78E+02	2.73E+01	2.81E+01	2.88E+01
F_5	平均值	**7.02E-02**	6.80E+02	3.94E+00	3.67E+00	3.38E+02
	标准差	**9.65E-02**	2.54E+03	5.29E-01	4.03E-01	1.84E+03
	最优值	**1.50E-03**	2.68E-01	2.63E+00	2.51E+00	6.50E-03
F_6	平均值	4.20E-02	3.98E+00	**2.10E-03**	2.10E-03	3.94E-01
	标准差	2.85E-02	7.79E+00	**2.00E-03**	2.80E-03	1.09E+00
	最优值	1.08E-02	9.23E-02	**1.01E-04**	1.05E-04	5.67E-02

续表 9.3

函数	评价指标	ISOA	MFO	SOA	ChOA	MPSO
F_7	平均值	2.38E+00	1.72E+02	**1.91E+00**	1.04E+01	1.24E+02
	标准差	**4.11E+00**	3.65E+01	4.88E+00	8.36E+00	3.63E+01
	最优值	**0.00E+00**	7.17E+01	**0.00E+00**	1.54E-06	5.98E+01
F_8	平均值	1.87E+01	**1.19E+01**	2.00E+01	2.00E+01	3.17E+00
	标准差	5.07E+00	6.50E+00	**1.00E-03**	1.20E-03	1.23E+00
	最优值	**2.87E-10**	1.26E+00	2.00E+01	2.00E+01	1.16E+00
F_9	平均值	1.04E-02	4.09E+00	**9.70E-03**	4.01E-02	6.25E+00
	标准差	**2.04E-02**	1.63E+01	3.05E-02	4.48E-02	2.29E+01
	最优值	**0.00E+00**	5.86E-01	**0.00E+00**	**0.00E+00**	1.46E-02
F_{10}	平均值	**2.65E-02**	5.05E+05	4.71E-01	4.48E-01	3.74E+00
	标准差	**1.91E-02**	1.81E+06	2.08E-01	1.72E-01	1.80E+00
	最优值	**5.00E-03**	4.43E+00	1.71E-01	1.84E-01	6.55E-01
F_{11}	平均值	**5.10E-01**	7.30E+04	2.16E+00	2.80E+00	8.21E+00
	标准差	2.74E-01	3.50E+05	1.95E-01	**1.11E-01**	7.28E+00
	最优值	**7.98E-02**	1.75E+01	1.79E+00	2.45E+00	6.47E-01
F_{12}	平均值	**9.98E-01**	2.97E+00	2.02E+00	**9.98E-01**	**9.98E-01**
	标准差	5.78E-11	2.87E+00	1.93E+00	1.60E-04	**1.01E-16**
	最优值	**9.98E-01**	**9.98E-01**	**9.98E-01**	**9.98E-01**	**9.98E-01**
F_{13}	平均值	**9.17E-04**	1.60E-03	1.20E-03	1.30E-03	1.60E-03
	标准差	3.53E-04	3.60E-03	2.30E-04	**4.76E-05**	3.60E-03
	最优值	**3.08E-04**	4.83E-04	3.48E-04	1.20E-03	3.09E-04
F_{14}	平均值	**-1.0316**	**-1.0316**	**-1.0316**	-1.0306	**-1.0316**
	标准差	8.96E-09	6.78E-16	3.13E-06	5.70E-03	6.18E-16
	最优值	**-1.0316**	**-1.0316**	**-1.0316**	**-1.0316**	**-1.0316**
F_{15}	平均值	**0.3979**	**0.3979**	0.3981	0.3995	**0.3979**
	标准差	2.59E-06	**0.00E+00**	2.48E-04	2.10E-03	**0.00E+00**
	最优值	**3.3979**	**3.3979**	**0.3979**	**3.3979**	**3.3979**
F_{16}	平均值	**3.00E+00**	**3.00E+00**	**3.00E+00**	**3.00E+00**	**3.00E+00**
	标准差	4.64E-09	**1.31E-15**	2.77E-04	1.72E-04	1.84E-15
	最优值	**3.00E+00**	**3.00E+00**	**3.00E+00**	**3.00E+00**	**3.00E+00**
F_{17}	平均值	**-3.86E+00**	**-3.86E+00**	**-3.86E+00**	-3.85E+00	**-3.86E+00**
	标准差	4.00E-03	2.71E-15	2.60E-03	2.00E-03	**2.68E-15**
	最优值	**-3.86E+00**	**-3.86E+00**	**-3.86E+00**	**-3.86E+00**	**-3.86E+00**

续表 9.3

函数	评价指标	ISOA	MFO	SOA	ChOA	MPSO
F_{18}	平均值	-3.13E+00	-3.23E+00	-2.91E+00	-2.65E+00	**-3.24E+00**
	标准差	2.01E-01	6.06E-02	4.47E-01	3.98E-01	7.79E-02
	最优值	**-3.32E+00**	**-3.32E+00**	-3.13E+00	3.07E+00	**-3.32E+00**
最优平均值个数		13	5	6	2	6
Friedman 排名		1.8333 (1)	4.0278 (5)	2.5556 (2)	3.2778 (3)	3.3056 (4)

9.3.3 不同策略下对 SOA 的影响

为了验证不同策略下 SOA 性能差别，本章将基于 Circle 混沌映射生成初始化种群的海鸥优化算法记为 SOAC，将基于 Lévy 飞行策略更新海鸥位置的海鸥优化算法记为 SOAL，将基于贪婪选择策略的海鸥优化算法记为 SOAG。将 SOA、SOAC、SOAL、SOAG 与 ISOA 求解 $F_1 \sim F_{18}$ 基准测试函数取得的平均值、标准差和最优值绘制成表 9.4。

表 9.4 结果对比

函数	评价指标	ISOA	SOA	SOAC	SOAL	SOAG
F_1	平均值	5.68E-30	6.80E-18	3.17E-18	2.70E-03	**3.89E-38**
	标准差	1.81E-29	2.32E-17	6.50E-18	1.30E-02	**1.30E-37**
	最优值	**6.01E-39**	2.44E-20	1.38E-20	1.76E-07	1.11E-38
F_2	平均值	1.04E-17	6.00E-12	4.32E-12	1.56E-04	**2.81E-22**
	标准差	2.58E-17	8.21E-12	3.43E-12	1.78E-04	**3.34E-22**
	最优值	**1.50E-22**	6.32E-13	4.72E-13	7.29E-06	2.69E-22
F_3	平均值	**1.81E-07**	6.39E-02	4.62E-02	7.91E-04	1.23E-06
	标准差	**9.22E-07**	2.00E-01	1.24E-01	3.10E-03	1.92E-06
	最优值	**5.04E-25**	2.82E-07	1.21E-07	5.08E-09	3.21E-09
F_4	平均值	**2.64E+01**	2.85E+01	2.83E+01	2.88E+01	2.68E+01
	标准差	5.73E-01	**4.43E-01**	5.57E-01	2.79E+00	6.52E-01
	最优值	**2.50E+01**	2.73E+01	2.72E+01	2.73E+01	2.60E+01
F_5	平均值	**7.02E-02**	3.94E+00	4.06E+00	2.38E+00	7.30E-01
	标准差	**9.65E-02**	5.29E-01	3.51E-01	4.49E-01	3.96E-01
	最优值	**1.50E-03**	2.63E+00	3.39E+00	1.65E+00	2.41E-01
F_6	平均值	4.20E-02	2.10E-03	**2.00E-03**	2.07E-02	**2.00E-03**
	标准差	2.85E-02	2.00E-03	1.50E-03	1.25E-02	**1.40E-03**
	最优值	1.08E-02	1.01E-04	1.63E-04	2.20E-03	**5.04E-04**

续表 9.4

函数	评价指标	ISOA	SOA	SOAC	SOAL	SOAG
F_7	平均值	2.38E+00	1.91E+00	1.23E+00	1.19E+01	**6.64E-01**
	标准差	4.11E+00	4.88E+00	5.08E+00	1.07E+01	**3.64E-01**
	最优值	**0.00E+00**	**0.00E+00**	**0.00E+00**	5.01E-05	**0.00E+00**
F_8	平均值	**1.87E+01**	2.00E+01	2.00E+01	2.00E+01	2.00E+01
	标准差	5.07E+00	**1.00E-03**	2.00E-03	2.40E-03	2.50E-03
	最优值	**2.87E-10**	2.00E+01	2.00E+01	2.00E+01	2.00E+01
F_9	平均值	1.04E-02	9.70E-03	3.00E-03	8.06E-02	**5.99E-04**
	标准差	2.04E-02	3.05E-02	1.00E-02	6.95E-02	**3.30E-03**
	最优值	**0.00E+00**	**0.00E+00**	**0.00E+00**	1.77E-06	**0.00E+00**
F_{10}	平均值	**2.65E-02**	4.71E-01	4.84E-01	2.22E-01	3.81E-02
	标准差	1.91E-02	2.08E-01	**1.78E-01**	1.97E-01	1.87E-02
	最优值	**5.00E-03**	1.71E-01	3.08E-01	6.65E-02	1.95E-02
F_{11}	平均值	**5.10E-01**	2.16E+00	2.19E+00	1.87E+00	7.21E-01
	标准差	2.74E-01	1.95E-01	**1.26E-01**	2.50E-01	2.27E-01
	最优值	**7.98E-02**	1.79E+00	1.95E+00	1.40E+00	3.00E-01
F_{12}	平均值	**9.98E-01**	2.02E+00	1.79E+00	1.13E+00	1.30E+00
	标准差	**5.78E-11**	1.93E+00	1.09E+00	5.03E-01	6.97E-01
	最优值	**9.98E-01**	**9.98E-01**	**9.98E-01**	**9.98E-01**	**9.98E-01**
F_{13}	平均值	**9.17E-04**	1.20E-03	1.20E-03	1.20E-03	1.20E-03
	标准差	3.53E-04	2.30E-04	**1.84E-05**	1.77E-04	1.82E-04
	最优值	**3.08E-04**	3.48E-04	1.20E-03	7.55E-04	**3.08E-04**
F_{14}	平均值	**-1.0316**	**-1.0316**	**-1.0316**	**-1.0316**	**-1.0316**
	标准差	**8.96E-09**	3.13E-06	1.54E-06	1.86E-07	1.53E-06
	最优值	**-1.0316**	**-1.0316**	**-1.0316**	**-1.0316**	**-1.0316**
F_{15}	平均值	**0.3979**	0.3981	0.3981	**0.3979**	0.3981
	标准差	**2.59E-06**	2.48E-04	3.75E-04	5.39E-05	2.80E-04
	最优值	**3.3979**	**0.3979**	**0.3979**	**0.3979**	**0.3979**
F_{16}	平均值	**3.00E+00**	**3.00E+00**	**3.00E+00**	**3.00E+00**	**3.00E+00**
	标准差	**4.64E-09**	2.77E-04	3.15E-04	3.28E-07	1.28E-04
	最优值	**3.00E+00**	**3.00E+00**	**3.00E+00**	**3.00E+00**	**3.00E+00**
F_{17}	平均值	**-3.86E+00**	**-3.86E+00**	**-3.86E+00**	**-3.86E+00**	**-3.86E+00**
	标准差	4.00E-03	2.60E-03	2.50E-02	**1.40E-03**	**1.40E-03**
	最优值	**-3.86E+00**	**-3.86E+00**	**-3.86E+00**	**-3.86E+00**	**-3.86E+00**

续表 9.4

函数	评价指标	ISOA	SOA	SOAC	SOAL	SOAG
F_{18}	平均值	**-3.13E+00**	-2.91E+00	-2.87E+00	-2.78E+00	-2.97E+00
	标准差	**2.01E-01**	4.47E-01	5.52E-01	5.65E-01	2.16E-01
	最优值	**-3.32E+00**	-3.13E+00	-3.13E+00	-3.13E+00	-3.13E+00
最优平均值个数		13	3	4	4	8
Friedman 排名		2.0278 (1)	3.6667 (5)	3.4167 (3)	3.6389 (4)	2.2500 (2)

对表 9.4 进行分析可知，在 $F_1\sim F_{18}$ 测试函数中，ISOA 取得最优平均值个数为 13 个，SOA、SOAC、SOAL、SOAG 分别取得最优平均值个数为 3 个、4 个、4 个、8 个。通过 Friedman 排名发现，SOA、SOAC、SOAL、SOAG 的 Friedman 排名分别为第五、第三、第四、第二。综上所述，基于 Circle 混沌映射的 SOAC、基于融合 Lévy 飞行的 SOAL 和基于贪婪选择策略的 SOAG 对 SOA 的整体性能有一定的提升。将这三种策略进行融合的 ISOA，对 SOA 的综合优化能力有更大的提升，ISOA 求解测试函数取得的最优平均值个数最多以及 Friedman 秩均值最小，排名第一。在单峰测试函数 $F_1\sim F_3$ 中，ISOA 比 SOA 的求解精度分别提高了 19 个、9 个、18 个数量级，在复杂多峰测试函数 F_8 中，ISOA 比 SOA 的求解精度提高了 11 个数量级，在固定维度多峰测试函数中，ISOA 都求解得到理论最优值。由此，验证了基于三种策略融合的 ISOA 对原有 SOA 的性能改进效果更加明显。

9.3.4 收敛曲线分析

通过收敛曲线可以更为直观地观察到算法的收敛情况，判断算法寻优性能的好坏。ISOA、MFO、SOA、ChOA、MPSO、SOAC、SOAL、SOAG 求解测试函数 $F_1\sim F_{18}$ 的收敛曲线对比图，如图 9.27~图 9.44 所示。从图 9.27~图 9.32 可以看出，ISOA 在单峰测试函数 $F_1\sim F_5$ 中均表现出较好的收敛速度与收敛精度，但在单峰测试函数 F_6 中，只有在前期表现出较快的收敛速度但后期求解精度较差，可能是 Lévy 飞行与螺旋运动两者间产生冲突，导致算法无法跳出局部最优。从图 9.33~图 9.37 可知，ISOA 在求解复杂多峰测试函数时，均表现出比其他算法更好的求解精度，其中在测试函数 F_7、F_9 中找到了理论最优值，表明了 ISOA 具有较强的跳出局部最优避免“早熟”收敛的性能。这是由于 ISOA 在探索阶段引用 Circle 混沌映射生成初始种群，使海鸥个体均匀分布，通过引入 Lévy 飞行机制增强 SOA 算法跳出局部最优的性能，进行贪婪选择策略保留较好的海鸥位置，增强种群的多样性，提高算法性能。从图 9.38~图 9.44 可知，ISOA 在求解固定维度多峰测试函数时，基本上都寻找到了理论最优值，且相对于其他算法的收敛速度较快。

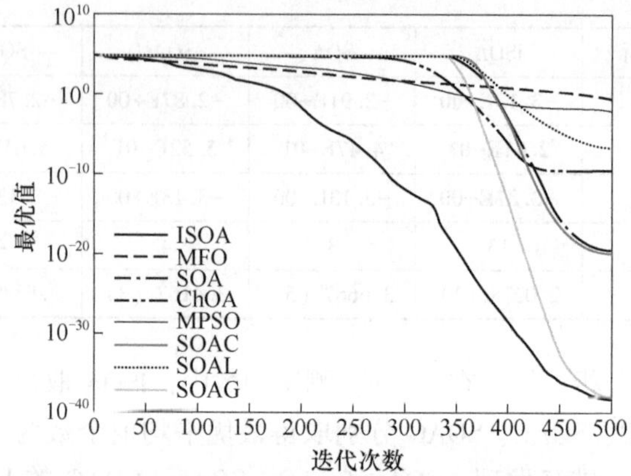

图 9.27　F_1 收敛曲线

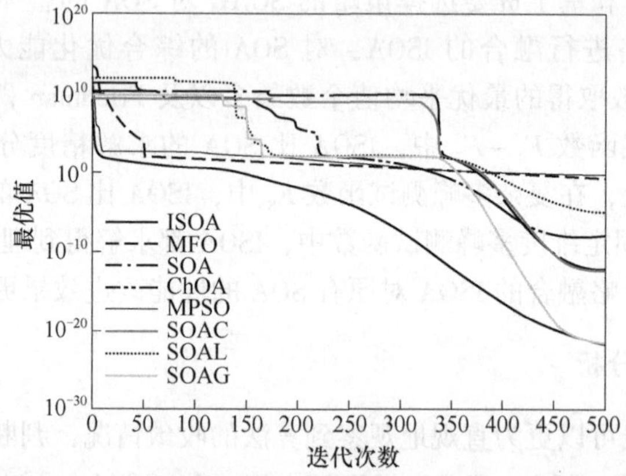

图 9.28　F_2 收敛曲线

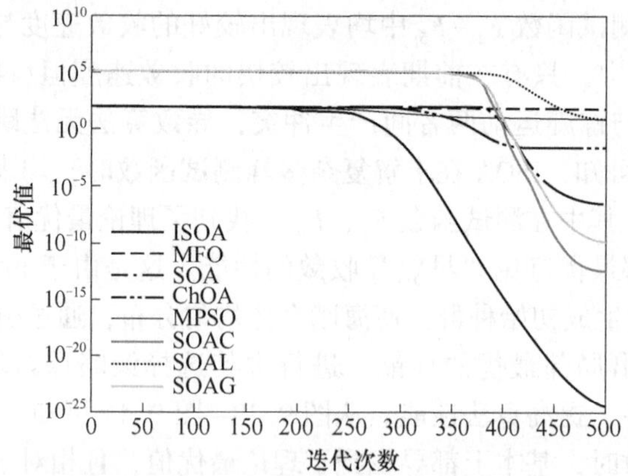

图 9.29　F_3 收敛曲线

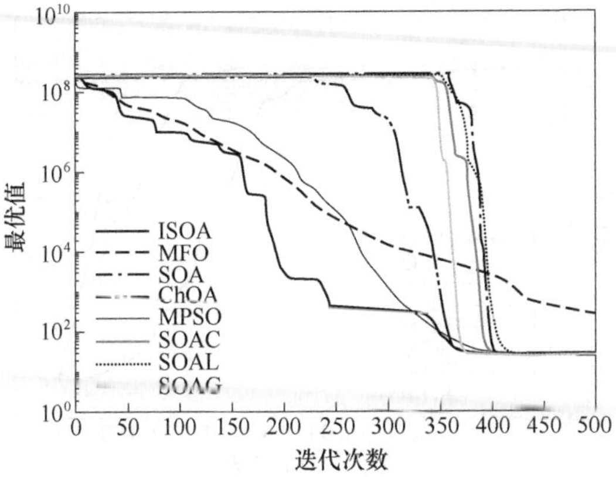

图 9.30 F_4 收敛曲线

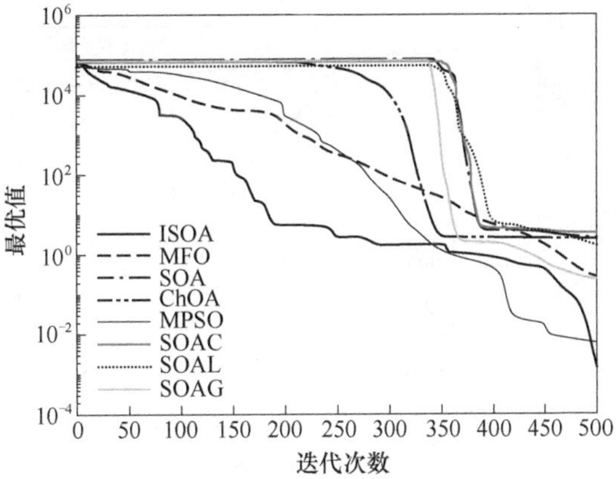

图 9.31 F_5 收敛曲线

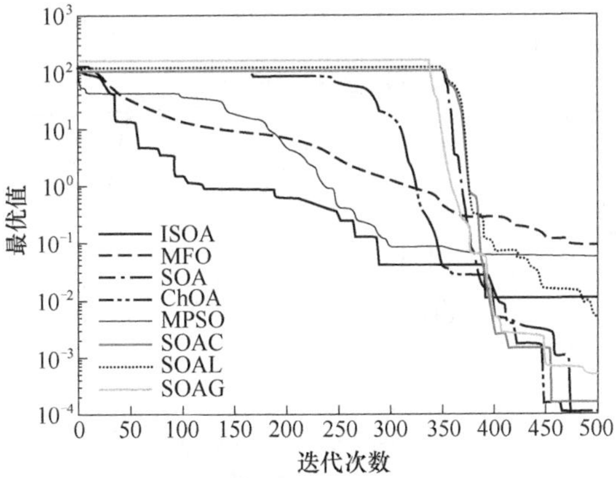

图 9.32 F_6 收敛曲线

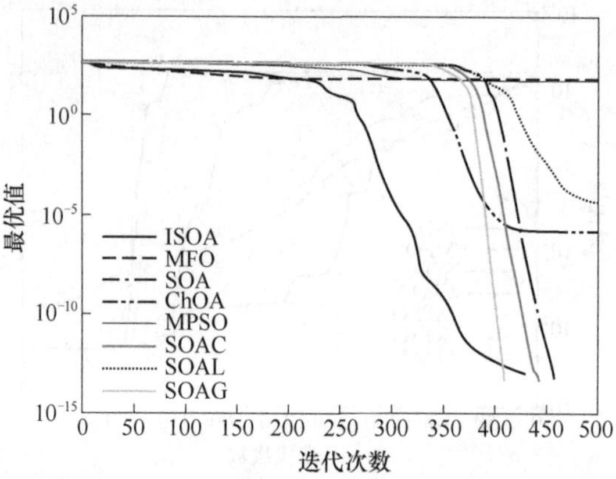

图 9.33　F_7 收敛曲线

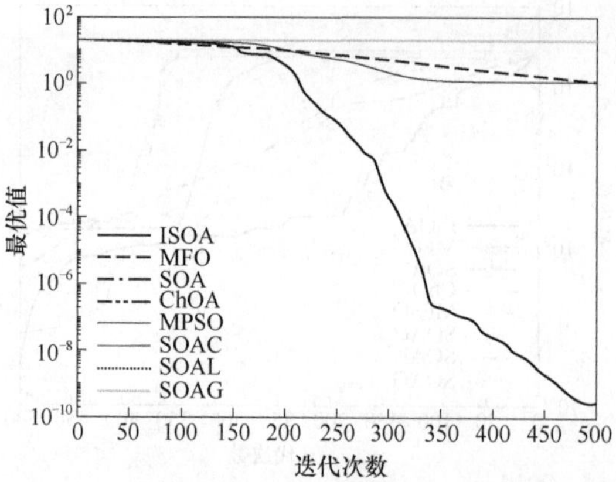

图 9.34　F_8 收敛曲线

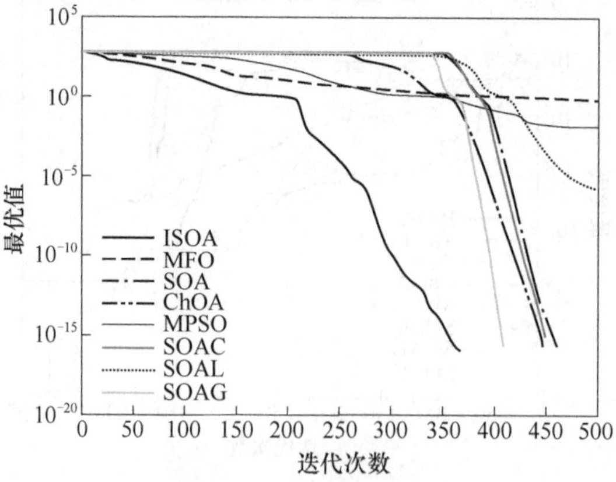

图 9.35　F_9 收敛曲线

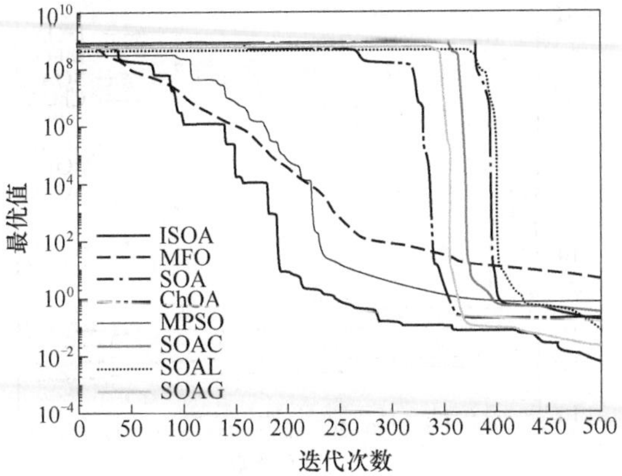

图 9.36 F_{10} 收敛曲线

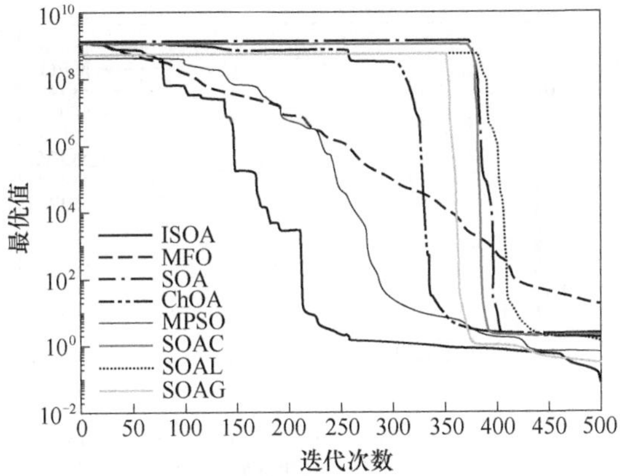

图 9.37 F_{11} 收敛曲线

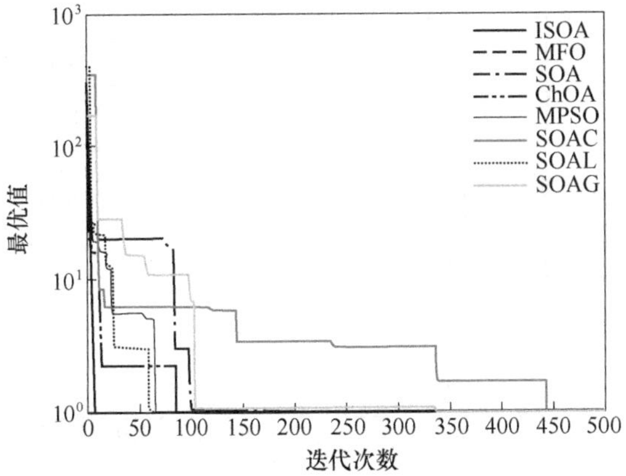

图 9.38 F_{12} 收敛曲线

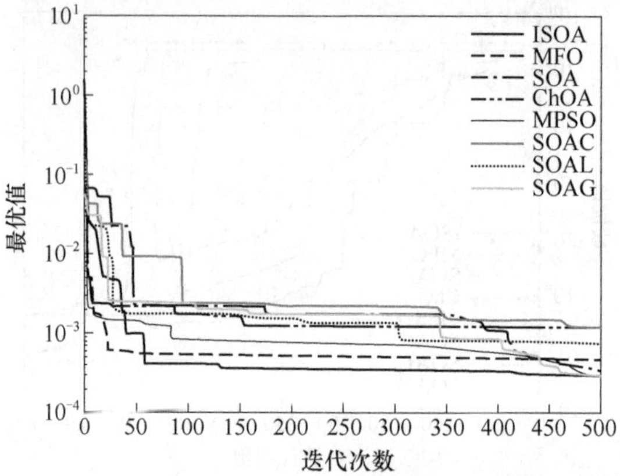

图 9.39　F_{13} 收敛曲线

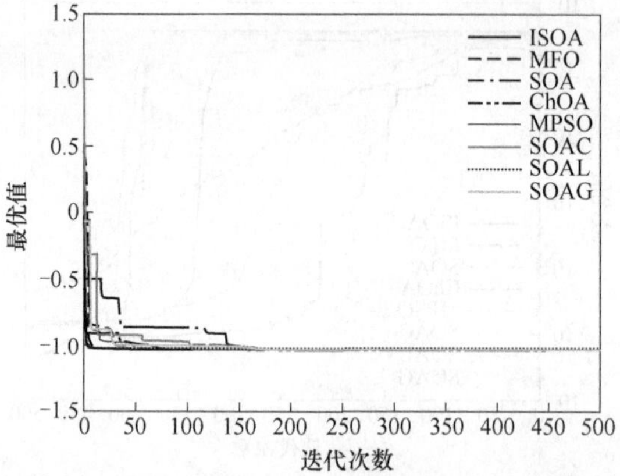

图 9.40　F_{14} 收敛曲线

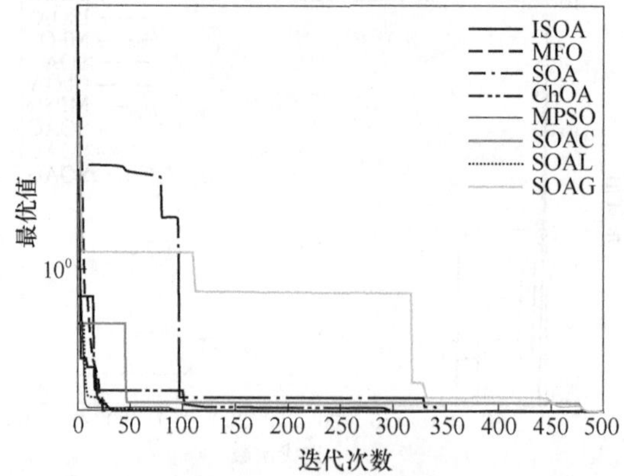

图 9.41　F_{15} 收敛曲线

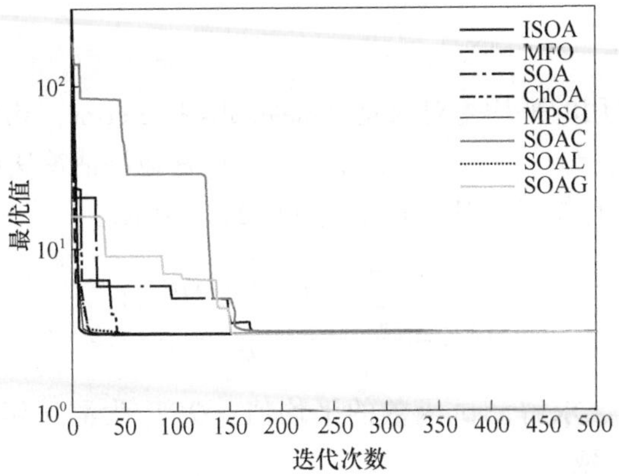

图 9.42 F_{16} 收敛曲线

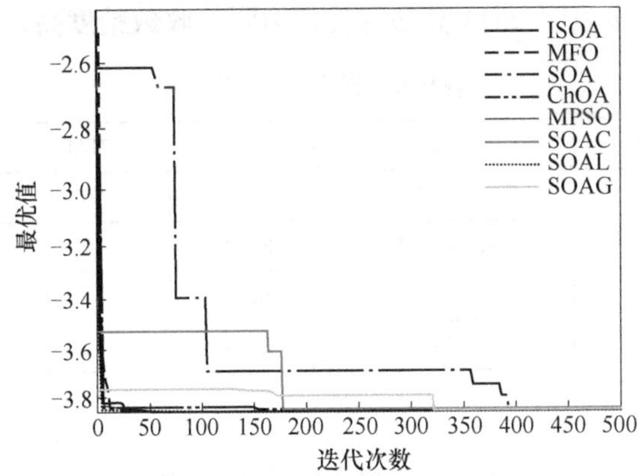

图 9.43 F_{17} 收敛曲线

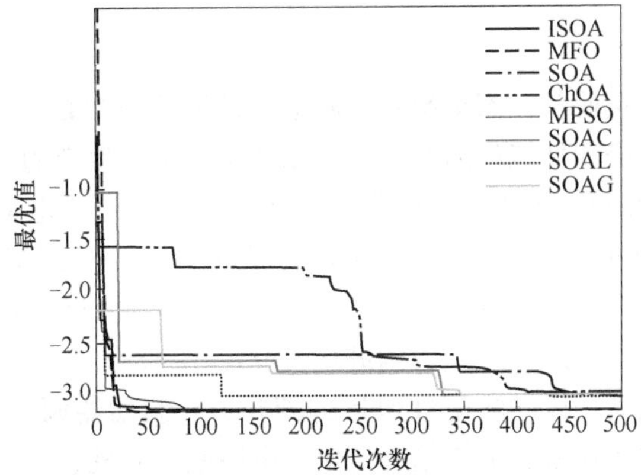

图 9.44 F_{18} 收敛曲线

9.3.5　MAE 排序

文献［33］采用的平均绝对误差（mean absolute error，MAE）可以很好地反映算法最优值和理论最优值差距。为了进一步更好地评估算法的性能，本章引用 MAE 排序对算法进行排名，其公式如式（9.24）所示。

$$\mathrm{MAE} = \frac{\sum_{i=1}^{NF} \left| MEAN_i - OPT_i \right|}{NF} \tag{9.24}$$

式中，$MEAN_i$ 为算法求解测试函数的平均值；OPT_i 为测试函数的理论最优值；NF 为测试函数的个数。

ISOA 与 MFO、SOA、ChOA、MPSO、SOAC、SOAL、SOAG 算法的 MAE 排序结果如表 9.5 所示。从表中可知，相比于其他算法，ISOA 的 MAE 值最小，排名第一，从而进一步表明 ISOA 算法寻优能力强，收敛精度高。

表 9.5　算法 MAE 排名

算法	MAE	Rank	算法	MAE	Rank
ISOA	**1**	**2.685**	MPSO	7	1.40E+03
MFO	8	1.88E+05	SOAC	3	3.1977
SOA	4	3.2494	SOAL	5	3.6639
ChOA	6	3.7333	SOAG	2	2.756

9.4　多目标 FJSP

9.4.1　案例描述

东莞市某制造企业是一家集研发、制造及销售于一体的冲床制造企业，致力于为客户提供高精密和低能耗的产品。该制造企业主要生产的产品为小型台式电动冲床，产品图如图 9.45 所示。该制造企业生产小型台式电动冲床的部分作业车间如图 9.46～图 9.48 所示，其中图 9.46 所示为数控车床车间，图 9.47 所示为数控钻床车间，图 9.48 所示为加工中心车间。本节以该企业新建的一条制造装配小型台式电动冲床的生产线为例进行研究。

该小型台式电动冲床的零配件包括脚踏开关、制动器调节螺丝、升降手轮、升降丝杆、离合器、护罩、电控箱、滑块、电磁铁、立柱、工作台、电源开关以及各型号的螺钉等，各零配件可选择的加工机器有 STUDER 数控万能外圆磨床、马扎克数控车床、马扎克车铣复合加工中心、普通车床、数控钻床、普通铣床、

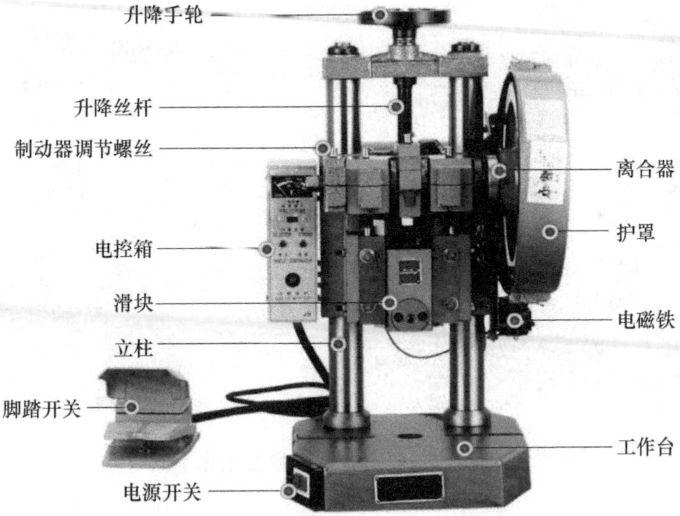

图 9.45 小型台式电动冲床

数控铣床、普通磨床、太阳工机立式磨床等。由于部分零配件外包给其他制造企业，所以对所有需要加工的工件进行抽象、取整等处理后构成 6 个工件分配给 6 台机器的 FJSP 问题。具体装夹时间、加工时间、卸夹时间、机器加工该工序的不合格率、平均加工能耗如表 9.6 所示。具体的原材料到达时间和成本如表 9.7 所示。具体机器的平均加工成本、平均空载能耗、平均启动能耗、启动所需时间、是否需要停机换件如表 9.8 所示。根据表 9.6~表 9.8 中的数据安排机器开机时间，工件开始加工时间，在机器加工完某工件的一道工序后中是否停机换件进行确定机器开关机操作，以此类推直到最后一道工序完成加工。

图 9.46 某制造企业的数控车床车间

图 9.47　某制造企业的数控钻床车间

图 9.48　某制造企业的加工中心车间

表 9.6　工件加工信息

工件	工序	装夹时间(s)/加工时间(s)/卸夹时间(s)/机器加工该工序的不合格率(%)/平均加工能耗(kW)					
		M_1	M_2	M_3	M_4	M_5	M_6
P_1	1	1/10/1/10/3	2/15/1/20/2.2	/	2/14/2/5/2.7	/	1/14/1/15/1.5
	2	/	1/6/1/10/3	1/4/1/11/2.1	2/16/2/6/2.5	3/15/2/4/3	/
	3	/	2/5/1/15/2.4	/	/	1/16/1/10/2.5	1/8/1/20/1.7
	4	1/12/1/16/2	/	1.5/13/1.5/8/2	2/13/1/10/2	/	/
	5	1/6/1/18/3.1	1/6/1/20/3.1	1/8/1/12/1.5	1/8/1/15/2	2/4/1/22/2.1	1.5/9/1.5/2/1.4
	6	/	/	2/16/2/10/1.8	/	2/13/1/20/2	1/16/1/15/1.6

续表 9.6

工件	工序	装夹时间(s)/加工时间(s)/卸夹时间(s)/机器加工该工序的不合格率(%)/平均加工能耗(kW)					
		M_1	M_2	M_3	M_4	M_5	M_6
P_2	1	2/15/1/20/2.5	/	1/6/1/10/1	2/16.5/0.5/6/2.2	1.5/11/1.5/12/2.5	/
	2	/	2/15/1/8/2	1.5/10/0.5/9/1.5	1/7/1/11/2.1	/	2/12/1/6/1.5
	3	1/5/1/12/2.3	/	2/16/2/11/1.8	1/10/1/15/2.3	2/14/2/20/2.3	/
P_3	1	2/14/2/13/2.9	3/15/2/15/2.7	1.5/6/0.5/20/1.7	1/5/1/6/2.8	1/4/1/10/3.1	/
	2	/	1/5/1/11/2	1/6/1/12/2	/	3/16/1/20/2.2	/
	3	1/5/1/23/2.8	1/8/1/12/2.3	/	2/11/1/7/2.9	/	2/15/3/2/2
	4	/	1/6/1/15/2.5	2/17/1/1/2.1	1/14/1/10/2.5	1.5/12/1.5/11/2	/
	5	2/17/1/5/2.5	/	2/14/2/15/2.4	2/7/1/10/2	2/7/1/20/2.8	2/11/2/13/2.1
P_4	1	1/20/1/1/3	/	2/19/2/10/2	2/13/1/11/2.5	3/15/2/10/2.3	/
	2	/	2/10/1/21/2.5	2/7/1/20/1	2/14/2/15/2.8	2/7/1/17/3	1.5/15/1.5/20/2
	3	1/4/1/25/2.8	1/8/1/13/2	/	/	/	2/16/2/1/2
	4	2/9/1/12/3.2	/	1/6/1/18/1.6	/	1/6/1/10/2.5	/
	5	2/16/2/2/2.9	2/9/1/15/2.3	2/16/2/10/2.1	1/13/1/18/2	/	/
P_5	1	/	1/6/1/20/2.2	/	2/7/1/15/2.8	2/12/1/11/2	1/8/1/10/0.9
	2	2/8/2/20/3	/	2/12/1/15/2.7	2/16/2/8/2.7	/	1/6/1/24/1
	3	2/13/1/12/2.5	2/12/2/12/2.3	/	/	2/16/2/8/1.8	1/8/1/21/0.7
	4	/	1/4/1/25/2	1/6/1/15/2	1/5/2/20/3	1/12/2/4/1.5	/
	5	1/13/1/8/3.2	/	/	1/8/1/9/2.5	/	2/9/1/8/1.2
	6	1/11/1/6/2.8	1/3/1/26/2.5	2/10/1/10/2.5	2/12/1/8/2.4	2/16/2/1/2	1/5/1/20/0.9
P_6	1	/	2/11/1/20/1.2	/	/	1/7/1/20/1.9	1/8/1/22/0.8
	2	/	/	2/8/2/17/2	2/12/1/15/3	/	2/6/1/20/1
	3	1/10/2/3/2.4	1/5/1/10/1	/	2/13/1/2/2.1	2/6/1/17/2	/
	4	2/16/2/1/2.2	/	3/8/2/9/1.7	/	/	3/12/2/6/1.1

表 9.7　工件原材料信息

工件编号	工件名称	原材料到达时间/s	原材料成本/元
P_1	工作台	6	120
P_2	制动器调节螺丝	2	100
P_3	升降丝杆	2	65
P_4	立柱	5	100
P_5	护罩	10	150
P_6	滑块	4	85

表 9.8　机器相关信息

机器编号	机器名称	平均加工成本/元	平均空载能耗/kW	平均启动能耗/kW	启动所需时间/s	是否停机换件
M_1	数控车床	0.6	0.5	1.52	2.2	1
M_2	加工中心	0.8	0.4	1.75	1.4	0
M_3	数控车床	0.7	0.35	1.55	3.1	0
M_4	数控钻床	0.4	0.41	1.68	1.6	1
M_5	外圆磨床	0.5	0.36	1.71	2.2	1
M_6	数控铣床	0.6	0.25	1.45	1.5	0

9.4.2　编码和解码

本章采用双层整数编码方法。该编码由两层组成，第一层基于工序的编码方式，每个基因表示对应的工件号，根据其在染色体中出现的顺序解释是第几道工序；第二层基于机器分配的编码方式，每个基因表示工序对应的加工机器。本章用一个 3×4 的 FJSP 案例对该编码方式进行解释说明，具体数据如表 9.9 所示。根据表 9.9 工件工序可以选择的加工机器，生成一个初始可行解的编码，如图 9.49 所示。其中工件 P_1 在机器 M_1 上加工，工件 P_2 在机器 M_1 上加工，工件 P_3 在机器 M_3 上加工，工件 P_1 在机器 M_3 上加工，以此类推。通过图 9.49 的编码方式进行解码得到对应调度方案的甘特图，如图 9.50 所示。

表 9.9　3×4 柔性作业车间调度问题

工件	工序	可选择的机器
P_1	1	1、2、4
	2	1、3、4
	3	1、2、3、4
	4	2、3、4
P_2	1	3、4
	2	2、4
	3	1、2、3、4
	4	1、4
P_3	1	1、2、3、4
	2	2、3、4
	3	1、2、4

工序编号	1	1	1	1	2	2	2	2	3	3	3
机器分配	1	1	3	3	4	2	1	4	3	4	2
	工件1				工件2				工件3		

图 9.49 基于工序和机器的编码

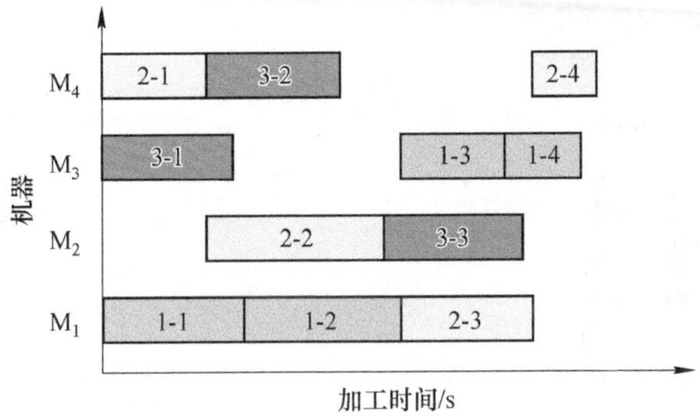

图 9.50 3×4 柔性作业车间甘特图

9.4.3 改进的海鸥算法求解柔性作业车间步骤

ISOA 求解 FJSP 流程步骤如下。

Step1：输入参数；

Step2：根据式（9.11）和式（9.12）进行初始化种群；

Step3：编码解码过程；

Step4：计算适应度，找到该种群的最优坐标 $AP_{bs}(x)$；

Step5：根据式（9.14）~式（9.19）对海鸥个体进行迁徙和攻击，更新代理搜索坐标 $CAP_s(x)$；

Step6：生成一个 0~1 的随机数 r_1，判断 r_1 是否小于 0.5，如果小于 0.5 则执行 Step7，否则执行 Step8；

Step7：根据式（9.23）通过 Lévy 飞行策略增加海鸥位置的多样性，更新代理搜索坐标 $CAP_s(x)$；

Step8：根据式（9.24）丰富海鸥种群和保留更优的海鸥个体，更新代理搜索坐标 $CAP_s(x)$；

Step9：当 $x<Mit$，则返回 Step4 进行迭代；否则，输出结果，算法结束。

9.4.4　优化结果分析

采用 ISOA 与大多数学者采用的经典 GA 算法以及解决该类问题同样有效的离散花朵授粉算法（DPFA）求解该案例，算法参数设置如下：DPFA 转换概率为 0.5；GA 交叉概率为 0.8、变异概率为 0.2。图 9.51 ~ 图 9.54 分别表示 ISOA 与 DPFA、GA 单独求解机器的总能耗 ZOME、工件的总加工质量（即机器加工出不合格品造成的费用）OQ、工件的总加工成本 OC、工件的完工时间 C_{time} 的迭代过程。

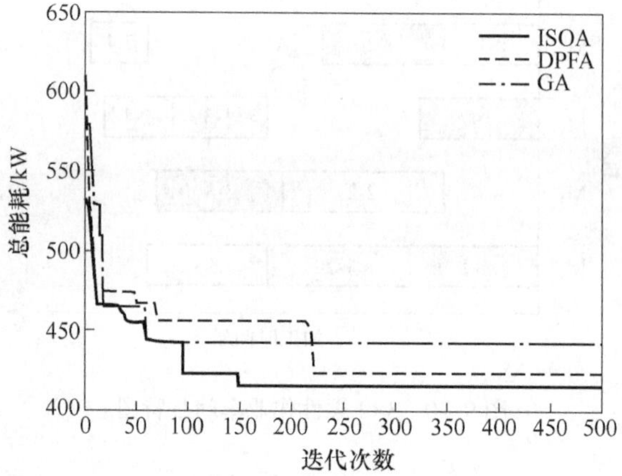

图 9.51　总能耗的迭代过程

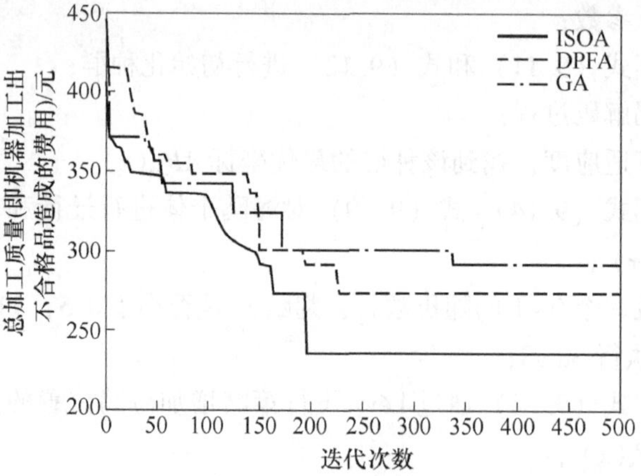

图 9.52　总加工质量（即机器加工出不合格品造成的费用）的迭代过程

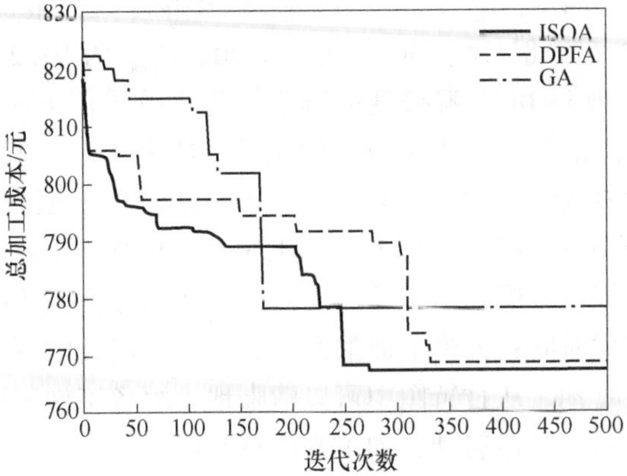

图 9.53 总加工成本的迭代过程

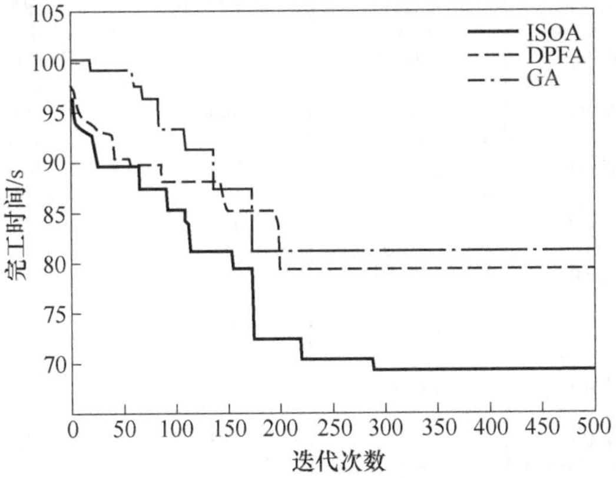

图 9.54 完工时间的迭代过程

从图 9.51~图 9.54 可以看出，通过 ISOA 求解该实际案例最小的 ZOME、OQ、OC、C_{time} 分别是 415.83 kW、236.33 元、767.3 元、69.2 s；DPFA 求解该实际案例最小的 ZOME、OQ、OC、C_{time} 分别是 423.36 kW、273.68 元、768.4 元、79.4 s；GA 求解该实际案例最小的 ZOME、OQ、OC、C_{time} 分别是 443.15 kW、292.38 元、778.3 元、81.2 s。其相关优化结果及迭代过程的收敛效果均优于 DPFA 和 GA，表明 ISOA 算法有较强的寻优能力。

通过设置 ZOME、OQ、OC、C_{time} 的权重系数分别为 0.3、0.1、0.1、0.5，采用 ISOA、GA、DPFA 求出适应度 G 值。ISOA 求解得到的最优解集是 ZOME 为 512.86 kW、OQ 为 484.41 元、OC 为 794.3 元、C_{time} 为 69.2 s、G 为 316.329；DFPA 求解得到的最优解集是 ZOME 为 561.40 kW、OQ 为 555.93 元、OC 为

795.1 元、C_{time} 为 79.4 s、G 为 343.223；GA 求解得到的最优解集是 ZOME 为 502.24 kW、OQ 为 559.81 元、OC 为 807.7 元、C_{time} 为 97.2 s、G 为 336.023。通过比较 G 值，发现 ISOA 求解得到的解集最优，故采用 ISOA 能够更好地求解模型，并取 ISOA 求解模型得到的 50 个解集绘制成表 9.10，其中最优解集为第 5 组解集，其对应的甘特图如图 9.55 所示。其中橄榄色方框表示工序装夹时间；不同颜色方框内的字母数字表示各工序加工时间，例如 P_{12} 表示工件 1 的第 2 道工序的加工时间；橙色方框表示工序卸夹时间；蓝色方框表示机器启动时间；红色方框表示机器空载时间；方框下面的数字表示机器启动时刻、工序开始装夹时刻、工序结束卸夹时刻。从甘特图中可以清晰地了解各工件工序对应的开始装夹时间、卸夹结束时间，机器启动、加工和空载时间。

表 9.10　最终得到的 50 种解集

编号	ZOME/kW	OQ/元	OC/元	C_{time}/s	G
1	939.99	236.33	877.2	182.6	484.65
2	546.93	470.85	767.3	136.8	356.293
3	415.83	524.23	794.5	121	317.121
4	576.63	523.76	797.1	81.2	345.675
5	512.86	484.41	794.3	69.2	316.329
6	564.59	559.23	778.3	138.4	372.33
7	561.4	555.93	795.1	79.4	343.223
8	532.46	560.49	814.6	91.2	342.847
9	694.09	315.82	831	242.8	444.309
10	509.37	535.59	804.9	93.2	333.46
11	598.34	491.96	787.2	146.4	380.618
12	514.54	576.73	805.7	92.8	339.005
13	646.9	505.17	822.8	93.6	373.667
14	864.49	324.4	858.2	146.4	450.807
15	621.46	470.73	802.3	136	381.741
16	547.18	517.59	813	94.2	344.313
17	553.81	550.88	804.5	96.4	349.881
18	538.14	544.48	789.6	129	359.35
19	730.07	336.53	863.4	143.8	410.914
20	502.24	559.81	807.7	97.2	336.023

续表 9.10

编号	ZOME/kW	OQ/元	OC/元	C_{time}/s	G
21	548.5	512.28	808.6	115.4	354.338
22	599.47	512.66	827.3	87.4	357.537
23	758.44	342.66	833.3	156	423.128
24	809.56	330.61	852.3	140.4	431.359
25	570.19	493.98	819.9	100.6	352.745
26	712.03	347.96	825.5	145.6	403.755
27	683.52	447.62	847.2	102.2	385.638
28	665.87	349.49	824.6	134.8	384.57
29	705.32	464.27	794.2	154	414.443
30	705.63	356.33	840	127.2	394.922
31	498.48	491.57	814.4	118.2	339.241
32	803.88	307.81	850.4	181.6	447.785
33	751.93	359.36	856.5	120.2	407.265
34	529.53	576.03	768.4	158.6	372.602
35	554.8	554.34	784.1	105.2	352.884
36	533.86	528.06	816.4	100.2	344.704
37	709.45	365.31	839	131.2	398.866
38	623.74	467.29	821.3	99.6	365.781
39	773.7	366.19	819.7	157.2	429.299
40	576.61	517.79	812.2	98	354.982
41	758.51	371.75	821	175	434.328
42	786.77	304.15	848.1	165.6	434.056
43	582.32	528.28	792.2	106.2	359.844
44	556.74	511.72	799.4	126	361.134
45	662.29	504.74	810.4	99	379.701
46	526.46	527.71	805.7	97.6	340.079
47	539.43	526.41	818.5	89.6	341.12
48	508.91	491.48	822.4	123.2	345.661
49	864.47	273.86	865.7	176.2	461.397
50	554.16	527.43	795.9	107	352.081

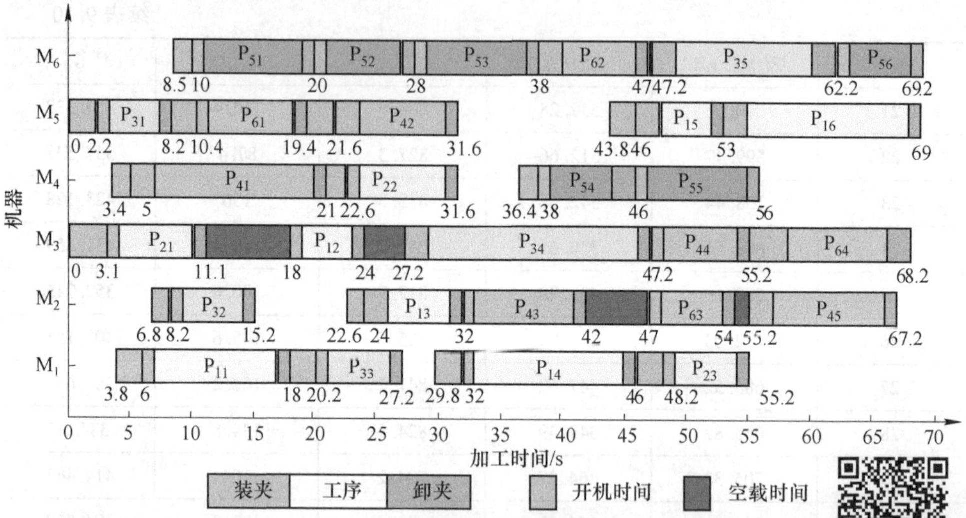

图 9.55　初始调度方案

扫码看彩图

9.5　多目标 FJSP 与 PM 协同优化

9.5.1　机器历史故障与机器故障预测时间

该制造企业拥有 6 台机器，其历史机器故障时间如表 9.11 所示，其中记录了 10 组每台机器的故障间隔时间，每组的记录时间为 100 s。该制造企业进行一次 PM 操作的平均所需时间为 5 s，平均 PM 成本为 100 元。基于表 9.11 的数据，根据式（8.12）可以求解出每台机器故障频率麦克斯韦分布参数的极大似然值 $\hat{a}$，根据式（8.17）可以求出下一阶段每台机器故障频率麦克斯韦分布参数的极大似然值 $\hat{a}$，见表 9.12。将表 9.12 的数据进行回归分析，将其绘制成图 9.56，可以更为直观地观察到每台机器故障频率麦克斯韦分布参数的极大似然值 $\hat{a}$ 变动情况以及极大似然值 $\hat{a}$ 的回归直线的变化趋势。根据式（8.19）可以求解出每台机器各自的平均无故障时间和根据式（8.21）~式（8.22）可以求解出每台机器各自的故障概率周期的 q、w 时刻，如表 9.13 所示，能够为后续进行预防性维护策略的执行提供了数据基础。其中表 9.11 的故障间隔和表 9.13 的平均故障时间以及故障概率区间的单位都为秒。

表 9.11　机器历史的故障间隔

组数	机器					
	M_1	M_2	M_3	M_4	M_5	M_6
n_1	95	36，23，26	73	26，27，27	52，45	30，35，27

续表 9.11

组数	机器					
	M_1	M_2	M_3	M_4	M_5	M_6
n_2	72	17, 16, 51	66	23, 12, 58	56	28, 29, 36
n_3	98	31, 30, 20	69	27, 25, 27	47, 41	40, 35
n_4	72	30, 36, 31	73	21, 23, 27, 25	42, 38	29, 30, 33
n_5	89	34, 31, 35	65	28, 13, 57	56	43, 40
n_6	95	26, 26, 33	68	23, 22, 23, 17	49, 49	33, 32, 32
n_7	80	34, 30, 26	72	28, 12, 54	51, 41	37, 29, 36
n_8	83	36, 29, 25	72	22, 12, 52	54, 51	34, 30, 34
n_9	88	35, 34, 29	69	26, 24, 30	50, 46	45, 44
n_{10}	72	20, 31, 28	70	39, 34, 21	58	34, 38, 26

表 9.12 所有机器的 $\hat{a}$ 值

组数	机器					
	M_1	M_2	M_3	M_4	M_5	M_6
n_1	6016.667	555.7778	3552.667	474.2222	1576.333	634.2222
n_2	3456	699.1111	2904	897.1111	2090.667	649.1111
n_3	6402.667	502.4444	3174	605.1111	1296.667	941.6667
n_4	3456	701.5556	3552.667	387.3333	1069.333	628.8889
n_5	5280.667	742.6667	2816.667	933.7778	2090.667	1149.667
n_6	6016.667	542.4444	3082.667	305.1667	1600.667	697.1111
n_7	4266.667	607.1111	3456	854.2222	1427.333	779.1111
n_8	4592.667	613.7778	3456	740.4444	1839	713.7778
n_9	5162.667	716	3174	278.2222	1538.667	1320.333
n_{10}	3456	476.6667	3266.667	692.8889	2242.667	728
n_{11}	4244.58	598.3984	3266.9	586.3365	1858.111	970.894

表 9.13 预测机器的故障时间

机器	FBT_k	q	w
M_1	73.5	63	88.2
M_2	27.6	23.7	33.2
M_3	64.5	55.3	77.4
M_4	27.3	23.4	32.8

续表 9.13

机器	FBT_k	q	w
M_5	48.6	41.7	58.4
M_6	35.2	30.1	42.2

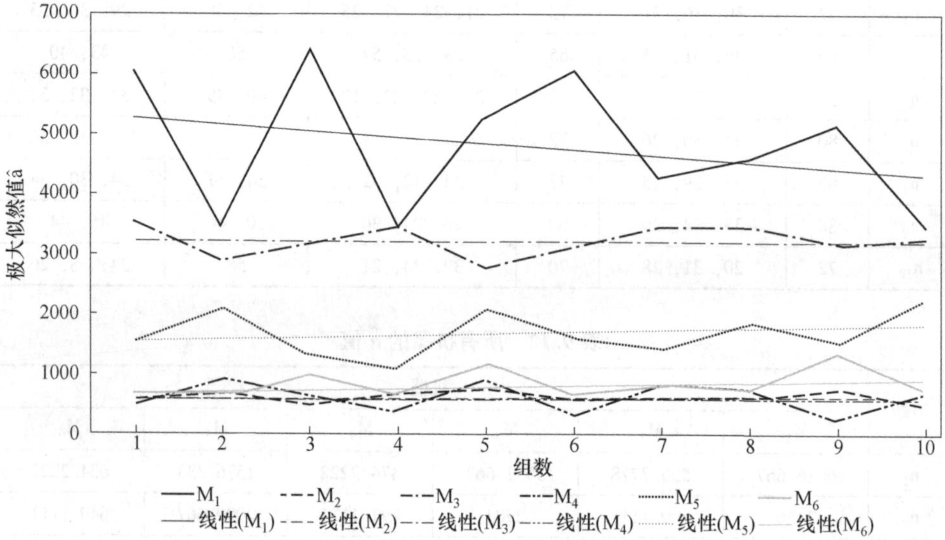

图 9.56　极大似然值与线性回归图

9.5.2　协同优化结果分析

本书将根据第 8.4.2 节的三个不同柔性作业车间调度与预维护协同优化策略使用 ISOA 对案例进行求解，生成三个不同的调度与预维护方案，综合决策出更优的柔性作业车间的生产顺序与机器预防性维护序列。根据 9.4.4 节得到最优解的调度方案确定为初始调度方案。根据柔性作业车间调度与预维护协同优化策略 1（COS1）生成方案 1，如图 9.57 所示；根据柔性作业车间调度与预维护协同优化策略 2（COS2）生成方案 2，如图 9.58 所示；根据柔性作业车间调度与预维护协同优化策略 3（COS3）生成方案 3，如图 9.59 所示。其中橄榄色方框表示工序装夹时间；不同颜色方框内的字母数字表示各工序加工时间，例如 P_{12} 表示工件 1 的第 2 道工序的加工时间；橙色方框表示工序卸夹时间；蓝色方框表示机器启动时间；红色方框表示机器空载时间；白色方框加斜条纹表示机器预维护时间，方框下面的数字表示机器启动时刻、工序开始装夹时刻、工序结束卸夹时刻、预维护开始和结束时间。从甘特图中可以清晰地了解各工件工序对应的开始装夹时间和卸夹结束时间，机器预维护时间、机器启动时间、机器加工或空载时间。

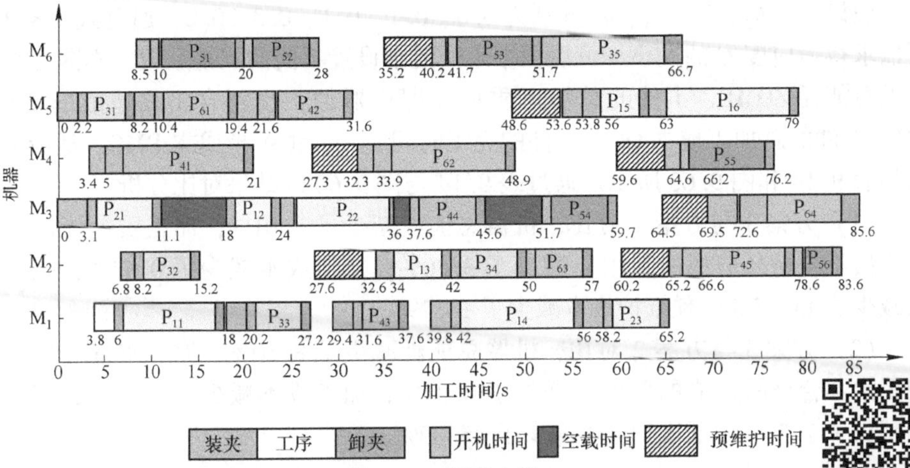

图 9.57 调度方案 1

扫码看彩图

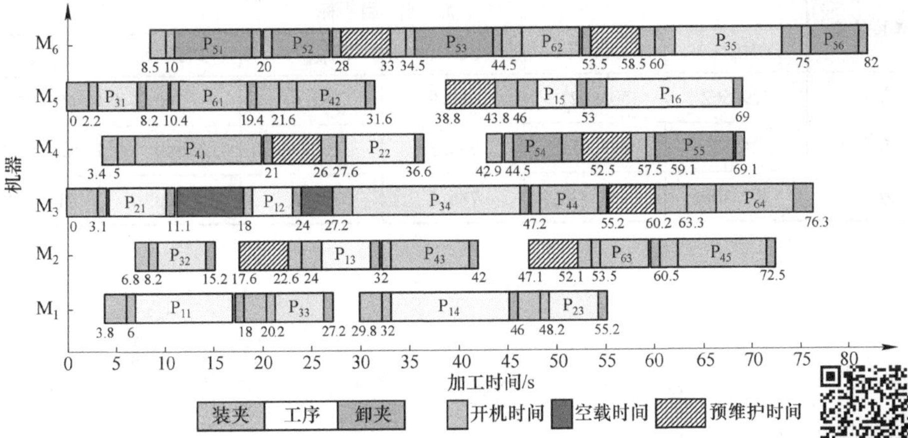

图 9.58 调度方案 2

扫码看彩图

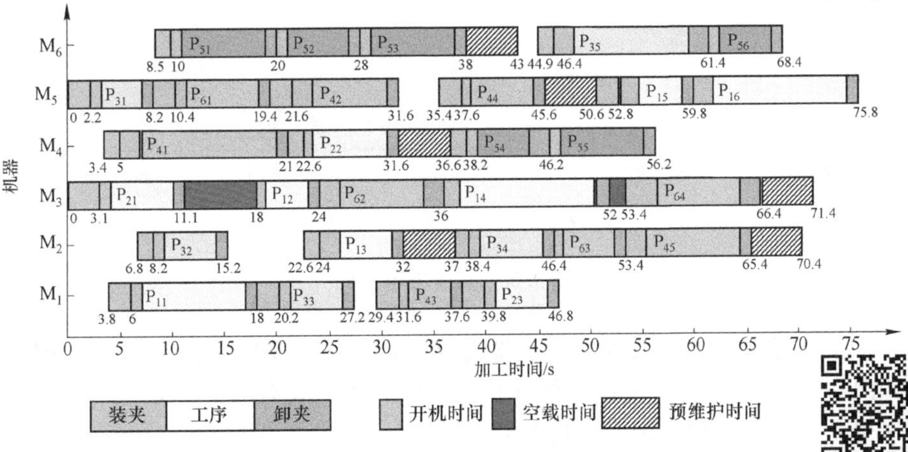

图 9.59 调度方案 3

扫码看彩图

假设 b_1、b_2、b_3、b_4、b_5 分别为 0.3、0.1、0.1、0.3、0.2，通过式（8.24）可以求得适应度 G 的大小，可以根据不同需求设置不同的权重系数。不同方案机器的总能耗 ZOME、工件的总加工质量（即机器加工出不合格品造成的费用）OQ、工件的总加工成本 OC、工件的完工时间 C_{time}、预维护成本 PMC、适应度 G 值如表 9.14 和图 9.60 所示。通过表 9.14 与图 9.60 的结果对比分析可知：

（1）方案 3 与方案 1 对比，机器总能耗减少了 9.01%，加工质量（即机器加工出不合格品造成的费用）减少了 3.30%，加工成本减少了 0.43%，完工时间减少了 11.45%，预维护成本减少了 14.29%。

（2）方案 3 与方案 2 对比，机器总能耗减少了 8.10%，加工质量（即机器加工出不合格品造成的费用）增加了 0.81%，加工成本减少了 0.98%，完工时间减少了 7.56%，预维护成本减少了 25.00%。

表 9.14　方案对比

调度方案	优化目标					
	ZOME/kW	OQ/元	OC/元	C_{time}/s	PMC/元	G
方案 1	529.562	505.021	789.9	85.6	700	454.0407
方案 2	524.576	**484.411**	794.3	82	800	469.8439
方案 3	**482.138**	488.333	**786.5**	**75.8**	**600**	**414.8647**

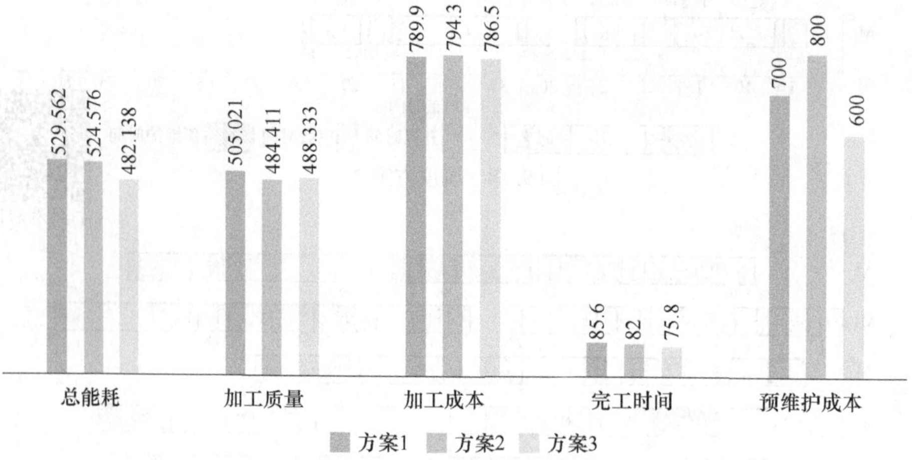

图 9.60　调度方案对比

（2）方案 3 与方案 2 对比，机器总能耗减少了 8.10%，加工质量（即机器加工出不合格品造成的费用）增加了 0.81%，加工成本减少了 0.98%，完工时间减少了 7.56%，预维护成本减少了 25.00%。

综上所述，方案 3 的调度结果优于方案 1 和方案 2，并且 Pareto 值为 414.8647，是三个方案中最小的，能够使消耗的能耗最小、加工成本最小、完工时间最短、预维护成本最小、保证加工质量地完成加工任务。

为了进一步确定柔性作业车间调度与预维护协同优化策略 3 的优越性，将按照调度方案 3 的加工顺序进行柔性作业车间调度与预维护协同优化策略 1（COS1），作为调度方案 4，其甘特图如图 9.61 所示。将按照调度方案 3 的加工顺序进行柔性作业车间调度与预维护协同优化策略 2，作为调度方案 5，其甘特图如图 9.62 所示。从甘特图中可以清晰地了解各工件工序对应的开始装夹时间、卸夹结束时间、进行预维护时间、机器启动时间、机器加工或空载时间。

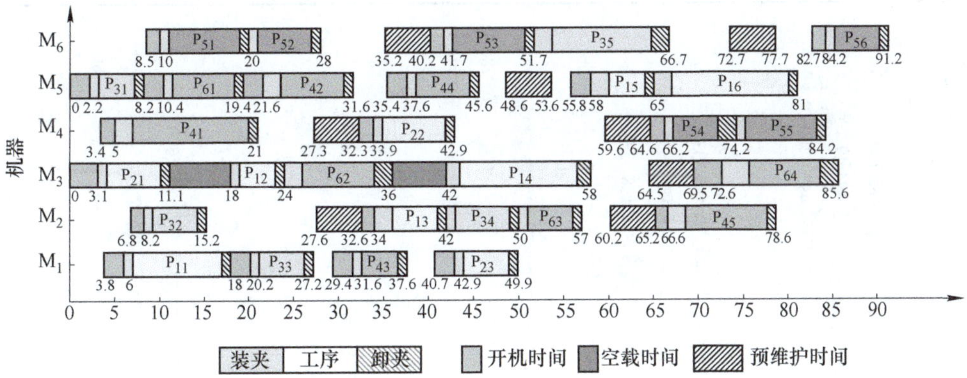

图 9.61 调度方案 4

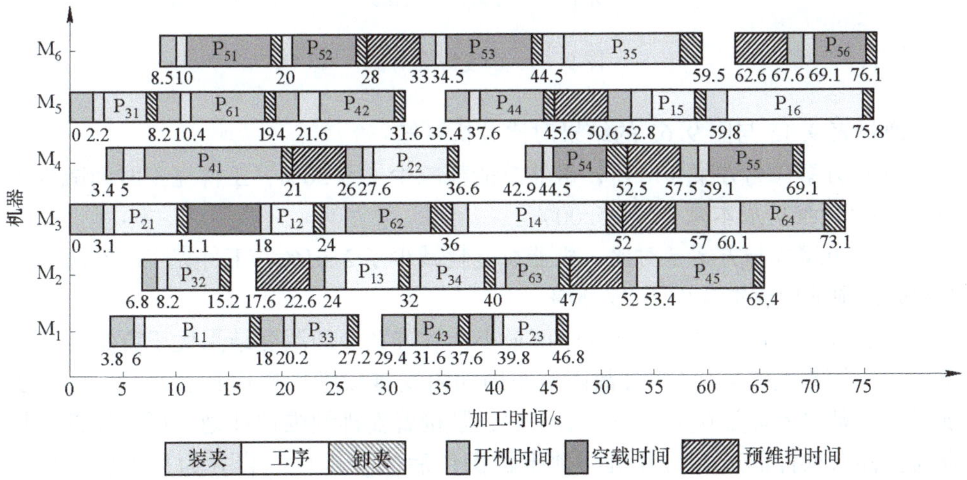

图 9.62 调度方案 5

方案 3~方案 5 的加工顺序相同，其三个方案的工件的总加工质量（即机器加工出不合格品造成的费用）OQ 和工件的总加工成本 OC 是相同的，因为预维护计划的不同导致三个方案的机器总能耗 ZOME、工件完工时间 C_{time}、预维护成本 PMC 是不同的，具体数据如表 9.15 和图 9.63 所示。

表 9.15　调度方案对比

调度方案	优化目标					
	ZOME/kW	OQ/元	OC/元	C_{time}/s	PMC/元	G
方案 3	**482.138**	**488.333**	**786.5**	**75.8**	**600**	**414.8647**
方案 4	494.49	**488.333**	**786.5**	91.2	800	463.19
方案 5	495.078	**488.333**	**786.5**	76.1	800	458.8367

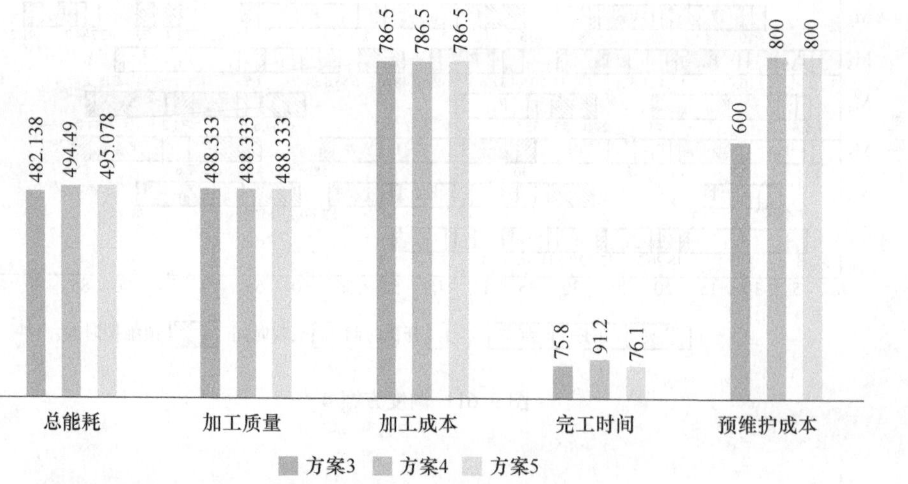

图 9.63　调度方案对比

通过表 9.15 与图 9.63 的结果对比分析可知：

（1）方案 3 与方案 4 对比，机器总能耗减少了 2.50%，工件完工时间减少了 16.89%，预维护成本减少了 25.00%。

（2）方案 3 与方案 5 对比，机器总能耗减少了 2.61%，工件完工时间减少了 0.39%，预维护成本减少了 25.00%。

综上所述，且方案 3 的 Pareto 值最小，故方案 3 的调度结果优于方案 4 和方案 5，因为调度方案 3 的机器故障概率周期内安排预维护操作具有一定柔性，更加灵活，基本上都是在某工序的结束后，紧接着安排预维护计划，可以让部分机器需要停机换件而产生的开机与预维护操作后的开机可以合并为只需要开机一次，减少能耗，也可以尽可能减少因为预维护操作后造成的工序后移而增加工件完工时间，进一步验证了基于机器故障概率周期的调度方案的优越性。

参 考 文 献

[1] 周济. 中国智能制造的发展路径 [J]. 中国经济报告, 2019 (2): 36-43.

[2] 王宛山, 巩亚东, 郁培丽. 网络化制造技术 [M]. 沈阳: 东北大学出版社, 2000: 25-37.

[3] 范玉顺. 网络化制造的内涵与关键技术问题 [J]. 计算机集成制造系统 CIMS, 2003, 19 (7): 576-582.

[4] 钟志华, 臧冀, 延建林, 等. 智能制造推动我国制造业全面创新升级 [J]. 中国工程科学, 2020, 2 (6): 136-142.

[5] 刘宝碇, 彭锦. 不确定理论教程 [M]. 北京: 清华大学出版社, 2005.

[6] Nelson R T, Holloway C A, Wong R M. Centralized scheduling and priority implementation heuristics for a dynamic jo b shop model with due dates and variable processing time [J]. AIIE Transactions, 1977, 19: 96-102.

[7] Wang S J, Liu M. Multi-objective optimization of parallel machine scheduling integrated with multi-resources preventive maintenance planning [J]. Journal of Manufacturing Systems, 2015, 37: 182-192.

[8] Colledani M, Tolio T. Integrated quality, production logistics and maintenance analysis of multistage asynchronous manufacturing systems with degrading machines [J]. CIRP Annals-Manufacturing Technology, 2012, 61 (1): 455-458.

[9] 寇阳. 考虑设备维护的柔性作业车间调度节能优化方法 [D]. 重庆: 重庆大学, 2020: 11-63.

[10] Jin Y L, Jiang Z H, Hou W R. Integrating flexible-interval preventive maintenance planning with production scheduling [J]. International Journal of Computer Integrated Manufacturing, 2009, 22 (12): 1089-1101.

[11] Zandieha M, Khatami A R, Rahmati S H. Flexible job shop scheduling under condition-based maintenance: Improved version of imperialist competitive algorithm [J]. Applied Soft Computing, 2017, 58: 449-464.

[12] 吴玉洁. 单机调度与预防性维护的集成优化 [D]. 武汉: 华中科技大学, 2017: 7-8.

[13] Doyen L, Gaudoin O. Modeling and assessment of aging and efficiency of corrective and planned preventive maintenance [J]. IEEE Transactions on Reliabilit, 2011, 60 (4): 759-769.

[14] Ashayeri J, Teelen A, Selenj W. A production and maintenance planning model for the process industry [J]. International Journal of Production Research, 1995, 34 (12): 3311-3326.

[15] 殷欣欣. 生产与维护联合调度方法研究 [D]. 成都: 电子科技大学, 2019: 11-17.

[16] Sabuncuoglu I, Karabuk S. Rescheduling frequency in an FMS with uncertain processing times and unreliable machines [J]. Journal of Manufacturing Systems, 1999, 18 (4): 268-283.

[17] Gupta J, Neppalli V R, Werner F. Minimizing total flow time in a two-machine flowshop problem with minimum makespan [J]. International Journal of Production Economics, 2001, 69 (3): 323-338.

[18] Daniels R L, Chambers R J. Multiobjective flowshop scheduling [J]. Naval Research

Logistics, 1990, 37 (6): 981-995.

[19] Li Y, Liu H, Xie K, et al. A method for distributing reference points uniformly along the Pareto front of DTLZ test functions in many-objective evolutionary optimization [C]. International Conference on Information Science & Technology. IEEE, 2015.

[20] Pan L, Li L, He C, et al. A subregion division-based evolutionary algorithm with effective mating selection for many-objective optimization [J]. IEEE Transactions on Cybernetics, 2019, (5): 341-352.

[21] Kim H, Liou M S. New fitness sharing approach for multi-objective genetic algorithms [J]. Journal of Global Optimization, 2013, 55 (3): 579-595.

[22] Taillard E. Benchmarks for basic scheduling problems [J]. European Journal of Operational Research, 1993, 64 (2): 278-285.

[23] Chaouch I, Driss O B, Ghedira K. A novel dynamic assignment rule forthe distributed job shop scheduling problem using a hybrid ant-based algorithm [J]. Appl. Intell, 2019, 49: 1903-1924.

[24] 邵炜世. 基于元启发式的分布式车间调度方法研究 [D]. 南京: 南京航空航天大学, 2018.

[25] 高珊. 基于离散人工蜂群算法的零空闲/分布式置换流水车间调度方法研究 [D]. 武汉: 华中科技大学, 2018.

[26] 邵炜世. 基于元启发式的分布式车间调度方法研究 [D]. 南京: 南京航空航天大学, 2018.

[27] Huang Y Y, Pan Q K, Huang J P, et al. An improved iterated greedy algorithm for the distributed assembly permutation flowshop scheduling problem [J]. Computers & Industrial Engineering, 2021, 152: 107021.

[28] Dhiman G, Kumar V. Seagull optimization algorithm: Theory and its applications for large-scale industrial engineering problems [J]. Knowledge-Based Systems, 2019, 165: 169-196.

[29] Mirjalili S. Moth-flame optimization algorithm: A novel nature-inspired heuristic paradigm [J]. Knowledge-Based Systems, 2015, 89: 228-249.

[30] Khishe M, Mosavi M R. Chimp optimization algorithm [J]. Expert Systems with Applications, 2020, 149: 113338.

[31] Liu H, Zhang X W, Tu L P. A modified particle swarm optimization using adaptive strategy [J]. Expert Systems with Applications, 2020, 152: 113353.

[32] Derrac J, García S, Molina D, et al. A practical tutorial on the use of nonparametric statistical tests as a methodology for comparing evolutionary and swarm intelligence algorithms [J]. Swarm and Evolutionary Computation, 2011, 1 (1): 3-18.

[33] Nabil E. A modified flower pollination algorithm for global optimization [J]. Expert Systems with Applications, 2016, 57: 192-203.